语言学及应用语言学名著译丛

词库音系学中的声调

TONE IN LEXICAL PHONOLOGY

[加] 道格拉斯·蒲立本 著

马秋武 李继宏 译

2020年·北京

Translation from the English language edition:
Tone in Lexical Phonology by Douglas Pulleyblank
Copyright © D. Reidel Publishing Company 1986
This Springer imprint is published by Springer Nature
The registered company is Springer Science+Business Media B.V.
All Rights Reserved

根据荷兰雷依代尔出版公司 1986 年英文版译出

语言学及应用语言学名著译丛
专家委员会

顾　问　胡壮麟

委　员　（以姓氏笔画为序）

　　　　　马秋武　　田海龙　　李瑞林

　　　　　张　辉　　陈新仁　　封宗信

　　　　　韩宝成　　程　工　　潘海华

也相信，该"名著译丛"的内涵，将从"英译汉"扩展至"外译汉"。我更期待，译丛将进一步包括"汉译英""汉译外"，真正实现语言学的中外交流，相互观察和学习。商务印书馆将永远走在出版界的前列！

胡壮麟

北京大学蓝旗营寓所

2018 年 9 月

汉译版序

本书是我于上个世纪 80 年代中期完成的，距今已有 35 年之久，这让我意想不到，令我惊讶不已。想一想多年来我获益良多的这项研究，让我有机会反思哪些方面要比其他方面更经得起时间的考验，书中的这项研究又是如何影响我其后的学术探索。上世纪 70 年代，音系学家们曾试图验证通过丰富音系表达式方式便可以顺其自然地解释跨语言有效概括的想法——即通过正确表达式，普遍规约便可以处理好模式确立方式的想法。在声调方面，这就意味着底层声调表达式可以产生已证实的、仅由应用一组普遍声调合格性规约生成的表层形式。很大程度上，本书就是对我们需要抛弃这种解释上"普遍性"原始做法的一次论证。曾有人提出，音系模式的解释更多、更广、更为普遍地取决于音系与形态、音系与施用特定语言规则之间所发生的交互作用。例如，无声调元音的声调可能是由某种特定语言规则提供的，也可能是一个指派的缺省调——甚至缺省值似乎在此因语言不同也会略有不同，如在约鲁巴语与马尔吉语的比较中所看到的那样。

这项研究主要集中在处理不对称的模式上。如果是在今天，我可能会从制约条件等级排列而非声调不充分赋值的角度来解释这些模式。人们的普遍认识是：声调模式倾向于以彼此不同的方式来处理特定声调（如 H 调）的。无论理论的细节如何，我们都需要对这种不对称的模式化做出解释。我现在仍然主张各种模式都需要对音系与语音的交互关系做仔细的考察。想一想这项对声调的研究，也让我们惊奇地看到：自主音段理论在声调研究方面仍继续发挥着主导作用。今天，自主音段表达式虽然对非声调现象来说并不是那么无所不在、不可或缺，但它仍然主导着声调的处理模式。

总而言之，这项对声调的研究预示了我在多年来所做的研究工作中表现突出的几个方面。首先，细心谨慎地确立语音学的作用以及它与音系学的关系至关重要。它在这项研究中影响对降级的分析、对缺省值的确定。其次，语言彼此差异很大，但这种差异又是以原则方式呈现的，因此确立特定语言模式化的作用及特点必不可少。随之而来的第三点是，音系模式怎样与形态成分结构发生交互作用。在抛弃声调联结普遍原则的过程中，这项研究曾朝着建立更为"自下而上"的、"自然呈现"的、构建和描述音系模式的策略方向迈出了尝试性的第一步。事后看来，我最近的许多想法都是在上世纪80年代有关声调研究的这部书中萌发的。

我的作品被译成了另外一种语言，十分令人心潮起伏、惊喜不已。我要向马秋武教授表达我的谢意和感激之情。

道格拉斯·蒲立本

2019年4月

译者前言

《词库音系学中的声调》一书是加拿大不列颠哥伦比亚大学（UBC）语言学系道格拉斯·蒲立本（Douglas Pulleyblank）教授在他所撰写的MIT博士论文的基础上改写而成的。蒲立本是著名语言学家，早年师从莫里斯·哈勒（Morris Halle）教授，1983年毕业于美国麻省理工学院语言学系，获语言学博士学位。多年以来，他与戴安娜·阿钱格里（Diana Archangeli）教授合作，已撰写和发表了一系列有重要影响的研究成果。其中，特别值得一提的是他们两人于1994年合作出版的《根据音系学》（*Grounded Phonology*）一书。该书全面系统地论述了根据音系学的理论原则和主张，提出组合赋值、根据理论和规则理论三大模块所构成的完整的音系理论体系，并具体阐释了以语音为根据的音系分析与应用。毫无疑问，这是推动音系学理论发展的一部力作。近年来，以语音为基础的音系学研究成果不断，已成为音系学领域中一股重要力量。这也是继《词库音系学中的声调》之后语音与音系相结合的研究成果和典范。

另外需要指出的是，在我国很多人都知道蒲立本教授，但要注意，我国学者所熟知的大多是爱德温·蒲立本（Edwin Pulleyblank）教授，他是道格拉斯·蒲立本的叔叔，也曾在不列颠哥伦比亚大学语言学系工作。叔侄二人都是从事语言学研究的，但两人的研究志趣不同，大蒲立本（即爱德温·蒲立本）是研究汉语音韵学的，在汉语音韵学领域多有建树；小蒲立本（即道格拉斯·蒲立本）毕业于麻省理工学院语言学系，是音系学博士，主要从事非洲语言的语言学研究，在生成音系学领域已有诸多建树。

难发生交叉，因而不会受到联结规约的限制。蒲立本从空间视角对自主音段音系学理论提出的联结线规约问题进行审视，提出了联结线的平面观。

自主音段音系学提出了三条普遍性联结规约。蒲立本明确指出：除了声调从哪个元音开始联结之外，是否允许声调延展也是因语言不同而不同的。有的语言完全不允许声调延展，而有的语言仅允许延展到相邻的一个载调单位上，还有的语言里允许声调延展到所有的载调单位上。他（Pulleyblank 1986:11）认为自动延展不具有普遍性，不应把它纳入普遍性的联结规约之中，而应交由特定语言的音系规则来实现。据此，他提出了限定性更强的联结规约和合格条件。

  a. 联结规约：将声调序列从左往右、一对一地映射到载调单位序列上。
  b. 合格条件：联结线不交叉。

后来的研究还发现，在某些语言里甚至未联结声调与未联结元音的一对一联结也不具有普遍性。另外还有证据表明，联结方式也不全是从左往右，也有从右往左的（Odden 1995: 456—460）。这样一来，自主音段音系学理论的核心原则——合格条件的内容只剩下了一条："联结线不交叉"。显然，这并不是针对音系音变内容的约束，而仅仅是对联结线形式上的一种限制而已。

很显然，蒲立本的研究深入具体，有理有据，具有很强的现实性和理论性，这对自主音段音系学理论的建构与发展起到积极的推动作用。

其次，在词库音系学方面，蒲立本最先用表格形式列出了划分词库音系规则与后词库音系规则的重要属性。这种方法清晰明了、易于掌握，而后常被引用（如 Gussenhoven and Jacobs 1998/2017: 112），为人所熟知。更为重要的是，蒲立本将自主音段音系学与词库音系学、不充分赋值理论相结合，具体分析了非洲具有代表性的几种语言音系，指出如何设定底层形式、哪些规则属词库规则、哪些规则属后词库或语音部分，可以说建立了一种现代语言学的研究范式。这一点，正是我们汉语音系研究所需要学习的地方。

四

　　翻译不是我的本行，但我是外语专业毕业的，做些翻译工作，也很自然，毕竟翻译不是一门纯学科，而只是一门综合性技能型专业。众所周知，在翻译上有成就的大学者，很多都不是原本学翻译毕业的。所以，只学翻译，是很难做成大事的。因为译哪些东西，则可能涉及某个专属学科领域，如文学、历史、语言学等。我不赞同现在某些人提出来的所谓"翻译学"的说法，因为翻译并没有什么真正意义上的理论。很多所谓的翻译理论，多是译者的一些翻译亲身体验或经验、感触性口号或主观性结论，缺乏理论的体系性、过程的可操作性和理论建构的客观性。

　　学科一定是有理论的，它强调学科理论知识的体系性和完整性，学科型专业教育一定是以培养具有原创精神和能力的研究型人才为目标，以传授学科专业理论知识体系为核心的学术创新型学位教育。翻译不是原创性的，而是一种综合性技能型专业。技能型专业教育则是一种以特定职业为导向、以理论知识为基础、以技能为核心，多学科专业知识支撑的行业内专业应用型学位教育。现在，国家很重视应用型专业学位教育，增设了一些专业型学位，翻译便是其中之一。但究竟怎么才能办好翻译专业学位教育，可能还需要很长一段时间才能搞清楚，起码不应该像搞学术型学位那样办专业型学位教育。在这一方面，我是深有体会的。学翻译的学生是真的翻不好专业性学术专著的。这也是为什么我现在常常需要自己动手做翻译的一个原因。

　　我一向热衷于音系学理论及应用研究，特别希望能为我国的汉语音系研究做些贡献，但近年来却把主要精力花在音系学著作的翻译工作上。其主要原因是，在翻看语言学的一些译著过程中发现很多的误解和误译问题。翻译不是一个学科，但是一门学问。翻译背后所涉及的知识是多方面的，需要译者通晓，否则就会出问题。例如，我们知道语言是人类独有的，因此，我们要把 language is purely human 译成"语言是纯粹人类的"，而不要把它译成"语言是纯粹人为的"。词库音系学的英文原文是 Lexical Phonology，早先我们把它译为"词汇音系学"，而这里则把它改译成"词库音系学"，是因为这里的 Lexical 多是指语法框架内词库部分中的音系，故改为此译法。这些专有名词术语的确定，背后是一整套相关学科的知识积累，绝非了解一般的翻译原则，翻翻词典就可以解决的。

《词库音系学中的声调》一书是我多年来列给学生必读书目中的一本。在读书过程中，我的一些学生曾将此书部分章节译成汉语。这次，商务印书馆组织出版"语言学及应用语言学名著译丛"，将这本书列入其中，这为出版此书的全译本提供了方便。一段时间以来，我们花费很多的时间和精力，字斟句酌、绞尽脑汁，一句一句地将此书译成了汉语。虽然付出很多的时间和精力，但由于译者水平能力所限，书中疏漏和错误之处在所难免，敬请读者批评指正。

我要感谢我的中学同窗好友、南开大学中文系张培锋教授！无论何时何处，我都能从他那里获得及时有效的支持与帮助。本书的出版得到了商务印书馆刘军怀先生的大力支持与帮助，特别感谢他为本书的出版所付出的努力！另外，我还要特别感谢原书作者道格拉斯·蒲立本教授，他在百忙之中挤出时间为此书中译本的出版撰写序言。最后，我要特别感谢我的父母！你们虽已离我而去，但我无时无刻不在想念着你们！

复旦大学外文学院
2019 年 5 月

参考文献

Akmajian, Adrian, Richard A. Demers, Ann K. Farmer, Robert M. Harnish. 2001. *Lin-*

guistics: *An Introduction to Language and Communication* [5th ed.]. Cambridge (Mass.): The MIT Press.

Archangeli, Diana and Douglas Pulleyblank. 1994. *Grounded Phonology.* Cambridge (Mass.): The MIT Press.

Chomsky, Noam. 1965. *Aspects of the Theory of Syntax.* Cambridge (Mass.): The MIT Press.

Gussenhoven, Carlos and Haike Jacobs. 1998/2017. *Understanding Phonology* [4th ed.]. London: Arnold.

Kissberth, Charles. 1970. On the functional unity of phonological rules. *Linguistic Inquiry 1*: 291—306.

Odden, David. 1995. Tone: African languages. In John Goldsmith. (ed.) *The Handbook of Phonological Theory.* 444—475. Oxford: Basil Blackwell.

Pulleyblank, Douglas. 1986. *Tone in Lexical Phonology.* Dordrecht: Reidel.

马秋武，2013. 音系学中的界面研究.《外国语文》第 5 期第 7—10 页.

献给 安妮-玛丽

目 录

    5.2.6 浮游调与预先指派音步结构 ………………… 62

    5.2.7 指派规则的应用域 ………………………………… 67

  5.3 德尚语的其他分析方法 ………………………………… 69

6. 后词库规则与语音规则 ………………………………………… 72

注释 …………………………………………………………………… 74

第三章 形态编码与联结规约 …………………………………… 78

1. 引言 …………………………………………………………… 78
2. 循环 …………………………………………………………… 78

  2.1 蒂弗语 ………………………………………………… 79

  2.2 马尔吉语 ……………………………………………… 83

  2.3 汤加语 ………………………………………………… 87

  2.4 形态上的非对称性 …………………………………… 89

3. 联结规约 ……………………………………………………… 90

  3.1 反对自动多重联结 …………………………………… 91

  3.2 反对自动延展 ………………………………………… 94

    3.2.1 蒂弗语里的延展 ………………………………… 95

      3.2.1.1 过去时形式 ………………………………… 95

      3.2.1.2 H 延展 ……………………………………… 99

      3.2.1.3 惯常体 3 …………………………………… 100

    3.2.2 马尔吉语里的延展 ……………………………… 103

    3.2.3 不充分赋值 ……………………………………… 106

    3.2.4 其他方式 ………………………………………… 107

4. 形态编码——其他分析方法 ………………………………… 111

  4.1 边界符号 ……………………………………………… 112

  4.2 词干声调变项 ………………………………………… 114

注释 …………………………………………………………………… 116

第四章 不充分赋值 ……………………………………………… 119

1. 引言 …………………………………………………………… 119

xxi

2. 缺省规则 ·· 120
3. 雅拉·伊科姆语的叠音现象 ·· 123
4. 约鲁巴语 ·· 125
   4.1 V 删除 ·· 126
      4.1.1 未赋值的 M 调 ·· 126
      4.1.2 已赋值的 L 调 ·· 129
      4.1.3 重新联结条件 ·· 132
      4.1.4 M 调动词：底层无调的更多证据 ······················ 134
      4.1.5 L 调动词：中和化音变的例证 ·························· 135
   4.2 高调的一致性 ·· 136
   4.3 不充分赋值的替代方法 ·· 139
5. 缺省规则的值 ·· 142
   5.1 声调特征与缺省值 ·· 145
   5.2 缺省 L 与缺省 M ·· 147
      5.2.1 偶值与三值特征 ·· 148
      5.2.2 调域属下的缺省规则应用 ·································· 151
6. 不充分赋值的制约条件 ·· 154
7. 缺省规则的排序 ·· 158
   7.1 外在化排序 ·· 159
   7.2 指派规则的组件 ·· 162
8. 参照自由骨架位置 ·· 166
9. 核心值与自主音段 ·· 172
10. 结论 ·· 174
注释 ·· 175

第五章　重调 ·· 178

1. 引言 ·· 178
2. 附加符号 ·· 180

目　录

　　2.1 限制性 ································ 181
　　2.2 赞同附加符号？ ······················· 182
　　　　2.2.1 "主峰性"功能与重调"附属性" ····· 182
　　　　2.2.2 分布性制约条件 ··················· 184
　　　　2.2.3 对称性 ···························· 184
3. 调式 ·· 186
4. 汤加语 ······································ 189
　　4.1 缺省值 ································ 190
　　4.2 重调名词 ······························ 191
　　4.3 动词词基：浮动 H 调 ··················· 193
　　4.4 起始 H 删除 ··························· 194
　　4.5 梅森规则 ······························ 194
　　4.6 自由调的联结 ·························· 197
　　4.7 近（强）过去时 ······················· 200
　　4.8 稳定的末尾元音重调 ··················· 206
　　4.9 祈使句 ································ 212
5. 结论 ·· 214
注释 ·· 215

第六章　规则属性 ····························· 218

1. 引言 ·· 218
2. 预先联结 ···································· 218
3. 声调外现象：马尔吉语的例证 ················· 228
　　3.1 后缀宾格代词 ·························· 229
　　3.2 属格结构 ······························ 232
4. 极化现象 ···································· 234
　　4.1 声调外现象：再探马尔吉语 ············· 236
　　　　4.1.1 现在时 ·························· 237

xxiii

4.1.2 过去时与修改后的外围条件 ································· 238
　　4.1.3 主格附着语素与括号拭除 ··································· 239
　4.2 不确定性问题 ··· 244
5. 指派规则的组件 ··· 246
　5.1 词库制约条件 ··· 247
　　5.1.1 蒂弗语里的曲折调与音节结构 ······························· 247
　　5.1.2 规则应用的制约条件 ······································· 253
　5.2 规则排序 ··· 256
　5.3 严格循环 ··· 260
　　5.3.1 联结声调的词库延展 ······································· 261
　　5.3.2 区别性 ··· 263
　　5.3.3 全面应用 ··· 266
注释 ··· 268

参考文献 ··· 271
语言索引 ···279
人名索引 ···283
主题索引 ···286

情，哪怕有些非正统，他们总是在鼓励和支持我。感谢卡托（Cato）、英格丽德（Ingrid）和维克多（Victor），他们拒绝把"改天"作为一个可以接受的答复，让我在本书的写作过程中还能维持生活上的平衡。最后，我最要感谢的是安妮-玛丽·孔特（Anne-Marie Comte），她的支持以及她的视角，极大地提高了本书的质量。

第一章

导论

本书是在词库音系学理论框架内对某些声调问题所做的探讨，其结果主要对两方面问题产生影响：(1)词库形态学与音系学的理论问题；(2)自主音段音系学的理论问题。第一章对词库音系学和自主音段音系学理论的若干要点进行概述，说明一种理论中的某些假设对另一个理论造成的直接影响，并总结本研究所得出的基本结论，最后提出对本研究产生直接影响但因缺乏证据无法提出解决方案的一些问题。

1. 词库音系学

在早期的生成音系学理论中，如在乔姆斯基和哈勒（Chomsky and Halle 1968）（即二人合著的《英语音系》(*The Sound Pattern of English*)，以下简称 SPE）的生成音系学理论中，音系组件将表层句法结构映射为一种语音表达式。句法理论认为构词规则实属句法规则集合中的一个子集，就已经表达了这一观点。换言之，形态操作可以由句法的前后排序和转换而成（如 Chomsky 1957、Lees 1960）。由于词的形态表达式是在句法规则运用之后才确立的，因此，直到后句法层面，合乎语法的形态语符列才涉及音系问题。所以，SPE 提出所有的音系操作都只能在句法部分之后进行。由于构词组件的（再次）出现（Chomsky 1970, Halle 1973, Aronoff 1976），因此我们有必要对 SPE 的这一主张重新做出评估。最近在这一重新评估中所产生的一种研究方法是由莫汉南（Mohanan 1982）和凯巴斯基（Kiparsky 1982a）提出的词库形态学和词库音系学理论。

词库音系学理论认为有两类截然不同的音系规则应用：一类是词库内的规则应用（即**词库音系学**）；还有一类是针对句法组件输出结构的规则应用（即**后词库**、**句子层面**或**短语音系学**）。做出这种区分的原因是认为这两类音系操作在诸多引人关注的方面存在着系统性差异。也就是说，用于某一语法组件中的规则所表现出的属性，不同于用于另一个语法组件中的规则所表现出的属性。按照莫汉南（Mohanan 1982）的观点，我们假设只有单独一个音系规则集合，但可以把集合中特定的任何一条规则界定为词库内应用的，或词库后应用的，或是词库内和词库后均可应用的。这样，同一条规则既可以应用于词库部分，也可以应用于后词库部分，但两组规则应用所表现出来的属性则截然不同。

在下面的几个小节中，我将简明扼要地总结一般认为此类或彼类规则应用所具有的某些属性。有关非声调方面的各种具体的论点论据，见莫汉南（Mohanan 1982）、凯巴斯基（Kiparsky 1982a）以及其中所引用的大量相关文献；同样地，本书将呈现有关声调性质方面的各种论点论据。

1.1 层级

提出某些音系变化与形态变化之间存在着一种相互依存的紧密关系，这不是什么新的观点。许多非生成语言学家如萨丕尔（Sapir 1921）、特鲁别茨柯依（Trubetzkoy 1929）、布龙菲尔德（Bloomfield 1993）和马丁内（Martinet 1965）都曾有过这方面的讨论。问题是如何以一种原则性强的方式来表达这种相互依存关系。对这一问题提出重要见解的是西格尔（Siegel 1974, 1977）和艾伦（Allen 1978），他们论述了可以从**形态语类**来界定某些**音系规则**的应用域，而且还论证了相关语素类必须要以组群为单位进行排序。[①] 也就是说，第一类语素出现在第二类语素内部（即比第二类语素更接近词干），等等。触发不同规则集合的语素类，并不是以彼此随意穿插的方式出现的。

如果我们假设音系规则可以在词库内应用，那么就可以直接将语素以组群方式触发特定音系规则的这一观察结果进行编码（Pesetsky 1979）。词库音系学在把某些相应的语素类别称为**层级**（levels）或**层次**（strata）的情况下，提出一个构词层级的输出项应遵循词库中相关层级对应的音系规则。这一模式可大致图示如下（Mohanan 1982）：

（1）

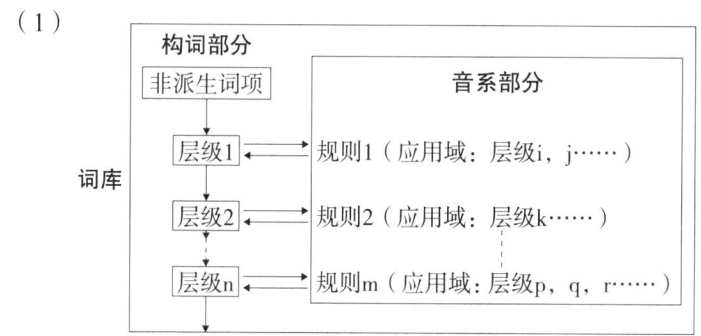

在图（1）中，我们看到一个词项可以经过为某一特定语言所界定的一定数量的有序排序层级进行加缀。加缀后，音系组件扫描这个派生形式，相应音层上所有可应用的（而且也满足结构描写的）音系规则，都将应用于该派生语符列。

1.2 循环

规则应用于特定层级的方式有很多。佩塞兹基（Pesetsky 1979）、莫汉南（Mohanan 1982）、凯巴斯基（Kiparsky 1982a）等都假定音系规则应用于**每一次**形态变化过程后的输出项。而且正如他们在其论著中所注意到的，这就自然而然地将音系循环置入词库的结构之中。已有大量的证据证明词库规则的循环性质。例如，我们在本书中提出词库规则在汤加语（Tonga）、马吉尔语（Margi）、蒂弗语（Tiv）等语言里一定是循环应用的（第三章），并证明规则循环应用在解释这些语言里的各种现象中起着关键性作用。

然而，本书在为循环提出证据的同时，也应当注意到哈勒和莫汉南（Halle and Mohanan 1985）、莫汉南和莫汉南（Mohanan and Mohanan 1984）在其最近的论文中指出，这可能属于参数变异范围。这些论文还提出：某些层级上的音系规则可能是循环应用的，而至于其他某些层级，所有构词过程均发生在为那个层级所界定的音系规则的唯一一次应用之前。

循环/非循环参数被认为与早期循环音系学著作提出的"严格循环条件"（Mascaro 1976, Halle 1978, Rubach 1984, Kiparsky 1982a）的可应用性相关。**严格循环**（strict cycle）的这一概念可以直接表示为：只有一条规则的结构描写是在某个已知循环中推导而得时，这条规则才能应用于这个循环。因此，英语三音节缩短（trisyllabic shortening）规则[2]可应用于（2a）中的黑体元音，但不可用于（2b）中的黑体元音。

（2） a. opacity （比较 opaque）
　　　 b. ivory

在 *opacity* 一词中，三音节缩短规则所要求的适宜的三音节音序是由形容词 *opaque* 附加后缀 -ity] 派生而来的，故规则应用；而在 *ivory* 一词中，底层表征就已满足了三音节缩短规则的结构描写，因此该规则不应用。

准确拟定严格循环原则在这里不是关键性的，[3] 下面的例子是有问题的：

（3） a. column　　　　　　hymn
　　　　　[m]　　　　　　　[m]
　　　 b. columnar　　　　　hymnal
　　　　　[mn]　　　　　　　[mn]
　　　 c. columns　　　　　 hymns
　　　　　[m]　　　　　　　[m]
　　　 d. column-shaped　　 hymn-book
　　　　　[m]　　　　　　　[m]

在上述案例中，我们看到词尾 n 音删除规则应用于（a）、（c）和（d）。这条词尾 n 音删除规则必须是在添加词缀 -al] 和 -ar] 的音层之后应用，否则就会派生出 *colu[m]ar 和 *hy[m]al 这种错误的形式。

（4）[colu[mn]]   循环 1：
  [colu[mØ]]   n 音删除
  [[colu[m]]ar]   循环 2：
  *colu[m]ar

另一方面，词尾 n 音删除规则必须是在诸如合成、屈折等构词过程之前应用的，因为否则就会派生出错误的 *hy[mn]-shaped 和 *hy[mn]s。后面的这些事实说明，词尾 n 音删除规则一定是一条词库规则，因为它是先于某些构词过程应用的。但是，前面的语言事实却表明，词尾 n 音删除规则又不能跟 -al] 和 -ar] 在同一个层级上应用——即该规则（起码）不能在第一层级上应用。很明显，我们现在面对的是一条词库规则，然而这条规则看来是在非派生语境（如例词 colu[m]）中的相应层级上应用的。

哈勒和莫汉南给上述案例提出的解决方案是：英语词尾 n 音删除规则应用的层级是非循环性层级。因此，所有加缀都是先于相关音系规则应用的，这些规则是跨词库和后词库全程应用的。

因此，在词库内非派生语境中应用的一组规则，应该是在非循环层级上应用的规则。还可能有另外一组区分派生与非派生的例外情况，即"构建"结构的规则。凯巴斯基（Kiparsky 1982a）和哈里斯（Harris 1983）已证明音节化和音步指派规则应是在循环层级的非派生语境中应用的。

我比较详细地讨论了循环与非循环之间的区别，原因如下：通常认为在声调分析中声调联结和声调规则是循环应用的（如 Goldsmith 1976, Clements and Ford 1979）。然而，在本书中，我将说明声调联结和声调规则在很多语言里都必须是循环性的，但如果在某种语言的词库中存在着循环与非循环参数，那么我们就可以设想存在着声调的循环与非循环联结。其关键一点是：这个参数与声调本身可能没有任何关系。对某一个参数单独进行调整——无论每一次形态过程之后扫描音系规则，还是所有形态过程之后扫描一次音系规则——都会对包括声调在内的所有词库音系过程产生影响。

1.3 拭除括号

上述音系学理论使得音系规则在参照形态括号的能力方面急剧降低。佩塞兹基（Pesetsky 1979）提出：词库音系学中的每一轮结束后，都将拭除里面的形态括号。这虽然本质上与 SPE 提出的方法相同，但在词库音系学中所产生的效果截然不同。在 SPE 中，形态先于音系。因此，拭除括号的做法仅仅对**音系**规则的操作产生影响，其效果极为有限。但在词库音系学中，*n* 层的构词过程之后是 *n-1* 层的音系过程。因此，我们通过拭除形态括号，不仅可以对下一个层级上音系规则的操作起到限制作用，而且也对形态规则的操作起到制约作用。根据莫汉南（Mohanan 1982）和凯巴斯基（Kiparsky 1982a）的说法，我在此假设：拭除括号 ④ 应用于每一个**层级**结束之时。我接受那些论文中所研究的弱化佩塞兹基立场的主张，具体细节，请读者参看原文。

注意，拭除括号的重要意义是：任何一条参照词内括号的规则——如参照"词干""词缀"或"合成词"的规则——都一定是**词库**音系规则。这种括号用法不可以用于词库之后的音系部分，因为在词库的最后一个层级结束时括号就已被拭除。

还是有关括号方面的，请注意：任何一条跨词界规则都一定是后词库规则，因为只有在词库之后将词插入到句法短语之中才能把词连成短语。这里采用如下所示的语法理论：

（5）　词库

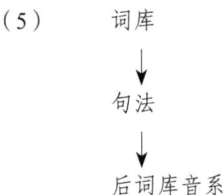

在假设音系规则可以在句法前或句法后两个地方应用的情况下，我们也就不需要规定词库规则只可以在词内应用，而后词库规则只可以跨词界应用：这些条件产生于语法的组织结构。该语法模式还产生了这样的结果：在任何已知的推导过程中，所有词库规则的应用都必须先于所有后词库规则的应用。例如，在推导过程中，跨词界规则的应用永远不会早于参考词内结构成分的规则。⑤

1.4 模式

应当强调的是，这里所概述的理论并不禁止同时应用于词库和后词汇的音系规则，而是主张：若出现这种情况，那么规则在词库内的应用将呈现出与其在词库后的应用完全不同的属性。莫汉南（Mohanan 1982）讨论了很多此类案例，因此，下面图（6）较为全面地呈现了音系、句法与词库之间的关系：

（6）

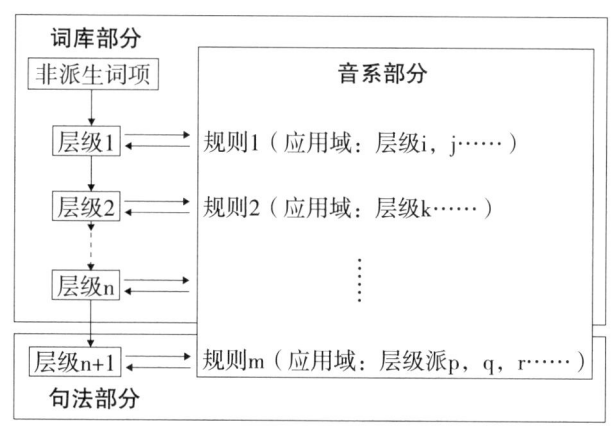

某种程度上说，（6）中的句法是非循环性的，这就意味着后词库音系学也是非循环性的。⑥

1.5 层级应用域假说

按照莫汉南的观点，规则不可以应用于任意的层级（包括后词库层级）集合，他提出如下的制约条件：

（7）规则的应用域被指定为一个连续的层级集合。

比如，一条规则可以应用于所有层级，或应用于层级 1、2 和 3 但不应用于层级 4，以此类推。但一条规则不可以应用于层级 1 和 3 而不应用于层级 2。

1.6 词库例外

莫汉南（Mohanan 1982）曾指出，规则参照词内结构与它可否有词库例外之间存在着相关性，并因此提出：唯独词库规则可以有例外，这是作为区分词库与后词库规则操作的另一个特征。

1.7 结构保持

凯巴斯基（Kiparsky 1982a）曾说明应用于词库内的规则受制于结构保持制约条件，而后词库规则则不一定受制于此，这是最后一个区分词库与后词库规则操作的重要之处。例如，如果已知的某一种语言，其词库音节列表中没有韵音分支的音节，那么这种语言里的词库规则就不可以产生分支韵音的音节。但另一方面，后词库规则应用则可以产生词库表达式中没有的各式各样的音节形式。

1.8 小结

下面是对以上所讨论的划分词库应用规则与后词库应用规则的属性的总结：

（8）　　词库规则　　　　　　　　　后词库规则
　　　　a. 可参照词内结构　　　　　a. 不可以参照词内结构
　　　　b. 不能跨词界应用　　　　　b. 可以跨词界应用
　　　　c. 可以是循环性的　　　　　c. 不可以是循环性的
　　　　d. 若是循环性的，则受制　　d. 如果是非循环性的，则全
　　　　　 于严格循环条件　　　　　　 面应用
　　　　e. 结构保持　　　　　　　　e. 不必结构保持
　　　　f. 可以有词库例外　　　　　f. 不可以有词库例外
　　　　g. 必须是在所有后词库规　　g. 必须是在所有词库规则应
　　　　　 则应用之前应用　　　　　　 用之后应用

1.9 语音规则

在结束对词库音系学的简要概述之前，最后一点要说的是语音规则在上述这一模式中的作用。越来越多的证据表明，纯语音性质的规则可能往往是特定语言所具有的（Pierrehumbert 1980, Liberman and Pierrehumbert 1982）。比如，我们比较一下送气在不同语言里的使用情况，就会发现这些语言之间存在着语音送气程度上的系统性差别。利伯曼和皮埃安贝尔（Liberman and Pierrehumbert 1982）曾提出：一部完备的语法模式一定包含一个**语音**组件。这个语音组件将包含语言特有的用以**解释**音系输出项的规则。他们指出：实际上可以把很多音位变体规则归入到这个语音组件之中，而不是归入到它们现在通常所在的音系组件之中。例如，利伯曼（Liberman 1983）曾提出：把英语的送气现象视为一种语音而非音系规则，可能更好、更有利。

利伯曼（Liberman 1983）甚至提出语音组件事实上很可能就是上述讨论的后词库部分。因此，语言的音系有可能是由词库音系部分和后词库语音部分构成。本书所给出的证据表明：持**后词库部分**＝**语音部分**的观点过强。不过，设立语音组件的基本出发点将予以采纳，并沿下面的思路将其纳入语法之中：当词在词库中派生时，音系对其进行扫描；在句法层面

的词项插入之后,音系对句法短语进行扫描。接着,将音系对句法输出项的解释传递给语音组件。

(9)
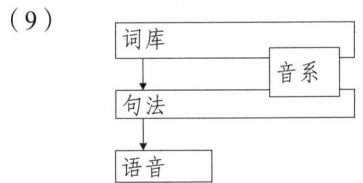

这个模式通过把后词库音系的最后**输出项**作为**输入项**的方式,对语音组件的解释功能进行编码。

在我们能够很清晰地确认哪些是区别语音组件与音系组件的属性之前,还需要我们做进一步的研究与探索。利伯曼注意到下面一些问题:(1)音系规则仅限于使用偶值特征,而语音规则则涉及运用程度性特征。[⑦](2)音系实体的数量是有限的,而语音实体的数量原则上是无限的。(3)语音规则的结果经常涉及时间结构和协调等问题。(4)语音规则不可以有因词库条件而产生的例外现象。

概言之,我假定词库音系学理论模式区分三个层级的音系表达式:底层表达式、词库表达式和后词库表达式。底层和词库层级的形式和心理属性在诸如莫汉南(Mohanan 1982)和凯巴斯基(Kiparsky 1982a)的著作中已有过讨论。本书部分章节中将对第三个层级(即后词库层级)的形式属性做初步探讨,其心理方面的重要性将留待进一步研究。

2. 多音层音系学

自戈德史密斯(Goldsmith 1976)有关自主音段音系学的论文以来,学者们已对方方面面的音系问题做了极为广泛的研究,这些研究均持某种形式的多音层音系观。这里,我不会对自主音段音系学文献进行评述,也无意要推动自主音段的理论框架,但要介绍一下本书将要涉及的某几个问题,说清楚有关多音层音系学组构方式的某些假设。

2.1 联结规约

自主音段音系学最为基础、最无争议的方面是：音系表达式被拆分为数量有限的平行音层。这些音层表现出相当大的独立性（如一个音层上的删音不会引发另一个音层上的删音），但一旦把各种音层联结起来，我们便可以获得一种合乎语法的音系表达式。因此，自主音段理论的一个中心议题是在无规则管辖的情况下用于联结音层的那些原则（联结规约）。

实际上，早在戈德史密斯提出多音层音系学形式化理论之前，声调语言研究就已带来了构建声调映射到载调单位（tone-bearing unit）所要遵循的原则问题，尽管所提出的这种映射的形式化性质还不够明晰。例如，威廉姆斯（Williams 1971）早期提出的指派声调的"声调映射规则（Tone Mapping Rule）"。威廉姆斯提出了由左至右把声调指派给音节的映射规则。他认为：如果映射程序在给所有音节指派一个声调之前用完了所有的声调，那么最后一个声调便会自动指派给相关应用域内所有余下的音节。另一方面，如果程序在指派完所有声调之前用完了所有的音节，威廉姆斯认为把多个声调多重指派给一个音节，只可能是由语言特有的规则导致的结果。威廉姆斯的观点可以概括如下：

（10）a. 映射程序从左到右把声调序列映射给音节序列；

b. 它为每个音节指派一个声调，直至用完所有的声调，

c. 然后，它把那个最后的声调指派给右边剩下的尚未获得声调的音节，

d. 直到它遇到右边下一个带调语素属下的音节为止。

e. 倘若上述程序用完了音节，那么只有当该语言的语法内有这样一种规定时，多个声调才可以被指派给最后的元音。[8]

戈德史密斯（Goldsmith 1976）在将早期的声调自主性的直觉想法发展成为一种明晰化的音系学理论过程中，提出如下的管辖音系推导各个阶段自主音层之间关系的"合格条件（well-formedness condition）"：

（11）a. 所有元音至少要与一个声调相联结；
　　　b. 所有声调至少要与一个元音相联结；
　　　c. 联结线不交叉。

如果一种结构形式违反了"合格条件"，那么就要删除或添加联结线，直到这个表达式合格为止。

威廉姆斯在自主音段音系学理论之前提出的方法与戈德史密斯的合格条件的最大不同之处是在曲折调上：在戈德史密斯（Goldsmith 1976）中，多个声调将自动被联结到一个载调单位上去，而这在威廉姆斯（Williams 1971）中是不可以的。但两种方法都认为声调自动延展到无调元音之上（一对多的映射）。

克莱门茨与福特（Clements and Ford 1979）在其研究基库尤语（Kikuyu）的论文中提出了一组有所不同的"联结规约（association conventions）"，其观点在许多方面与威廉姆斯（Williams 1971）的相类似，仍主张声调可单独自动延展到多个元音之上，但也接受威廉姆斯的观点，认为曲折调是单纯由语言特有的规则产生的。

哈勒和维格诺德（Halle and Vergnaud 1982）在进一步的研究中提出，"联结规约"的应用仅限于自由（浮游）声调。因此，（12）这类结构形式将触发联结规约的应用，但（13）则不会。

（12）$\begin{bmatrix} V\ V\ V \\ H \end{bmatrix} \rightarrow \begin{bmatrix} V\ V\ V \\ H \end{bmatrix}$

（13）$\begin{bmatrix} V\ V\ V \\ | \\ H \end{bmatrix}$

本书将指出：无论是威廉姆斯（Williams 1971）的"声调映射规则"，还是戈德史密斯（Goldsmith 1976）的"合格条件"，二者都过于绝对了。按照威廉姆斯（Williams 1971）、克莱门茨和福特（Clements and Ford 1979）以及哈勒和维格诺德（Halle and Vergnaud 1982）等人的做法，我假定：把声调多重联结到一个载调单位之上，仅仅是由特定语言所具有的规则产生的。此外，我认为，把一个声调多重联结到多个载调单位之上，也仅仅是因特定语言所具有的规则产生的结果。

因此，我提出"声调映射规则"和"合格条件"所具有的普遍性是：

（14）联结规约：

　　　　将声调序列映射到载调单位序列之上：
　　　　　a. 从左到右
　　　　　b. 以一对一的关系方式。

（15）合格条件：

　　　　联结线不交叉。

注意：哈勒和维格诺德（Halle and Vergnaud 1982）提出的有关"联结规约"只适用于浮游调的观点，可以由上述（14）提出的联结规约自动产生。因为声调仅仅是以严格的一对一的关系联结到载调单位之上，所以联结的声调绝不会受由**规约**引发的进一步联结的影响。

我们将在本书的若干章节中为这里所提出的严格一对一联结规约及其在各种各样语言里的应用给出详细的说明；无论如何，上述这组规约是本书自始至终所假定的，即使是在那些没有为修订观点给出任何具体理由的地方。

2.2 何时应用规约？

另一个有关联结规约的问题不是**如何**应用它们，而是**何时**应用它们。自戈德史密斯（Goldsmith 1976）以来，这方面所采纳的基本做法是：规约在推导过程中的任何时候都可以应用。这就意味着联结规约的重新应用将自动导致元音或声调插入规则、元音或声调删除规则等的应用。还有一种做法是：假定联结规约只是在推导之初应用，而不是在任何时候、任何地方都将自动应用。[9]因此，如果相关结构形式是由规则推导而来的，那么甚至将浮游调联结到未联结的载调单位上去，也将主要是由人为规定实现的。例如，鉴于诸如（16）中有元音删除规则将元音 V_1 删除的这种推导形式，那么那种联结规约自动应用的理论将推导出（17），而那种联结规约只在推导之初应用的理论将产出（16）这种未受任何影响的输出结果（除非后面还有规则）。

(16) $\begin{bmatrix} V_1 & V_2 \\ | & \\ H & \end{bmatrix} \rightarrow \begin{bmatrix} \emptyset & V_2 \\ & \\ H & \end{bmatrix}$

(17) $\begin{bmatrix} \emptyset & V_2 \\ & \diagup \\ H & \end{bmatrix}$

既然两种做法在许多情况下会产出截然不同的结果，那么选择哪一种做法，将取决于实证的考量。本书所讨论的证据支持联结规约的重新应用是自动的这种较为成熟的观点，但也将讨论一组反例，即联结规约的重新应用似遭到阻断。现所论及的这组实例，涉及个别取消声调联结的规则，第四章恰恰正是因为这些实例提出了<u>重新联结并不是自动的</u>。⑩

注意：我们通过提出一种自主音段非自动延展的理论来允许甚至是在联结规约和/或声调规则应用之后仍可以出现特定载调单位保持无调状态的结构形式。上面（13）所见到的形式中便是这方面的一个例证。事实上，即使是在一种设定声调自主延展的理论中，同样也会出现如何处理无调元音的问题：如果没有可供联结的声调，那么元音会怎么样？

(18) $\begin{bmatrix} V & V & V \end{bmatrix}$

在讨论这一问题的可能的解决方案之前，我将简略地谈一谈另外几个与多音层表达式相关的具体问题。

2.3 音层联结方式

假如**只有**声调是自主音段化的特征,那结果就有两个音层:声调音层和音位音层。但事实并非如此。鼻音性可以在另外一个音层上进行表征,元音和谐特征可以是自主音段性的,等等。这就意味着一种语言可能需要在音系表达式中有几个独立(而平行)的音层。因此,就会出现这样的问题:哪一个是任何一个已知音层可以联结到的音层?换言之,是否对相关音层有某种限制?比如,声调音层是否可以直接联结到鼻音性音层上去?或者声调音层可否直接联结到元音和谐音层之上?

请看下面的这些问题:

I. 假如有三个相关音层,如(19)所示,那么在这种情况下无法非任意性地决定应如何实施时长关系。我们现在要处理多少个音段?(音层 p 上的)两个、(音层 m 上的)三个还是(音层 n 上的)四个?倘若所有音层都具有平等地位,那么也就无法说清楚了。

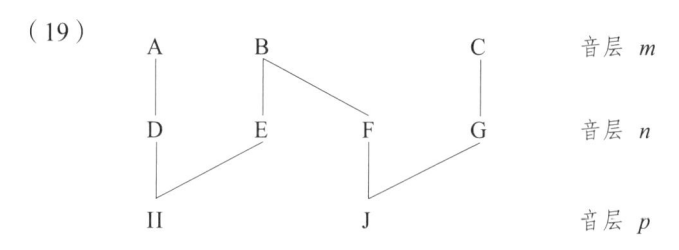

(19) A B C   音层 m
      D E F G 音层 n
      II   J   音层 p

II. 请看下面的(20):

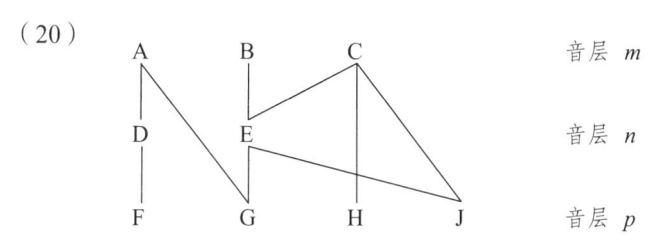

(20) A B C   音层 m
      D E   音层 n
      F G H J 音层 p

这种情况似乎违反了(15)禁止联结线交叉的制约条件。但假若音层 m、n 和 p 不在同一个平面之上,那么联结线就不会交叉。

（20′）

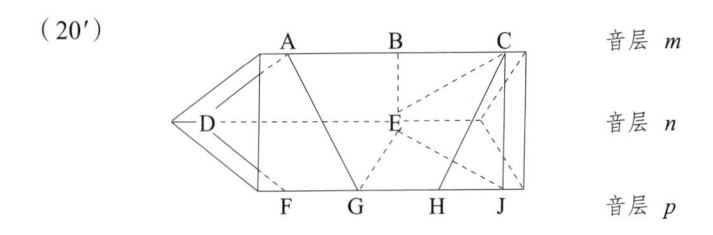

```
            A      B      C        音层 m

       D           E                音层 n

            F  G      H  J          音层 p
```

倘若这些表达式都是合乎语法的，那么我们在能够确定联结线是否交叉之前，就需要知道音层在平面上的几何位置。

III. 此外，假如我们允许诸如（20）之类的情况，那么结果就会产生诸如（21）中的这种表达式。

（21）

```
a.     A    B    C        b.    A    B    C       音层 m

              D                       D            音层 n

         F      E                   E    F         音层 p
```

在上面（21）中，音段 A 和 C 具有音层 p 上的 E 值；另一方面，音段 B 通过 B—D—F 传递性联结方式具有了 F 值。但要注意：F 在（21a）中**先**于 E，而在（21b）中又后于 E！换言之，（21）中的表达式具有这样的结果：E F 序列与 F E 序列在时间的排序上是无区别的。

稍动一下脑筋，我们就可以设计出甚至比这更不可取的结构形式来——所有这些结构形式，均产生于不受制约的多音层音系学理论。

如果我们承认存在着地位上不同于自主音段音层的 CV 骨架（或 X 骨架）音层（McCarthy 1979, Kaye and Lowenstamm 1981, Halle and Vergnaud 1982），那么问题 I 就会迎刃而解。在诸如（19）这类表达式中，CV 骨架音层决定时序关系。因此，如果音层 m 是骨架音层，那么（19）表征的是一个三音段的序列。

然而，即便在（20）和（21）中有一个骨架音层（为便于讨论，我们

假定音层 *m* 是骨架音层），II 和 III 提出的问题仍未解决。仍未解决的原因是，我们在任何一种情况下都允许骨架音层之外的自主音段音层可以相互联结。因而，在（20）中，音层 *n* 与音层 *p* 相联结；在（21）中，出现了类似的音层间的联结方式。

就 II 和 III 中的问题而言，一种简单的解决办法是假定骨架音层的部分特性是：

（22）自主音段音层只可以与骨架音层的槽位相联结。

上面（22）中的这一制约条件所产生的结果是一种限制性更强的多音层理论。譬如，它将（19）、（20）和（21）（如果（19）中的音层 *n* 是骨架音层，那么除它之外）都排除了出去。

一种包含（22）的理论，它允许音层从骨架核心音层辐射出去，多少像是车轮的辐条，大致如（23）所示：

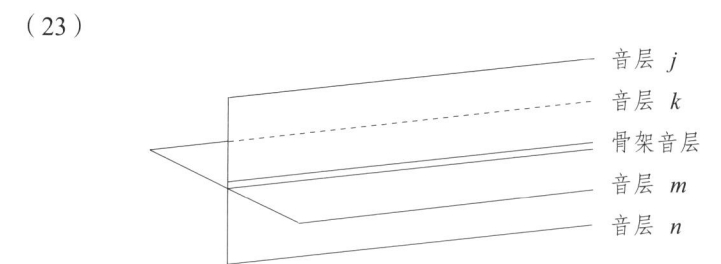

（23）

> 音层 *j*
> 音层 *k*
> 骨架音层
> 音层 *m*
> 音层 *n*

2.4 缺省值与"音位核"

我想提出的有关表达式的最后一个问题与音位核（phonemic core）的存在有关。是否存在一个特殊的、与骨架相联结的而且其属性有别于其他自主音段音层的音位音层？特征可否在音位核中和自主音段音层上同时得到表征？音位核是否有内部结构而且这种内部结构形式并不只是一种已排序的特征矩阵集合？

有关音层可否具有内部结构的问题，读者可参阅斯蒂里亚德（Steriade 1982）。这项研究的证据对此问题并无影响。至于在多个音层上表征特征（如在音位音层和自主音段音层上表征声调）问题，我将提出这类表达式应当加以严格限制。

在近来探讨在多个音层上表征特征的论著中，有涉及声调羡余赋值的问题，这与本研究有着特别的联系。哈勒和维格诺德（Halle and Vergnaud 1982）提出特征既可以在自主音段上表征，也可以在音位核上（即在特别音位音层上）进行表征。自主特征值先于核特征值，因此，V_i 的核声调特征值只有在没有与 V_i 相联结的声调自主音段时表层才能体现。哈勒和维格诺德认为：在汤加语里，所有元音在音位核中都被赋予了一个羡余特征值 [+ 低调（Low tone）]。因而，不带声调自主音段的词，在表层将全部体现为 L 调。

（24）a. ì - bù - sù[①]　　面粉
　　　　[+L] [+L] [+L]
　　b. ì - bà - sànk wà　　男人
　　　　[+L] [+L] [+L] [+L]

如果有个词，词中的某些元音与声调自主音段相联结，那么它将带着未与任何元音相联结的核特征值成为表层形式。

（25）a. í - cí - tò ngà　　汤加语
　　　　[+L] [+L] [+L][+L]
　　　　　│　　│
　　　　　H　　L
　　b. bá - sì lù wè　　豹
　　　　[+L] [+L][+L][+L]
　　　　　│　│
　　　　　H　L

另一种也是本书支持的研究方法，它认为羡余声调赋值只是骨架槽位没有得到任何声调赋值时所提供的声调自主音段。也就是说，没有给予音位核任何特殊地位，所有声调赋值均出现在某个单独的音层之上。

凯巴斯基（Kiparsky 1982a）提出：词项是不赋值的，未赋值的特征可能是由普遍语法或特定语言的语法中的规则赋值的。（另请注意 SPE。）

凯巴斯基还提出所有特征最起码是由 [ ] → [αF]（这里，α 既可以是 +，也可以是 –）这种形式的规则赋值的，这类规则集合构成了共性标记性理论的一部分。

但要注意的是：这类缺省规则的形式适用于如 SPE 那种把音段表征为特征矩阵序列的理论。假如某个已知特征矩阵中的特征 F 没有赋值，规则 [ ] → [αF] 便提供非标记值。但如果把音段表征为骨架槽位，而且特征是由把骨架槽位联结到自主音段音层上的某个特征集合上来赋值的话，那么缺省规则的形式一定是：

（26） Ⓧ → X
                  |
                  αF

即未联结到 [F] 值的骨架槽位将被赋予 [αF] 特征值。最为重要的是，这种缺省赋值是**骨架驱动的**，即我们仅仅是通过扫描骨架槽位来确定每个槽位（也就是每个音段）是否联结到一个完整的特征集合之上。例如，（27a）中的所有槽位都是声调赋值的，但（27b）中不是所有槽位都是声调赋值的。

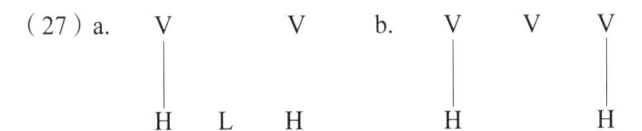

（27）a. V   V   b. V   V   V
         | | | |
         H   L   H   H   H

另一方面，（27a）中存在着未联结到任何骨架槽位上的自主音段，这种情况与确定（27a）中的语符列是否声调全部赋值是无关的。

就汤加语的例子而言，我不是要给羡余声调核赋值，而是假定如下一条规则：

（28） Ⓥ → V
              |
              L

据此分析，上面（24）和（25）中的例子将有如下的推导过程：

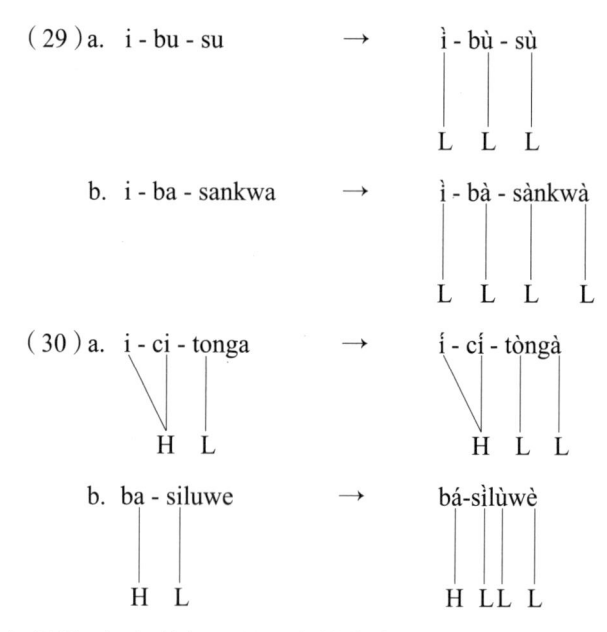

（29）a. i - bu - su　　　→　　ì - bù - sù
　　　　　　｜　｜　｜　　　　　　｜　｜　｜
　　　　　　L　L　L　　　　　　L　L　L

b. i - ba - sankwa　　→　　ì - bà - sànkwà
　　｜　｜　　｜　　　　　　｜　｜　｜　｜
　　L　L　　L　　　　　　L　L　L　L

（30）a. i - ci - tonga　　→　　í - cí - tòngà
　　　　　　　＼／　｜　　　　　　＼／　｜　｜
　　　　　　　H　　L　　　　　　H　L　L

b. ba - siluwe　　→　　bá-sìlùwè
　　｜　　｜　　　　　　｜　｜｜　｜
　　H　　L　　　　　　H　L L　L

17　我们假设：（1）骨架只是一个槽位序列而已，（2）音位音层与其他音层相比并没有什么特殊之处。因此提出这样一种理论：就音层而言，音段特征与自主音段特征之间并没有什么形式上的差异。本质上说，音段的行为表现，是在规则应用之前每个槽位与一个自主音段相联结时获知的。

（31）　　X　　X　　X　　X
　　　　｜　　｜　　｜　　｜
　　　　⎡+F⎤⎡+F⎤⎡−F⎤⎡+F⎤　⋯
　　　　⎢−G⎥⎢+G⎥⎢−G⎥⎢−G⎥
　　　　⎢ . ⎥⎢ . ⎥⎢ . ⎥⎢ . ⎥
　　　　⎣ . ⎦⎣ . ⎦⎣ . ⎦⎣ . ⎦

而自主音段的行为表现，则是在规则或规约应用之前规则产生多重联结或未完全联结之时获知的。

（32）

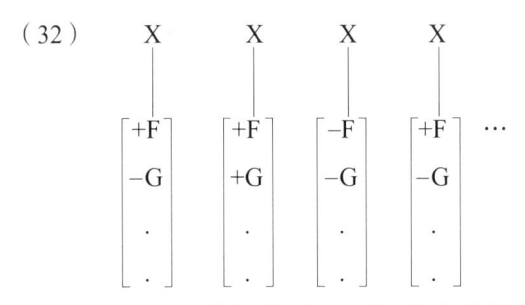

$$\begin{array}{cccc} X & X & X & X \\ \begin{bmatrix} +F \\ -G \\ . \\ . \end{bmatrix} & \begin{bmatrix} +F \\ +G \\ . \\ . \end{bmatrix} & \begin{bmatrix} -F \\ -G \\ . \\ . \end{bmatrix} & \begin{bmatrix} +F \\ -G \\ . \\ . \end{bmatrix} & \cdots \end{array}$$

我要强调的是：设立诸如（26）和（28）中的缺省规则，不是对凯巴斯基（Kiparsky 1982a）提出的不充分理论和缺省规则理论的一种丰富或改进，而是在一种 CV 骨架对多音层起协调作用的理论框架中对凯巴斯基观点的一种解读而已。

本书将说明在很多语言里，声调缺省赋值本质上必须是自主音段性质的，以此证明这种形式的填充规则符合（26）中给出的形式。为形成一种限制性理论，故而提出声调缺省赋值通常都**必须**是自主音段性质的。若让羡余声调赋值有多种可能性，就会造成不必要的对理论的过度丰富，因此，这里提出如下一条制约条件：

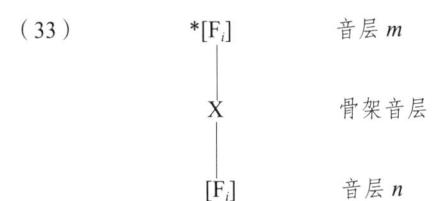

（33）   *[F_i]   音层 m
                    |
                    X   骨架音层
                    |
                 [F_i]   音层 n

这条制约条件排除了一个骨架槽位联结到两个不同音层上的同一种特征的音系表达式。由于在像（25a）的这类例子中某些槽位被同时联结到音位音层和自主音段音层上的一个 [低调] 特征值，这条制约条件还排除了以哈勒和维格诺德（Halle and Vergnaud 1982）所提出的方式提供羡余声调特征问题。

上述（33）中的制约条件所产生的作用，事实上正是麦卡锡（McCarthy 1979, 1981）用以说明如下例子所需要的，其中阿拉伯语词根 ktb 的联结必须越过词缀 t 已经附加上的槽位：

（34）　　（= McCarthy（1981）中的 20c；μ = 语素）

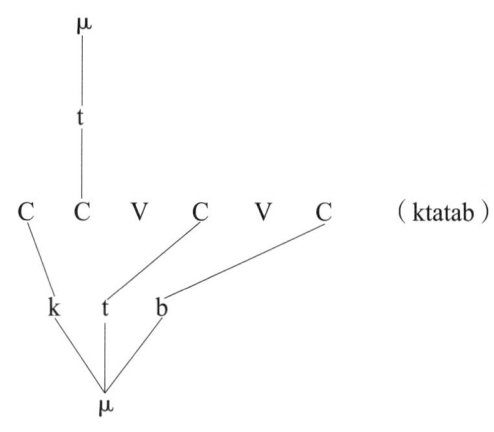

```
            μ
            |
            t
   C   C   V   C   V   C      （ktatab）
        \  |   |\  |  /
         \ |   | \ | /
          k    t    b
            \  |  /
              μ
```

麦卡锡认为（33）中的这类双重联结是被自主音段联结规约的通用形式禁止的。假设（35）中呈现的单音层类型的多对一联结不是应用**规约**的结果，那么，像（33）中的那种多音层表达式也不可能由规约产生。

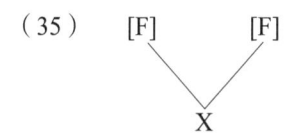

（35）　　[F]　　　[F]
　　　　　　＼　／
　　　　　　　X

麦卡锡的假设所暗示的意义之一是：如在众多的声调语言里，诸如（35）这样的表达式是合乎语法的，像（33）那样的表达式应当也是可能的——至少是可以通过规则获得的。因为即使是在允许（35）中这种曲折调的语言里，我也没有遇到过需要（33）中这种结构形式的例子，所以我断言两类表达式具有不同的理论地位：（33）是普遍被排除的，而（35）是否可能则取决于某些语言特有的附加条件。

请注意：（33）中的制约条件是从联结的角度表述的，它不是一条反对一个特征在多个音层上进行表征的绝对禁用条件。这是因为在某些像阿拉伯语（McCarthy 1979）那类的语言里，允许多音层的音位赋值是必要的。然而，需要注意的是：这些情况并没有违反（33）中的制约条件，因为一个音层上的赋值与一组骨架槽位相联结，另一个音层上的赋值则与另外一组骨架槽位相联结。[12]

上述观点等同于把骨架音层视为:(1)全空的槽位(即 X 槽位)或(2)固有 [± 音节性] 的槽位(CV 槽位)。第一种可能性进一步表达了骨架音层无内部特征结构的观点;而第二种可能性逻辑上是可能的,它利用 [音节性] 特征来界定本质上无结构的骨架。凯耶和罗万斯丹姆(Kaye and Lowenstamm(1981))、莱文(Levin 1983)从无特征的角度对(McCarthy 1979、Halle and Vergnaud 1982 所假定的)CV 性质的骨架做过解读。为便于说明,本书假定骨架是由 C 和 V 组成的,但应当牢记的是:如果这种标记是推导而来的,那么这就不会影响书中所讨论的问题。

2.5 声调外现象

我要提出的最后一个有关自主音段表达式的问题是节律外现象(extrametricality)。近来有关重音系统的研究文章——如海耶斯(Hayes 1980, 1982)、哈里斯(Harris 1983)——提出在应用重音规则时应把某些重音应用域外围的结构成分从所考虑的对象中排除出去。这些成分被贴上了"节律外的"的标签。这里,我们认为这一想法也同样适用于声调系统。标记为声调外的(extratonal)声调成分,如果不再是相关应用域的外围成分,那么它们将失去其作为声调外的属性。换言之,现已证明作为声调外的结构成分,同样受制于哈里斯为节律外的结构成分所提出的"外围条件(peripherality condition)"。

2.6 结语

在结束本节之时,我要说明的是:本书讨论的有关声调表达式方面的议题,仅仅是重大声调问题中的一小部分而已。例如:基本上没有涉及声调与句法的关系问题,没有涉及声调与元音高度、浊音化、喉音化等音段特征之间的关系问题,也基本上没有涉及载调单位的构成问题。

3. 声调与词库音系学

在上面章节中，我们看到词库音系学提出了语法的一种组织结构，即语言的音系以特定的一系列方式与其形态和句法发生交互作用；而另一方面，自主音段音系学就音系组件本身提出了特定的一种组织结构。那么，在词库音系学理论框架内对自主音段的音系音变进行考察，这会产生何种影响？

可将它的影响划分成两个范围。第一个是从词库和后词库规则操作角度，可预知自主音段规则应当显示出可以与音段规则相提并论的属性。因此，我们期望词库自主音段规则能呈现上述（8）中所列的**词库**相关属性，后词库规则能呈现**后词库**相关属性。第二个问题涉及自主音段制约条件和规约，它们的词库与后词库表现是否存在差别？

3.1 声调是在何处指派的？

在讨论自主音段规则和规约如何发挥作用的问题之前，我们不妨考虑一下在哪里指派自主音段问题。主要有两种可能性：在词库中和在后词库中。就声调而言，声调的词库指派与后词库指派，可能与通常所认为的声调与重调（accent）的区分是紧密相关的。在诸如约鲁巴语（Yoruba）或蒂弗语这类词库声调语言里，声调可能是词项的组成部分，而在诸如英语或基马图姆比语（Kimatuumbi）这种重音或音高重调的语言[13]里，声调可能是在后词库中指派的，是用于解释重调结构的。

由结构保持原则可以预知，用于解释重调结构的声调只可能是在后词库中指派的：如果词项中没有声调，只有重调信息，那么在不引入新的音系范畴情况下，词库规则是不可能引入声调的。因此，如果词库规则是结构保持性的，那么这种重调语言里的声调指派一定是在后词库中实施的。这便可以预判，这种重调语言里的声调规则一定全部归属于后词库类别。例如，它们不可能是循环应用的，不可能受形态制约，但可以跨词界应用。⑭

我在本书中将注意力仅仅放在了声调作为底层词项一部分的语言上，而那种声调只用以解释节律表达式的重调语言，则不在考虑之列。⑮

3.2 循环性声调联结

对于声调出现于词项之中，词库理论做出了诸多预测。首先，我们会预测词库的声调联结有赖于形态方面的括号；我们还期望能找到联结规约循环应用的例子。循环性声调联结是可预测到的，原因如下：(1) 联结规约一旦可能，迅即应用（Goldsmith 1976）；(2) 音系将对构词过程后的输出项进行扫描；(3) 联结规约是共性音系学的组成部分之一。

这三项假设的结果是：联结规约在每一次形态过程之后应用。这一预测现确已得到证实。我们将要证明：在像马尔吉语和蒂弗语等语言里，声调联结确确实实是严格以循环联结和规则应用预测的方式遵守了形态括号法的；而且还要证明：在诸如汤加语这类传统上被视为重调的语言里，循环性声调联结实际上也起作用。

本书中绝大部分都是论证循环性联结问题的，但在此我要强调的是：这种循环方式是由循环形态学所致，而非声调本身的特有属性。如果声调出现在一种带非循环层级的语言里，那么这一层级上的声调联结将是非循环性的。请看比如基库尤语的例子。克莱门茨和福特（Clements and Ford 1979）提出（36a）这种形态序列将以（36b）所示方式联结起来的。

(36) a. mo + e + rɛk + aŋg + er + i +ɛ

      L H L   H

  b. mo + e + rɛk + aŋg + er + i +ɛ

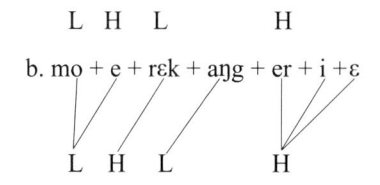

      L H L   H

他们提出的是一种非循环性联结,这个例子特别有意思的地方是:语素 *n* 的声调通常是以联结到语素 *n+1* 上而告结束。他们提出可将这种声调往右移动解释为:(1)所有(包括声调在内的)语素都是串联排列的;(2)第一个声调通过首声调联结规则联结到**第二个载调单位之上**;(3)然后发生从左到右一对一的常态联结;(4)声调延展到余下的元音之上。在克莱门茨和福特的理论中,首声调联结是由基库尤语特有的首声调联结规则完成的,剩下的联结则是按照他们提出来的合格条件中的条款实施的。

只有在(36)中增加的各种语素所在的层级都是非循环性的,那么在词库理论框架内才可能有基库尤语声调的这种非循环性说法。所以,这就意味着所有应用于这一序列的词库规则也都是非循环性的。就此而论,想一想达尔法则(Dahl's Law)在基库尤语里的应用问题。"当后接的辅音是 [t]、[k]、[c] 或 [ð] 时",达尔法则将把 [k] 变成 [γ](Armstrong 1940)。⑯请看下例:

(37) a. [ko [tɛ]]　　　→　　γòtɛ̌　　　抛弃
　　　b. [ko [oka]]　　→　　γoòká　　来
　　　c. [ko [ðaaka]]　→　　γòðaàkà　玩

这条规则必须在词库中应用,原因有很多:(1)它作为一条"语素结构制约条件"用于词干内部:

(38) a. -γɛk-　　　　谴责
　　　b. -γit-　　　　用茅草覆盖房顶
　　　c. -γɔc-　　　　剧烈弯曲
　　　d. -γɛð-　　　　啤酒瓶

(2)它应用于前缀,当触发辅音是在另一前缀(见下面(41))或词干(见上面(37))之中时。(3)后缀既不会触发规则应用,也不会经受规则的应用。⑰

(39) a. [ñ [cɔk] eet] ɛ]　　　→　　ñjɔkɛɛtɛ　　　我回来了
　　　b. [ko [hiŋg ok] ek] a]　→　　kohiŋgokeka　可操作性

上述事实表明这条规则一定是受词内形态结构的影响,不能以后词库规则方式全程应用。

为证明这条规则的词库地位，我们注意到诸如象声词（ideophone）、外来词中一些偶发性的例外现象（Myers 1974）：

(40) a. kuku ~ γuku　　　　表示嘲笑的感叹词
　　 b. mo + kɛkɛɲɛ　　　　伏牛花
　　 c. kɔɔði　　　　　　　教程
　　 d. kɛki ~ γɛki　　　　蛋糕

按照（8）中的标准，达尔法则一定是词库性的，但根据诸如下列巴罗（Barlow 1951）所讨论的案例，迈尔斯认为它不可以是循环性的：

(41) [ke [ke [ke [ðok] a]　　→　　γeγeγeðoka　　因此它被糟蹋了

我们可以用非循环性的规则应用来解释达尔法则在诸如（41）这一案例中的多次应用情况。在（41）中，所有三个前缀 [k] 音均满足了规则的结构描写，因此这条规则应用于所有这三个 [k] 音。

另一方面，倘若达尔法则是循环性应用的，那么我们就会推导出错误的结果。首先要注意的是，[γ] 不触发达尔法则的应用：

(42) a. [ko [γɛk] a]　　→　　koγɛka　　谴责
　　　　　　　　　　　　　　*γoγeka
　　 b. [ko [γit] a]　　→　　koγita　　用茅草覆盖房顶
　　　　　　　　　　　　　　*γoγita

所以要想一想（41）的循环性推导方式问题。在第一次加前缀循环中，达尔法则应用后产生：

(43) a. [γe [ðok] a]

另外，在第二次加前缀循环中，达尔法则是无法应用的，因为 [γ] 并不触发这条规则的应用：

　　 b. [ke [γe [ðok] a]]

在最后的加前缀循环中，达尔法则再次应用：

　　 c. [γe [ke [γe [ðok] a]]]

因此，达尔法则（如在 *γekeγeðoka 中）的循环性应用，错误地预测了一种 [γ]-[k]-[γ] 的交替音变类型。

27

以上对达尔法则的讨论表明，添加相关词缀所在的层级是非循环性的。因此，有关达尔法则的事实似乎支持克莱门茨和福特的声调非循环性分析方法。至于声调联结是循环性的还是非循环性的，无须做任何规定——形态层级会是循环性或非循环性的，那么，所有词库中运行的音系规则就会以适当的方式应用。因此，我们不可能有这样的一种语言，它如基库尤语那样声调联结是非循环性的，而其他词库规则又不像基库尤语那样循环性应用。

3.3 联结方式的制约条件

第二个有关词库理论中自主音段表达式的重要问题是自主音段联结方式的制约条件。已有学者（如 Halle and Vergnaud 1982）注意到：语言在多少个声调可以与单独一个载调单位相联结上是有区别的。本书认为：**不同的语言**不仅在这一方面有所不同，而且**同一种语言**也可以在词库与后词库层面有所不同。本书将要证明：如在蒂弗语、德尚语（Dschang）、约鲁巴语等语言里，声调的多重联结方式在语言词库组件中就已被完全阻止；但在某些情况下，后词库规则可以广泛或有限度地产生曲折调。

3.4 词库与后词库

至于自主音段规则的应用问题，我们认为上面（8）中所总结的那些属性均适用于现已讨论过的那些声调规则。例如，循环性规则是在非结构保持规则之前应用的；受语素结构影响的规则是循环应用的，而不受语素结构影响的规则则是非循环应用的，等等。虽然本书并未对词库音系学的许多预测进行验证，但本书验证过的都支持上述那些预测。

3.5 不充分赋值问题

最后，我们从词库模式角度来谈一谈声调实体的不充分赋值问题。前文曾提出声调指派的缺省规则可以发生在词库、后词库及语音层面。有关这些规则的最强假设是，缺省声调插入规则是由共性语法提供的，因此我们将要提出有关缺省插入规则的特定语言具有的参数只涉及两个方面：（1）一种语言可能选用由共性语法提供的两种声调特征中的一种或两种缺省值；（2）一种语言可以选择声调缺省规则开始应用的语法组件。另外，还提出缺省规则就音系规则而言不可以进行外在化的排序：在出现外在化规则排序的情况下，这种排序可通过一般原则推导而得。

本研究说明，词库理论框架促使我们选择那些因现实原因而受到青睐的分析。许多临时性的手段如声调变项、重调附加符号以及形态边界符号，都被证明在这一理论框架内是不必要的。我们通过限制可用于声调语法分析的分析类型，可进一步地靠近更具解释力的声调理论。正是在这一方面，词库理论框架提供了特别有意义的声调音系学研究方法。

注释

① 这不是什么新的或最近的发现，帕尼尼（Pāṇini）的梵语语法就已认识到了这一区分，惠特尼（Whitney 1879）和布龙菲尔德（Bloomfield 1933）在他们的著作中就曾讨论过第一轮与第二轮推导之间的差别。我在本书中不会涉及层级排序形态学理论（theory of level-ordered morphology）中出现的问题，因为我们研究声调系统所需要的关键性差异属于词库与后词库的对立。有关一些层级排序问题以及所提出的解决方案，见莫汉南（Mohanan 1982）、凯巴斯基（Kiparsky 1982a）。

② 这个例子选自凯巴斯基（Kiparsky 1982a），该文对这类情况做了详细讨论，那里所给出的三音节缩短规则是：

$$V \rightarrow [-长] / \underline{\qquad} C_0 V_i C_0 V_l$$，这里，V_l 不是节律强的。

③ 但请参见第六章 5.3 节。

④ 莫汉南在其书中提出的是不透明性条件，而不是括号拭除法。就当前研究的目的而言，选择哪一种做法无关紧要。

⑤ 注意：这种规则应用的排序与表中规则的相对排序无关。例如，如果规则 m 在音系规则列表中排在规则 n 之前，但 m 的应用域是在后词库层级，n 的应用域是在词库层级，那么 n 在推导中的应用就可能先于 m 在推导中的应用。

⑥ 但请注意德雷舍（Dresher 1983）。
⑦ 但请注意凯巴斯基（Kiparsky 1983b）。
⑧ 哈勒和维格诺德（Halle and Vergnaud 1982）对（10e）条款有过明确表述。
⑨ 莫里斯·哈勒就有关德尚语（Bamileke-Dschang）、艾金比伊·艾金拉比（Akinbiyi Akinlabi）就约鲁巴语（Yoruba）分别向我指出了这个方法可能有的优势之处。本书将在讨论德尚语和约鲁巴语的章节里对他们提出的这些论点进行评议（但最终没有采用）。
⑩ 这种可能性是保罗·凯巴斯基向我指出的。
⑪ 本书从头至尾都仅仅是将边界符号、破折号等用作解释性工具而已，并不认为它们有什么理论地位。如果形态成分结构与现在所讨论的音变过程有关，那么就会使用加括号的方法。
⑫ 显而易见，（33）的反例见于某些叠词例词——诸如马兰兹（Marantz 1982）所给出的那些叠词例词之中。马兰兹允许像如下约鲁巴语这类叠词的表达式：

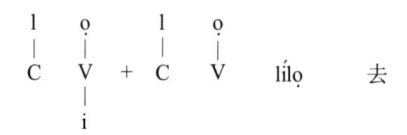

```
    l   o       l   o
    |   |       |   |
    C   V   +   C   V      lílọ       去
            |
            i
```

这里，前缀中的元音槽位预先已与元音 [i] 联结，而 [o] 按照联结规约在叠词之后联结到同一个槽位之上。然而，正如马兰兹本人所指出的，他没有需要这类双重联结的例子。他可以对其例子进行重新表述，只要假定预先联结将会阻断其后按照规约的联结，就可以避免违反（33）中的规约：

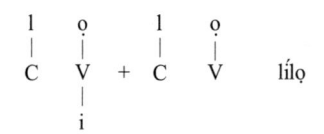

```
    l   o       l   o
    |   |       |   |
    C   V   +   C   V      lílọ
            |
            i
```

⑬ 本书建议将音高重调语言分成两类：（1）在词库中预先与声调相联结的语言（参见第五章），（2）后词库或语音部分指派声调的语言。
⑭ 结构保持的最强版本认为：任何底层不出现的音段都不可以引入到词库之中。莫汉南和莫汉南（Mohanan and Mohanan 1984）已证明这一版本是有问题的。因此，可以想象，结构保持的较弱版本会允许将底层不出现的声调引入词库之中这类有一定限制性的案例。对整个这一领域，需要做全面具体的考察。
⑮ 另请参见皮埃安贝尔（Pierrehumbert 1980）、蒲立本（Pulleyblank 1983a）、凯巴

斯基（Kiparsky 1982b, 即出）。
⑯ 在接下来有关达尔法则的讨论中，我对该规则的确切构建方式不予考虑，因为这对现在所讨论的问题无足轻重。例如，迈尔斯（Myers 1974）提出 [ð] 底层是非浊音性的，这样可以对规则应用于非浊音性音段的语境进行简化。与此相仿，迈尔斯还提出：很简单，该规则本身将软腭塞音浊化，而一条通用规则又将软腭塞音弱化。有关对达尔法则在基库尤语以及许多相关语言中的具体分析和讨论，见戴维和娜斯（Davy and Nurse 1982）。
⑰ 有关这个观点的讨论，见迈尔斯（Myers 1974）。在下面基库尤语的例子中，因加前缀是在加后缀之前还是之后这个问题不会严重影响现在所讨论的问题，故此不下定论。

第二章

降阶与语音组件的相关性

1. 引言

这一章将通过对降阶（downstep）的系统研究来说明语音组件与音系组件之间的差别。降阶涉及对音系语符列的语音解释，因此在这方面尤为重要。请看下面蒂弗语的一些例子，这里 gá "不，没" 在语音上的音高高度不是由其前面的声调决定的：

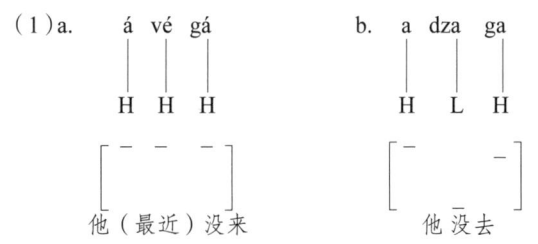

(1) a.　á vé gá　　　　b. a dzà ga
　　　 | | |　　　　　　　| | |
　　　 H H H　　　　　　　H L H

　　　他（最近）没来　　　　他没去

音系上讲，两个例子中的 gá 是完全相同的——即都与 H 调相联结，但其语音体现有所不同。在（1a）中，gá 与也是 H 调的 á 不是在同一个音高高度上，但在（1b）中，由于中间 L 调动词 dzà 的介入，gá 在语音上的音高高度要低于 á。

根据克莱门茨（Clements 1981）、黄正德（Huang 1980）、奥登（Odden 1983）等人的提议，我是这样解释（1b）中的 gá 在语音上下降的：假设在蒂弗语里声调组成我们所称为"**音步（feet）**"的结构成分，新的结构成分是从紧接在 L 调之后的 H 调开始的。因此，在语音组件中，

（1a）和（1b）的表达式如下（这里，F 代表音步）：

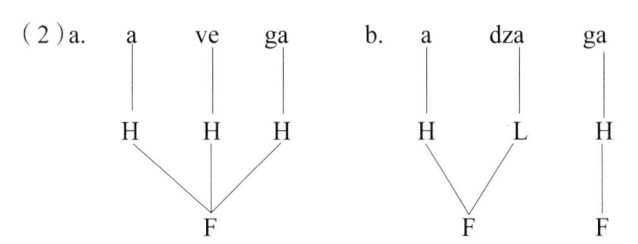

（2）a.　　a　　　ve　　　ga　　　b.　　a　　　dza　　　ga
　　　　　 |　　　 |　　　 |　　　　　 |　　　 |　　　　 |
　　　　　H　　　H　　　H　　　　　　H　　　L　　　　H
　　　　　 \　　　|　　　/　　　　　　　\　　 /　　　　 |
　　　　　　　　F　　　　　　　　　　　　F　　　　　　F

在（2a）中，所有的 H 调都隶属于同一个音步，因此给它们指派了相同的音高；但在（2b）中，两个 H 调分属于不同的音步，因此第二个 H 调在语音上被解读为比第一个高调低。

我们将解释机制的具体细节留到下文呈现，但（1b）中的例子已清清楚楚地表明，语音解释是一个主要分两步走的过程：(a) 指派一个正确的音系表达式（如（1b）所示）；(b) 对音系表达式进行语音解释（如（2）所示）。

在（1b）这样的例子中，音系表达式直观清晰，一目了然，因为触发音高降低的 L 调是以某种具体的语音形式出现在表层语符列中。（通常把这种情况称为"下漂（downdrift）"或"自动降阶（automatic downstep）"。）但在其他场合，并不总是那么清清楚楚，一看便知。请看下面（3）中蒂弗语的例句：①

（3）a.　　　á　　　　 ꞌvá
　　　　　 ⎡ ⁻ 　　　 ⁻ ⎤
　　　　　 ⎣ 　　　　 　 ⎦
　　　　　　　他来过

vá 的 H 调出现在比 á 的 H 调更低的音高上。如果有用音步表征音高降下的机制，那么我们就会知道 á 和 vá 一定是出现在不同的音步中：

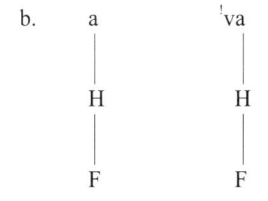

　　　b.　　 a　　　　　 ꞌva
　　　　　　 |　　　　　　|
　　　　　　H　　　　　　H
　　　　　　 |　　　　　　|
　　　　　　 F　　　　　　F

但我们也知道，H 调序列在正常情况下常归属于同一个音步，如（2a）所示。那是什么导致了（3b）中 va 构成一个新的音步？正如本书第三章将要展示的那样，动词形式中的降阶（如（3）所示）是蒂弗语里一般过去时语素的音系体现形式。但至关重要的是，这种降阶是如何编码的？基本上有两个可能性：（1）音系表达式（3）中有一个浮游 L 调。该调出现在声调音层之上，但未与任何元音相联结；其结果是，它虽不发音，但却触发降阶。（2）降阶是通过更为直接的、从形态学角度将音步指派给一般过去时动词的 H 调方式进行编码。② 上述两种方法可图示如下：

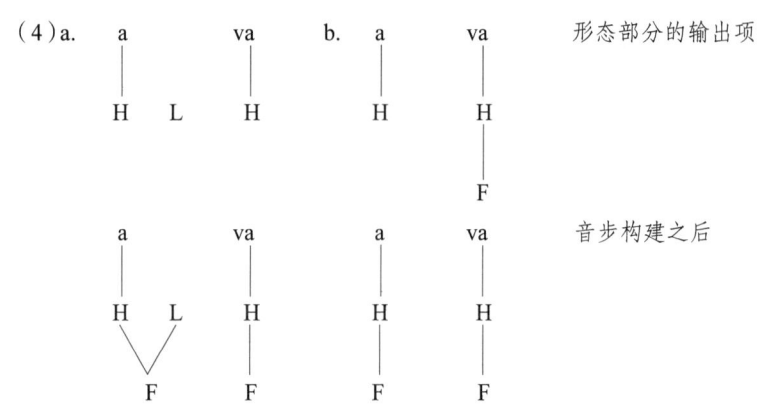

（4）a.　　　a　　　　va　　b.　　a　　　　va　　　形态部分的输出项
　　　　　　│　　　　│　　　　　　│　　　　│
　　　　　　H　　L　　H　　　　　　H　　　　H
　　　　　　　　　　　　　　　　　　　　　　　│
　　　　　　　　　　　　　　　　　　　　　　　F

　　　　　　a　　　　va　　　　　a　　　　va　　　音步构建之后
　　　　　　│　　　　│　　　　　│　　　　│
　　　　　　H　　L　　H　　　　　H　　　　H
　　　　　　　V　　　　│　　　　│　　　　│
　　　　　　　F　　　　F　　　　F　　　　F

在（4a）中，一般过去时的音系表现是出现在声调音层之上的 L 调。接着是构建音步，如像（2b）例子中的那样，触发音高降低的 L 调有了实际语音体现。所以，va 语音上的降阶就是调形及其影响音步构建的结果。另外，在（4b）中，一般过去时语素是通过将声调音步直接指派给 va 的 H 调方式进行编码的。因此，此例中两个声调音步所产生的降阶结果并不是与声调音层上所表征的声调一一对应的。

下文将就这两种非透明或非自动降阶（无语音体现触发因素的音高降低）的编码方法进行较为详细的讨论和分析。将要呈现的蒂弗语和德尚语的语料说明，非自动降阶不可以由形态指派音步方式直接进行编码，必须是通过把浮游调置入音系表达式之中的方式进行表征。语法要对语音部分与音系部分做出区分。根据这样一种语法模式，接着对上述这两种研究方法的特点进行讨论，并指出蒂弗语和德尚语的语料在这种语法模式中比在那种不区分语音与音系的语法模式中所得到的解释会更好。

2. 降阶的某些普遍属性

在讨论蒂弗语和德尚语之前，我们先来看一下某些必须要说明的降阶/下漂的普遍属性。正如前面一节所说的那样，最终对降阶的语音解释，主要是一个包含分两步走的过程：第一步必须从声调角度确定正确的音系表达式，第二步必须对这个表达式做出语音解释。

我认为第一点是无懈可击的，而且假定：任何降阶的研究方法都是从声调音系表达式开始的。另外还假定，这样的声调表达式涉及将声调分解为偶值区别特征的问题。因此，对降阶的描写涉及先前确定正确音系表达式的问题之一。

就第二点而言，降阶/下漂现象是一个典型的、语音组件中所进行的解释程序的例证（Liberman and Pierrehumbert 1982）。回想一下第一章中提到的利伯曼（Liberman 1983）观察到的结果：(1)音系规则仅限用于偶值特征，而语音规则则涉及特征的梯度性（gradient）使用。(2)音系实体的数量是有上限的，而语音实体的数量原则上是无上限的。(3)语音规则的结果常涉及时序结构（temporal structure）和协调（coordination）等问题。(4)语音规则不可以有受制于词库的例外现象。

我们来看一下与特征梯度性使用相对应的偶值特征。自早期生成音系学（如 SPE 第 297 页）开始，人们就已注意到特征起着两方面作用：一是分类，二是语音，并认为特征在词项上的分类功能涉及严格的偶值对立，特征在语音层面上的施用功能具有标量势（scalar potential）。这种标量势恰恰就是降阶时所观察到的事实。例如，在蒂弗语里，降阶的 H 调比其前面的 H 调在音高体现上略低一些；H'H 序列的音高下降幅度远远低于 HL 序列（Arnott 1964）。但在基库尤语里，H'H 序列的音高下降幅度跟 HL 序列是一模一样的（Clements and Ford 1979, 1981）。因此，降阶所涉及的声调序列音高降低程度是一个梯度性语音解释的问题，即降低程度是由所涉及语言的语音组件决定的。

语音与音系在可能有的实体数量上的有上限与无上限之间具有的差别，也可以从分类与施用之间的差别角度加以解释。叶琳娜（Yip 1980）提出声调语言词项分类功能操作所需要的音高音系层级最多不超过 4 个层级。③ 要想获得音系上的这 4 个声调，就需要两个区别特征。但在语音层面，可在特定声调语言里得到证实的音高层级数量，原则上是没有限定的。例如，在图（5）所给出的 H 调、L 调系列中，语音上可以有 n 个层级的音高与音系上同类型 n 个同样的 H 调符号相对应。

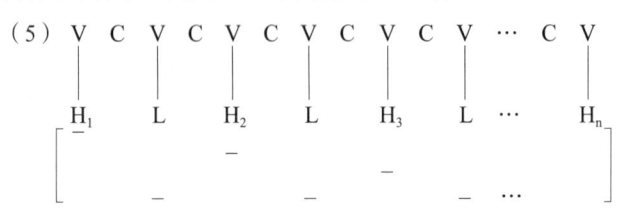

（5） V C V C V C V C V ⋯ C V
　　　｜　｜　｜　｜　｜　｜　｜
　　　H₁　L　H₂　L　H₃　L ⋯ Hₙ

如果原则上没有一种对音系表达式（5）中 n 值的限定方法，那么也就无法限定原则上可能出现的音高的语音层级数量。

下面我们来看一个具体示例——伊博语（Igbo）的句子。在（6）中，语音语符列中的表层 L 调触发并确认后面 H 调的新的、略低一点的最高点。在这一具体的例句里，有三个音高层级连续走低的高调④（和低调）。

（6）　　ó nwèrè àkọ́ nà úchè
　　　　─　　↓　↓

　　　　她聪明懂事

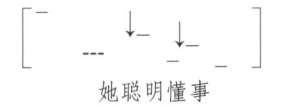

另外，（7）中的例子恰好是以四层级 H 调结束，即表层一旦出现一个低调，H 调便会降一次；如果表层没有触发的 L 调，则降两次。

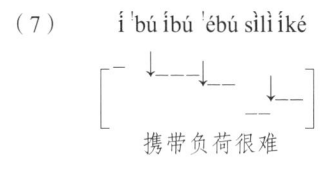

（7）　í ˈbú íbú ˈébú sìlì íké

```
    ┌ ─  ↓      ┐
    │     ─ ─ ─ │
    │        ↓  │
    │         ─ │
    └           ┘
      携带负荷很难
```

例（6）中的 n 值是 3（即 H 调有 3 个音高层级），例（7）中的 n 值是 4（即 H 调有 4 个音高层级），这些情况只不过是一定数量的 H 调夹杂在降阶触发因素之间的偶发结果而已。这一降阶算法的多值方面成为了将降阶指派给语音组件的有力论据。

3. 总模式

如果在语音组件中对降阶进行解释，那么该组件是否与总体语法模型相契合？首先，语音表达式的量尺性和多值性属性使之与偶值分类性属性的词库音系表达式区别开来，并无可争议地得出如下结论：语音组件不隶属于词库音系学。上文讨论的语音组件是否有别于后词库音系学，现在还不是很清楚。正如第一章所提到的，利伯曼（Liberman 1983）曾指出语音组件事实上有可能隶属于后词库音系学。凯巴斯基（Kiparsky 1983b）也曾探讨过这一主张所蕴含的某些意义。但本章将提出，语音组件有别于后词库音系学，它应当归入到如（8）所示的语法模式之中：

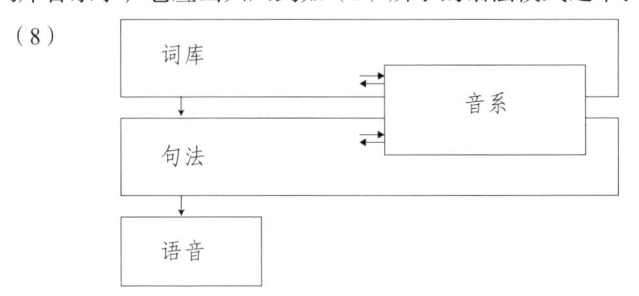

（8）

```
┌──────┐   ┌──────┐
│ 词库 │ ⇄ │      │
└──────┘   │ 音系 │
┌──────┐ ⇄ │      │
│ 句法 │   └──────┘
└──────┘
    ↓
┌──────┐
│ 语音 │
└──────┘
```

按照该模式，语音组件的输入项是一个相关音系学规则全部都已应用过的句法语符列。第一章中就曾说过，我认为只有一个音系组件，其规则是在所界定的词库层级和后词库（句法）层级上应用的（Mohanan 1982）。如在（8）的语法模式中，只有在词库和后词库音系规则应用之后，语符列才可供给语音解释。

（8）中的语法模式不只是简单地提供一种区别音系组件与语音组件的机制，而且还对这些组件的种种情况做出了预测。譬如，偶值特征音系表达式可以成为潜在梯度性语音解释的输入项。但鉴于（8）中的分隔组件方式，梯度性语音表达式永远不可能成为偶值音系规则的输入项。比如，同样要用音系规则处理在（6）和（7）的例子中伊博语的 H 调问题；很多这类 H 调在音系上是区别性的，而它们事实上是无法诉诸音系部分——无论是词库音系部分，还是后词库音系部分。还有一点是，词库中的特征数量在两个方面比语音的特征数量要少。第一，语言的语音组件所涉及的特征，通常要比音系组件多。语言并非最大限度地使用可获得的所有分类性特征。比如，虽然音段可以通过改变发音时的气流机制来区分，但很多语言都不会采用这种可能的方式。不过，在语音层面，所有的语言都一定会给其音段的气流特征赋一个值——因为没有气流，音段是发不出来的。人们不能总是把该赋值看作是普遍原则导致的结果。例如，与唇腭辅音语音实现相关的气流机制可能因语言不同而不同（Ladefoged 1964）。第二，语音组件可以给词库里某一可能的单个特征提供更多的值；词库所用的特征仅限于偶值区别，而语音所用的特征则无此限制。

在对词库、句法与语音层次之间的关系进行探讨时，产生了诸多问题。譬如，语音规则是由词库特征触发的还是由句法特征触发的？这个问题虽然在这里没有解决，但初步迹象显示：句法特征可以直接触发某些语音规则的应用，而词库特征则不可以。请看下例——即句法特征触发（或阻断）一条语音规则应用的例子。

在祖鲁语（Zulu）里，洛伦（Laughren 1983）论证了 H 调由浮游 L 调和与之联结所导致的降阶现象。但该降阶取决于句子的性质；因此，陈述语句出现降阶，而疑问语句则不出现。洛伦指出，仅靠一条影响音系表达式的规则是不足以得出这样的差别;并提出,影响祖鲁语里降阶的多值语音表达式必须易受到陈述语句与疑问语句的差别影响。

词库特征看来不可能有可以相互比照的表现。也就是说,我们找不到具有相同音系表达式的词项的例子,但可以找到靠触发或阻断特定语音规则来进行区分的词项的例子。下文将对蒂弗语和德尚语里可能有的这类例子进行讨论分析,指出:无论哪一种情况,词库特征都不能直接触发语音规则的应用——它们必须触发音系表达式中的变化,从而对其后的语音规则本身加以限定。这正是(8)中的语法模式所希望获得的结果。

4. 蒂弗语里的降阶:支持浮游 L 调的证据

本章开篇就已指出,非自动降阶可以由声调音层上具有的未联结的触发声调编码所致,也可以由以某种方式调整降阶声调的表达式编码所致。这两种可能性,前面如(4)所示,现重复如下:

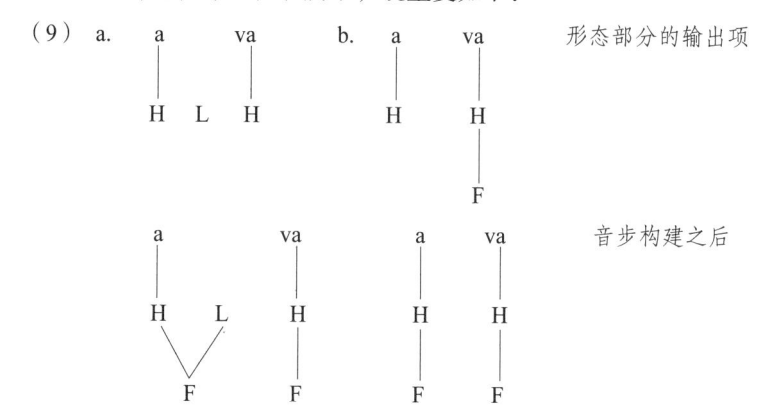

(9) a.　a　　va　　b.　a　　va　　　形态部分的输出项
　　　　|　　|　　　　　|　　|
　　　　H　L　H　　　　H　　H
　　　　　　　　　　　　　　|
　　　　　　　　　　　　　　F

　　　　a　　va　　　　a　　va　　　音步构建之后
　　　　|　　|　　　　　|　　|
　　　　H　L　H　　　　H　　H
　　　　 \\ /　|　　　　|　　|
　　　　　F　　F　　　　F　　F

两类表达式之间存在两方面的本质区别:首先,(9a)表达式中有个 L 调,而(9b)中没有。因此,人们期待这个声调会在该小句的声调推导过程中发挥作用。其次,(9b)中的两个 H 调是相邻的,而(9a)中的两个 H 调则是不相邻的。在以下有关蒂弗语的部分里,我将提出支持表达式(9a)、反对表达式(9b)的证据。在论证(9a)时,我将说明:降阶在一

39

定条件下将与降调的 L 调成分交替出现；此外，还要说明：由声调延展规则取代的 L 调具有降阶属性；最后说明：错误地应用于（9b）表达式的延展规则将遭到（9a）这类表达式的正确阻断。

4.1 降曲折调

最先提出蒂弗语里的降阶实际上是浮动 L 调这一观点的是阿诺特（Arnott 1964, 1968），他证明句末降调与非句末 H$^!$ 序列交替出现。请看下列例句：

（10）a. ùnyìnyà mbâ
　　　　 马　　系词
　　　　 有马

　　　b. mbá$^!$ váǹ
　　　　 系词　来
　　　　 他们正过来

（11）a. kásév́ mbâ
　　　　 女人　系词
　　　　 有妇女

　　　b. kásév́　　mbá$^!$　gá
　　　　 女人　　　系词　　否定
　　　　 没有妇女

（12）a. íwá　ngî
　　　　 狗　 系词
　　　　 有狗

　　　b. íwá　ngí$^!$　yévèsè
　　　　 狗　　系词　　逃离
　　　　 那些狗正在逃走

（10）~（12）中的系词是在停顿前，其短元音带一个降调，但在非停顿前的位置则是以 H$^!$ 出现。假定降调是由 H L 序列映射到单独一个元音上所产生的，这就意味着停顿前的 L 与非停顿前的"$^!$"是交替出现的。此外，该声调表现不限于任何一类词项；阿诺特所举的例子有系词、动词（惯常式 2）和名词。如果不把实际的降阶分析为浮游调，那么就无法对上面所见到的交替现象做出明确的解释。⑤

4.2 H 延展

更多的、有关降阶浮游调分析法的证据，来自对蒂弗语 H 调延展规则作用的研究。首先请看下面（13）中所给出的一对名词的单复数形式：

（13）　　　词干　　　　单数　　　　复数
　　a.　daka　　　　dákà　　　　ùdákà　　　　枪的种类⑥
　　　　H
　　b.　dari　　　　dàrí　　　　ùdàrí　　　　半便士
　　　　LH

我们注意到：该单数名词没有名词类的前缀，而其复数名词有一个 L 调的前缀 [ù。这些例子说明，给名词增加一个 L 调前缀，并不会对词干的声调调型产生影响。

与此形成鲜明对比，请看下面给名词词干添加一个 H 调前缀时会有什么情况发生：⑦

（14）　　　词干　　　　单数　　　　复数
　　a.　bagu　　　　bàgù　　　　íbáˈgú　　　　红猴子
　　　　L
　　b.　kagha　　　　ìkàgh̀　　　ákáˈgh́　　　　束，捆
　　　　L
　　c.　keghe　　　　ìkègh́　　　íkéˈgh́　　　　鸡
　　　　L H
　　d.　gbise　　　　ìgbìsé　　　ágbìˈsé　　　　块茎类型
　　　　LH
　　e.　kaande　　　ìkààndé　　ákáàndé　　　贝壳类动物的种类
　　　　LL H
　　f.　mboro　　　ìmbòr̀　　　ámbór̀　　　　一股泉水
　　　　H

我们注意到像 [bagu 或 [gbise 之类的词干，其起首 L 被词类前缀的 H 所替
           L   LH
代。被这样替代的 L 调当后接 H 声调（14a~d）时，将触发后续声调的降
阶现象；但当后接 L 声调（14e）时，不产生任何影响。这些交替现象可
以简单地通过增设一条如（15）所示的 H 延展规则得到解释。

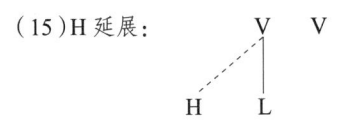

（15）H 延展：　　　　V　V
　　　　　　　　　　 ⋮　│
　　　　　　　　　　 H　L

这条规则将 H 调延展到一个与非末尾莫拉（mora）相联结的 L 调上。虽
然（14）中的所有例子都涉及延展已联结的 H 调，但是我们下面将看到，
这条规则也延展浮游 H 调。尽管我们没有以规则形式对上述这条规则做
详细说明，但由于蒂弗语里有一条词库制约条件——即一个声调最多只
能与单独一个载调单位相联结，[⑧] 所以我假定 H 延展将自动取消与相关 L
调的联结。

下面（16）所给出的简化的推导过程诠释了 H 延展应用于名词如
íbáꜝgú"红猴子"（14a）、ákáàndé"贝壳类动物的种类"（14e）复数形式的
情况（这里，每个名词均包含一个词类前缀、一个词干和一个词类后缀）。

（16） a. [i [bagu]]　→　[i [bagu]]
　　　　　 │   │   │   │   ⋮   │
　　　　　 H　 L　 H   H　 L　 H

　　　 b. [a [kaande]]　→　[a [kaande]]
　　　　　 │   │   │   │   ⋮   │
　　　　　 H　 LL　 H   H　 LL　 H

特别需要注意的是，H 延展（15）是一条既可以应用于名词也可以应用于
动词的规则。例如，现在进行时是由一个表示现在时的 H 调前缀和一个
表示进行体的音段后缀 -n] 组成。为了说明 H 延展在现在进行形式中的应
用，下面（17）给出了 mbáꜝvéndàn̄"他们在拒绝"这种形式的部分（简
化的）推导过程。

（17）

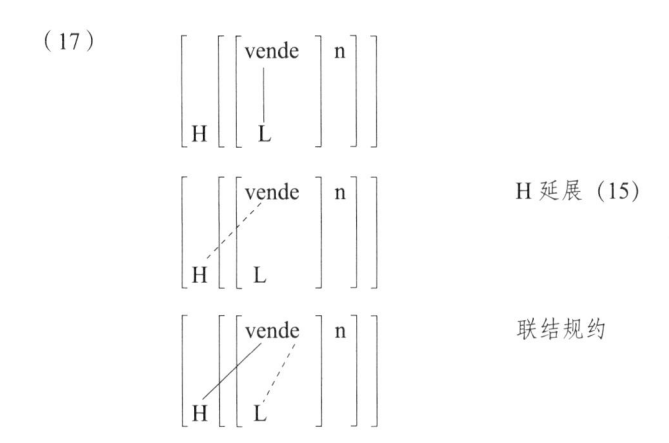

$$\begin{bmatrix} \begin{bmatrix} \text{vende} \\ | \\ \text{L} \end{bmatrix} \text{n} \\ \text{H} \end{bmatrix}$$

$$\begin{bmatrix} \begin{bmatrix} \text{vende} \\ | \\ \text{L} \end{bmatrix} \text{n} \\ \text{H} \end{bmatrix} \quad \text{H 延展 (15)}$$

$$\begin{bmatrix} \begin{bmatrix} \text{vende} \\ | \\ \text{L} \end{bmatrix} \text{n} \\ \text{H} \end{bmatrix} \quad \text{联结规约}$$

作为最后一个例子，我将给出一种由给 L 调动词词干添加一个 H 调主语前缀所触发的 H 延展的情况。（18）中的这个具体例子涉及由 H 调后缀所标示的近过去时（recent past tense）。

（18）

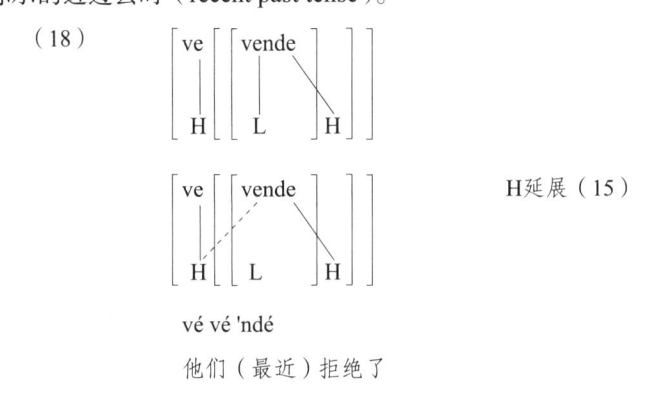

$$\begin{bmatrix} \text{ve} \begin{bmatrix} \text{vende} \\ | \\ \text{L} \end{bmatrix} \text{H} \\ \text{H} \end{bmatrix}$$

$$\begin{bmatrix} \text{ve} \begin{bmatrix} \text{vende} \\ | \\ \text{L} \end{bmatrix} \text{H} \\ \text{H} \end{bmatrix} \quad \text{H 延展 (15)}$$

vé vé 'ndé

他们（最近）拒绝了

由本节给出的所有例子可以清楚地看出，H 延展是蒂弗语的一条能产性的一般规则，它既适用于名词，也适用于动词。另外还可以清楚地看出，H 延展规则在许多情况下所导致的非自动降阶均可以从音系表达式中推导而来。当 H 延展规则导致 L 调成为浮游调时，断开联结的 L 将自动触发其后的 H 发生降阶。因此，至少某些 H¹H 序列必须通过设立（9a）（即用浮游 L 调来表征的降阶）而非（9b）（即作为预先指派的音步结构进行编码的降阶）这种方式的表达式进行解释。

4.3 反对把降阶作为预先指派的音步结构

到现在为止，所讨论过的有关蒂弗语的实例全部都适用于如下的研究方法：无论是已联结的 L 调还是浮游的 L 调，均触发其后的 H 调发生降阶（如 9a 所示）；但在某些场合，降阶则是由形态指派的音步结构标示的（如 9b 所示）。本节将说明，该观点做出的预测结果是错误的，而且人们必须还要坚持这样的立场——即**所有**蒂弗语中的降阶都是由 L 调触发的。

一个相关的案例是一般过去时。正如上文（3a）（á ˈvá "他来过"）这类例子中所看到的，其时态是用起始降阶来表示的。然而，与上文 4.1 节、4.2 节中的情况不同，该降阶与 L 调之间没有发生交替现象。所以，在此情况下，没有明确的证据让我们选择浮游调分析法（9a），而不选择预先指派音步分析法（9b）。不过，想一想一般过去时中的 L 调动词（如 vé vèndè "他们拒绝了"）的情况。若假设一般过去时的降阶是由浮游 L 调表示的，那么我们就会有（19a）这种结构形式；若假设一般过去时中的降阶源于预先指派的音步结构，那么我们就会有（19b）这种结构形式。

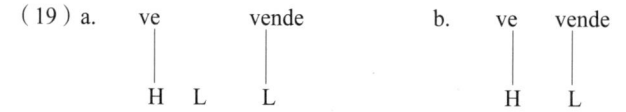

（19） a.　ve　　　vende　　　b.　ve　　vende
　　　　　|　　　|　　|　　　　　　|　　　　|
　　　　　H　　　L　　L　　　　　　H　　　L

注意：在第二种方法中，音步结构的预先指派只能是 H 调动词，因为 L 调在蒂弗语里从不发生降阶现象。

（19）中的两种结构形式就 H 延展（15）的可应用性做出了两种截然不同的预测。在（19a）中，H 延展是不可以应用的，在（19b）中，H 延展是可以应用的，给我们生成出：

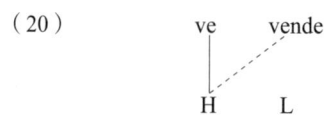

（20）　　　　ve　　vende
　　　　　　　|╌╌╌╌╌╌|
　　　　　　　H　　　L

所以，表达式（19a）可以预测到正确的表层形式 vé vèndè，而表达式（19b）所预测到的则是错误的形式 *vé véndè。因此，我们发现，标示降阶的浮游 L 调为 H 延展**不能**应用于 vé vèndè 这类例子提供了一种必然的解释。H 延展（15）只是将 H 延展到紧随其后的、已联结的 L 上，但在此类例子中，规则的这一结构描写却无法得到满足。因而，即使在降阶与 L 调没有发生表层交替音变的情况下，我们能看出：必须要把蒂弗语里的降阶实体分析为一种 L 调。

综上所述，我们提出：如果将降阶实体分析为浮游 L 调，那么便可以对蒂弗语里已证实存在的 L 调与降阶实体做出简单明了的解释。此外，通过分析浮游 L 调触发的非自动降阶，可以正确地预测到：H 延展的应用将在某些声调结构形式中遭到阻断。倘若我们把非自动降阶分析为涉及音步结构的预先指派，那么，无论是与 L 调的交替音变还是 H 延展的应用受到的阻断，我们都无法做出解释。

5. 德尚语里的降阶：支持浮动调的更多证据[9]

本节将提出，上文蒂弗语分析所得出的结论也同样适用于德尚-巴米莱克语（Dschang-Bamileke）。但这个分析因该语言里降阶的有趣性质而变得有些复杂。德尚语**没有**表现出下漂迹象，所以在（21）这类短语中，两个 H 调均出现在同一个音高层级上。

（21）　　　sóŋ è sóŋ

　　　　　鸟的鸟

但德尚语则呈现出非自动降阶现象。因此，如果相关前缀中的元音被删除（如通常发生在快速语流中），那么结果是第二个 H 便发生降阶。

（22）　　　sóŋ ˈ sóŋ

　　　　　鸟的鸟

有意思的是，德尚语本身是在没有表现出下漂迹象的情况下发生了降阶的；就这类降阶的位置（尤其是德尚语的降阶不仅是发生在 H 调上，也发生在表层 L 调上）试图做出解释，便成为了一件更有意义的事情。

（23） ǹdzà' àǹdzwì

豹子的斧头

为（23）这类情况提供一种分析方法、对降阶的位置做出总体性解释，是德尚语声调学的一个核心议题，也是我们下文讨论的主要内容。我们将说明，德尚语的声调音步结构是不能预先指派的，降阶可以从声调那里直接得到解释，就像它们在音系表达式的推导中出现的那样。这一分析的意义还在于它需要许多有别于语音解释规则的后词库音系规则。因此，它为后词库音系学不同于语音学提供了证据。

5.1 单说时的名词

德尚语里的单/双音节名词在单独说时呈现出如下的声调模式：

（24）a.　L+L　　ǹdzwì　[_ ╮]　　　L　　nà　　[_]

　　　　　　　　豹子　　　　　　　　　动物

　　b.　L+L°　 ǹdzà°　[_ _]　　　L°　kàn°　[_]

　　　　　　　　斧头　　　　　　　　　松鼠

　　c.　L+'H　 m̀'bhú　[_ ⁻]　　　'H　'mó　[–]

　　　　　　　　狗　　　　　　　　　　儿童

　　d.　L+H　　ǹtsóŋ　[_ ⁻]　　　H　　sóŋ　[⁻]

　　　　　　　　小偷儿　　　　　　　　鸟

就上述声调模式而言，有两个事实引人注目。首先，两个 L 调必须有所区别，如 nà 与 kàn°。其次，两个 H 调必须有所区别，如 m̀'bhú 与 ǹtsóŋ。相关区别将在 5.1.1 节和 5.1.2 节中做简要分析和讨论。

5.1.1 下倾

德尚语对末尾下降的 L[╮]（下倾）与末尾不下降的 L[_] 进行区分，

是草原班图语（Grassfields Bantu languages）的典型特征之一。我们把下倾的 L 表征为 V̇(24a)，而把不下倾的 L 表征为 V̇°(24b)。

根据海曼和塔达德（Hyman and Tadadjeu 1976），我提出这种差别是因共时区分词库为 L 调还是 LH 调的名词而产生的。

（25）a.　na　　　　　b.　ka
　　　　 |　　　　　　　 |
　　　　 L　　　　　　 L　H

末尾位置上的 L 调发生下倾变化。但像 kàŋ° 这类名词，由于 L 不是在声调音层的末尾位置，因此它不可能发生下倾变化。与此分析相一致，海曼和塔达德给出相对应的证据证明像 nà 这种带 L 的名词是从早期的 LL 序列衍生而来的，而像 kàŋ° 这种带 L° 的名词历史上则是从 LH 序列衍生而来的。

注意：末尾下降是受音系制约的。也就是说，不是所有的"末尾"L 调都下倾，发生下倾的只是那些末后接浮游 H 调的 L 调。但似乎并没有理由认为末尾下降是一条音系规则。也就是说，虽然音系语符列的形状决定末尾下降规则是否应用于德尚语，但规则本身不像是一条音系部分的规则，更像是一条语音组件中的规则。主要理由有三个：（1）该规则的应用仅限于停顿前；（2）该规则在短元音上生成一个德尚语里未曾证实存在的曲折调；（3）如果这是一条语音规则，那么我相信，它可以正确地预测到末尾下降规则不可以与德尚语里的任何一条音系规则发生交互作用。[⑩]

5.1.2 降阶

正如第 4 节中所看到的，有两种方法可用以分析蒂弗语里 m̀bhú "狗"（24c）这种降阶的例子：一是假定有一个触发其后 H 发生降阶的浮游 L 调；二是假定预先给词干 bhú 中的 H 调指派了音步，即该词干本身就是降阶性的：

（26）a.　m ＋ bhʉ̀　　　b.　m ＋ bhʉ́
　　　　｜　　｜　｜　　　　　｜　　　｜
　　　　L　　L　H　　　　　　L　　　H
　　　　　　　　　　　　　　　　　　　｜
　　　　　　　　　　　　　　　　　　　F

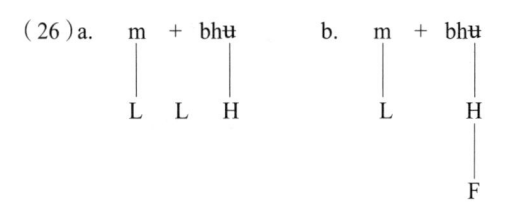

在下面的讨论中，我将呈上第一种可能的对德尚语的分析方法，即浮游调假设分析法。接着说明**必须**采用一种浮游调分析法，而这一用音步结构直接编码的方法是站不住脚的。

海曼和塔达德（Hyman and Tadadjeu 1976）提出：像m̀ˈbhʉ́之类名词的ˈH模式在历时与共时上都是从HL序列推导而来的。我相信他们的观点是正确的，这些形式的推导方式如下所示。请看（27）中单数祈使动词形式的例子，这里，底层形式就是海曼和塔达德提出的那些底层形式：

（27）a.　$\begin{bmatrix}\begin{bmatrix}\text{tɔŋ}\\|\\\text{H}\end{bmatrix}\begin{matrix}\text{ɔ}\\|\\\text{H}\end{matrix}\end{bmatrix}$ → tóŋó　打电话！

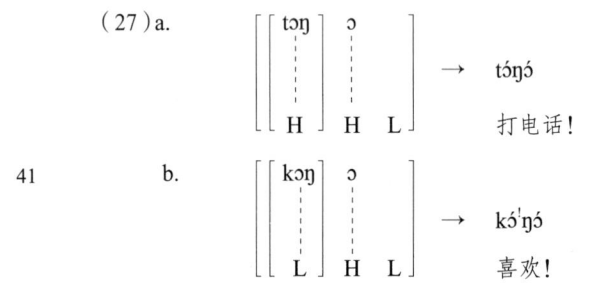

b.　$\begin{bmatrix}\begin{bmatrix}\text{kɔŋ}\\|\\\text{L}\end{bmatrix}\begin{matrix}\text{ɔ}\\|\\\text{H}\end{matrix}\end{bmatrix}$ → kóˈŋó　喜欢！

已知（27）中的底层形式，通常的联结规约便可以推导出（27a）中的表层形式HH序列。但另一方面，联结规约本身最终也会生成出（27b）这种错误的形式：

（28）　　　kɔŋ ＋ ɔ
　　　　　　｜　　｜
　　　　　　L　　H　L

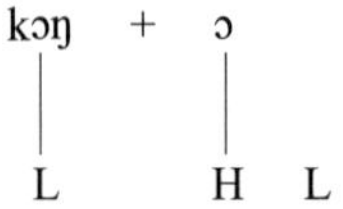

为了在此种情况下获得降阶的H调，我提出如下（29）这条音系规则。

（29）　　换位音变：　L　H　Ⓛ
　　　　　　　　　　　1　2　3　→　1　3　2

如果H调的前面是一个L调，那么这条规则（下文将演示在后词库中的应用方式）便会将浮游 L 调[11]移至紧靠其前面 H 调的左边。请注意：需要区分（27a）与（27b）之间的语境 L 调。换位音变规则应用于（28）后，生成出：

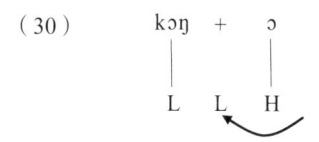

（30）　　　　kɔŋ　+　ɔ
　　　　　　　 |　　　 |
　　　　　　　 L　　L　H

同样，如果将历时获得的 HL 调式（melody）共时指派给词干 bhʉ，那么，换位音变将应用于诸如m̀bhʉ́"狗"之类的名词。在下列推导中，我假定联结规约在词库[12]中是循环应用的，换位音变是在后词库中应用的。

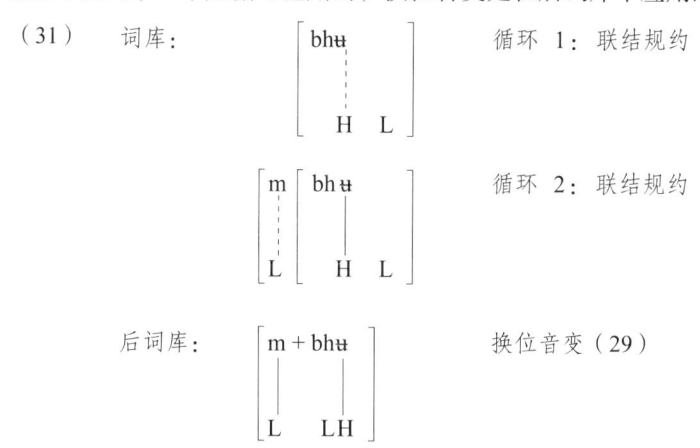

（31）　词库：　　[bhʉ]　　　　　循环 1：联结规约
　　　　　　　　　[|]
　　　　　　　　　[H L]

　　　　　　　　　[m [bhʉ]]　　循环 2：联结规约
　　　　　　　　　[| [|]]
　　　　　　　　　[L [H L]]

　　　　后词库：[m + bhʉ]　　　　换位音变（29）
　　　　　　　　[| |]
　　　　　　　　[L   LH]

该研究方法的问题之一是，ˈmɔ́"儿童"这个词虽然没有触发换位音变的 L 调词类前缀，但表层仍拥有一个 ˈH 调。既然这是该语言里唯一的这类词项，我就直接假定"儿童"这个词的词库表征如下：[13]

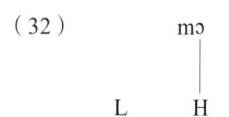

（32）　　　　　mɔ
　　　　　　　 |
　　　　　　L　H

这个词的声调联结不是由规约完成的。例外的情况是，这个声调模式中的第二个声调是词库联结的，因此阻断了与第一个声调的联结。总而言之，德尚语的名词带有下列词库声调模式之一：L、LH、HL 或 H。一对一从左往右的联结，与换位音变音系规则和末尾下降、降阶语音规则相结合，共同生成出名词单说时的正确表层形式。

5.2 联结构式中的降阶

当名词在联结构式中进行组合时，如何表征德尚语里的降阶问题就变得特别有意义。这种构式是由左边的中心名词和右边的属格补语组成，中心主语和属格补语都有一个名词词干和一个词类前缀，除非它们是某些仅由名词词干组成的词类 1 型名词。属格补语是通过给 [词类前缀 + 名词词干] 的组合形式添加联结性前缀形成的。联结前缀是一种要求与中心名词保持一致的一致性标记语。声调上可以是 H 也可以是 L，音段上要么是 [e] 要么是 [a]；联结前缀在连续话语中常被删除或被其前面的音段同化。[14]

为说明上述形态操作过程，我给出了如下 ǹdzà ˈàndzwì "豹子的斧头" 的底层形式[15]：

（33）
$$\begin{bmatrix} \begin{bmatrix} 词类\\前缀 \end{bmatrix} & \begin{bmatrix} 名词\\词干 \end{bmatrix} \\ N_1 & \end{bmatrix} \quad \begin{bmatrix} \begin{bmatrix} 联结\\前缀 \end{bmatrix} & \begin{bmatrix} 词类\\前缀 \end{bmatrix} & \begin{bmatrix} 名词\\词干 \end{bmatrix} \\ N_2 & & \end{bmatrix}$$

$$\begin{bmatrix} n & dza \\ & \\ L & LH \end{bmatrix} \quad \begin{bmatrix} e & n & dzwi \\ & & \\ L & L & L \end{bmatrix}$$

在下面的讨论中，我们将对某些声调规则进行考察，看看它们能否解释联结构式中所见到的交替音变。然后将说明：这些交替音变只有通过假设降阶是由浮游 L 调出现所触发德尚语里的降阶才能得到解释；把诸如预先指派音步设立为非声调降阶的触发机制，往往会产生错误的结果。

表 1

1.	/èfɔ̀	è + ǹdzwì/	→ [èfɔ̀ ǹdzwì]	豹子的首领
2.	/èfɔ̀	è + ŋ̀kuɔ̀ʔ/	→ [èfɔ̀ ŋ̀kuɔ̀ʔ]	公鸡的首领
3.	/èfɔ̀	è + m̀bhú/	→ [èfɔ̀ m̀ˈbhú]	狗的首领

续表

4.	/èfɔ́	è + ǹtsɔ́ŋ/	→	[èfɔ́ ǹtsɔ́ŋ]	小偷儿的首领
5.	/ǹdzà´	è + ǹdzwì/	→	[ǹdzà˺à ǹdzwì]	豹子的斧头
6.	/ǹdzà´	è + ŋ̀kʊɔʔ´/	→	[ǹdzà˺à ŋ̀kʊɔʔ°]	公鸡的斧头
7.	/ǹdzà´	è + m̀bhʉ́`/	→	[ǹdzà˺à m̀'bhʉ́]	狗的斧头
8.	/ǹdzà´	è + ǹtsɔ́ŋ/	→	[ǹdzà˺à ǹtsɔ́ŋ]	小偷儿的斧头
9.	/ŋ̀gyá`	è + ǹdzwì/	→	[ŋ̀˺gyà ǹdzwì]	豹子的屋子
10.	/ŋ̀gyá`	è + ŋ̀kʊɔʔ´/	→	[ŋ̀˺gyà ŋ̀kʊɔʔ°]	公鸡的屋子
11.	/ŋ̀gyá`	è + m̀bhʉ́`/	→	[ŋ̀˺gyà m̀˺bhʉ́]	狗的屋子
12.	/ŋ̀gyá`	è + ǹtsɔ́ŋ/	→	[ŋ̀˺gyà ǹtsɔ́ŋ]	小偷儿的屋子
13.	/ŋ̀ká	è + ǹdzwì/	→	[ŋ̀ká ǹdzwì]	豹子的猴子
14.	/ŋ̀ká	è + ŋ̀kʊɔʔ´/	→	[ŋ̀ká ŋ̀kʊɔʔ°]	公鸡的猴子
15.	/ŋ̀ká	è + m̀bhʉ́`/	→	[ŋ̀ká m̀˺bhʉ́]	狗的猴子
16.	/ŋ̀ká	è + ǹtsɔ́ŋ/	→	[ŋ̀ká ǹtsɔ́ŋ]	小偷儿的猴子
17.	/àpà	á + ǹdzwì/	→	[àpà ǹ˺dzwì]	豹子的包
18.	/àpà	á + ŋ̀kʊɔʔ´/	→	[àpà ŋ̀˺kʊɔʔ°]	公鸡的包
19.	/àpà	á + m̀bhʉ́`/	→	[àpà˺á m̀bhʉ́]	狗的包
20.	/àpà	á + ǹtsɔ́ŋ/	→	[àpà˺á ǹtsɔ́ŋ]	小偷儿的包
21.	/làsòŋ´	é + ǹdzwì/	→	[làsòŋ ǹ˺dzwì]	豹子的牙齿
22.	/làsòŋ´	é + ŋ̀kʊɔʔ´/	→	[làsòŋ ŋ̀˺kʊɔʔ°]	公鸡的牙齿
23.	/làsòŋ´	é + m̀bhʉ́`/	→	[làsòŋ˺ŋ́ m̀bhʉ́]	狗的牙齿
24.	/làsòŋ´	é + ǹtsɔ́ŋ/	→	[làsòŋ˺ŋ́ ǹtsɔ́ŋ]	小偷儿牙齿
25.	/àpú`	á + ǹdzwì/	→	[à˺pú ǹdzwì]	豹子的手臂
26.	/àpú`	á + ŋ̀kʊɔʔ´/	→	[à˺pú ŋ̀kʊɔʔ°]	公鸡的手臂
27.	/àpú`	á + m̀bhʉ́`/	→	[à˺pú m̀bhʉ́]	狗的手臂
28.	/àpú`	á + ǹtsɔ́ŋ/	→	[à˺pú ǹ˺tsɔ́ŋ]	小偷儿的手臂
29.	/làtɔ́ŋ	é + ǹdzwì/	→	[làtɔ́ŋ ǹdzwì]	豹子的羽毛
30.	/làtɔ́ŋ	é + ŋ̀kʊɔʔ´/	→	[làtɔ́ŋ ŋ̀kʊɔʔ°]	公鸡的羽毛
31.	/làtɔ́ŋ	é + m̀bhʉ́`/	→	[làtɔ́ŋ m̀˺bhʉ́]	狗的羽毛
32.	/làtɔ́ŋ	é + ǹtsɔ́ŋ/	→	[làtɔ̀ŋ ń˺tsɔ́ŋ]	小偷儿的羽毛
33.	/èfɔ́	è + nà/	→	[èfɔ́ nà]	动物的首领
34.	/èfɔ́	è + kàŋ´/	→	[èfɔ́ kàŋ°]	松鼠的首领

35.	/èfɔ́/	è + ˋmɔ́/	→	[èfɔ́ ˈmɔ́]	儿童的首领
36.	/èfɔ́/	è + sɔ́ŋ/	→	[èfɔ́ sɔ́ŋ]	小鸟的首领
37.	/ǹdzàˊ/	è + nà/	→	[ǹdzà ˈnà]	动物的斧头
38.	/ǹdzàˊ/	è + kàŋˊ/	→	[ǹdzà ˈkàŋ°]	松鼠的斧头
39.	/ǹdzàˊ/	è + ˋmɔ́/	→	[ǹdzàˈà ˈmɔ́]	儿童的斧头
40.	/ǹdzàˊ/	è + sɔ́ŋ/	→	[ǹdzàˊá sɔ́ŋ]	小鸟的斧头
41.	/ŋ̀gyáˋ/	è + nà/	→	[ŋ̀ˈgyà nà]	动物的屋子
42.	/ŋ̀gyáˋ/	è + kàŋˊ/	→	[ŋ̀ˈgyà kàŋ°]	松鼠的屋子
43.	/ŋ̀gyáˋ/	è + ˋmɔ́/	→	[ŋ̀ˈgyà ˈmɔ́]	儿童的屋子
44.	/ŋ̀gyáˋ/	è + sɔ́ŋ/	→	[ŋ̀ˈgyà sɔ́ŋ]	小鸟的屋子
45.	/ŋ̀ká/	è + nà/	→	[ŋ̀ká nà]	动物的猴子
46.	/ŋ̀ká/	è + kàŋˊ/	→	[ŋ̀ká kàŋ°]	松鼠的猴子
47.	/ŋ̀ká/	è + ˋmɔ́/	→	[ŋ̀ká ˈmɔ́]	儿童的猴子
48.	/ŋ̀ká/	è + sɔ́ŋ/	→	[ŋ̀ká ˈsɔ́ŋ]	小鸟的猴子
49.	/àpà/	á + nà/	→	[àpà nà]	动物的包
50.	/àpà/	á + kàŋˊ/	→	[àpà kàŋ°]	松鼠的包
51.	/àpà/	á + ˋmɔ́/	→	[àpàˈá mɔ́]	儿童的包
52.	/àpà/	á + sɔ́ŋ/	→	[àpà sɔ́ŋ]	小鸟的包
53.	/làsɔ̀ŋˊ/	é + nà/	→	[làsɔ̀ŋ nà]	动物的牙齿
54.	/làsɔ̀ŋˊ/	é + kàŋˊ/	→	[làsɔ̀ŋ kàŋ°]	松鼠的牙齿
55.	/làsɔ̀ŋˊ/	é + ˋmɔ́/	→	[làsɔ̀ŋˈŋ́ mɔ́]	儿童的牙齿
56.	/làsɔ̀ŋˊ/	é + sɔ́ŋ/	→	[làsɔ̀ŋ sɔ́ŋ]	小鸟的牙齿
57.	/àpúˋ/	á + nà/	→	[àˈpú nà]	动物的手臂
58.	/àpúˋ/	á + kàŋˊ/	→	[àˈpú kàŋ°]	松鼠的手臂
59.	/àpúˋ/	á + ˋmɔ́/	→	[àˈpú ˈmɔ́]	儿童的手臂
60.	/àpúˋ/	á + sɔ́ŋ/	→	[àˈpú sɔ́ŋ]	小鸟的手臂
61.	/làtóŋ/	é + nà/	→	[làtóŋ nà]	动物的羽毛
62.	/làtóŋ/	é + kàŋˊ/	→	[làtóŋ kàŋ°]	松鼠的羽毛
63.	/làtóŋ/	é + ˋmɔ́/	→	[làtóŋ ˈmɔ́]	儿童的羽毛
64.	/làtóŋ/	é + sɔ́ŋ/	→	[làtóŋ sɔ́ŋ]	小鸟的羽毛

作为如下讨论的参考，表1（引自海曼和塔达德（1976），已稍作修

改）对联结短语的底层形式和表层形式做了诠释。例子中括号内的数字是告诉读者其所参照的表 1 内的例子编号。数字 1 到 32 说明 N_2 具有的词类前缀的情况。例 1 到 16、例 33 到 48 均涉及联结性 L 调前缀，而其他例子则涉及联结性 H 调前缀。为压缩篇幅，表 1 中的声调底层形式是用附加符号（H = ´，L = `）的方式表示的；按照海曼和塔达德的做法，词类前缀与词干之间的分类则不予表示。[16]

5.2.1 ˈH ≠ M

鉴于德尚语里没有自动下漂现象（例 21），人们提出降阶的 H 调实际上是音系的 M 调（S. C. Anderson 1980）。但是，拒绝这一主张的理由很多。例如，如果 ˈH 后接 H，那么第二个 H 将会与降阶的 H 具有同样的音高，但绝不会更高。

（34） $\begin{bmatrix} a+pu \\ | \quad | \\ L \quad LH \end{bmatrix} \begin{bmatrix} sən \\ | \\ H \end{bmatrix}$ → à ˈpú s ŋ̯́
小鸟的手臂[60]

如果这个 ˈH 后接另一个 ˈH，那我们就可以得到一个双降阶序列。

（35） $\begin{bmatrix} a+pu \\ | \quad | \\ L \quad LH \end{bmatrix} \begin{bmatrix} m \\ | \quad | \\ L H \end{bmatrix}$ → à ˈpú ˈmɔ́
儿童的手臂 [59]

此外，还可以将多个降阶 H 调语符列放到一起来获得连续性下降的 H 调。

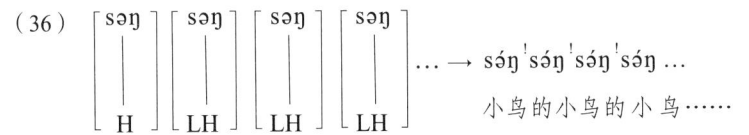

（36） $\begin{bmatrix} sən \\ | \\ H \end{bmatrix} \begin{bmatrix} sən \\ | \quad | \\ L H \end{bmatrix} \begin{bmatrix} sən \\ | \quad | \\ L H \end{bmatrix} \begin{bmatrix} sən \\ | \quad | \\ L H \end{bmatrix}$ … → sɔ́ŋ ˈsɔ́ŋ ˈsɔ́ŋ ˈsɔ́ŋ …
小鸟的小鸟的小鸟……

如果下降声调是降阶 H 调的话，就可以期待出现上述所有的事实；如果下降声调是音系 M 调的话，就不可以期待所有这些事实。

5.2.2 降阶 H 调

5.1.2 节曾假设，换位音变规则（29）生成一个降阶，因为换位音变的结果是一个浮游 L 调紧排在一个联结的 H 调之前。降阶实体是个浮游 L 调的这一假设的某些初始证据，源于对这条规则（即将 H 调延展到相邻莫拉上）的思考。具体地说，如果紧随其后的莫拉是非末尾的、联结到 L 调上的，那么该规则将联结的 H 调延展到这个莫拉上来：[17]

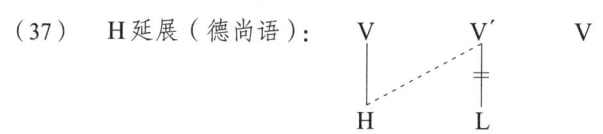

（37） H 延展（德尚语）：

请看下面这个例子：

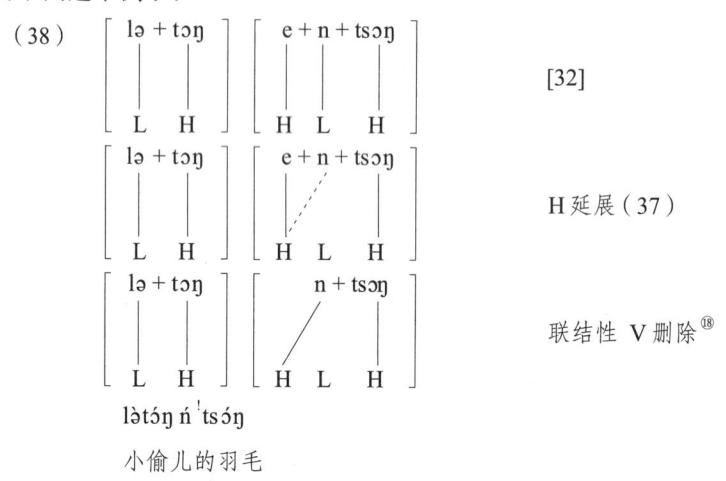

（38）

[32]

H 延展（37）

联结性 V 删除[18]

lètɔ́ŋ ń ˈtsɔ́ŋ

小偷儿的羽毛

在上述例子中，联结性前缀中的 H 延展到 L 调的词类前缀，从而取消了与词类前缀 L 调的联结。所产生的浮游 L 调导致紧随其后的 H 调的降阶。

鉴于 H 延展在如下许多推导中出现，故而这里不再提供更多的实例。

5.2.3 降阶位置

用上述分析来说明像 àpà ˈá ńts ɔ́ŋ "小偷儿的包" [20] 之类的例子时，就会出现一个明显的问题。在这类例子中，我们看到了 H 调联结性前缀、位相联结的。联结的声调可以是在右边（如（42）所示），也可以是在左边（如下面（45）所示），因而构成了镜像规则。

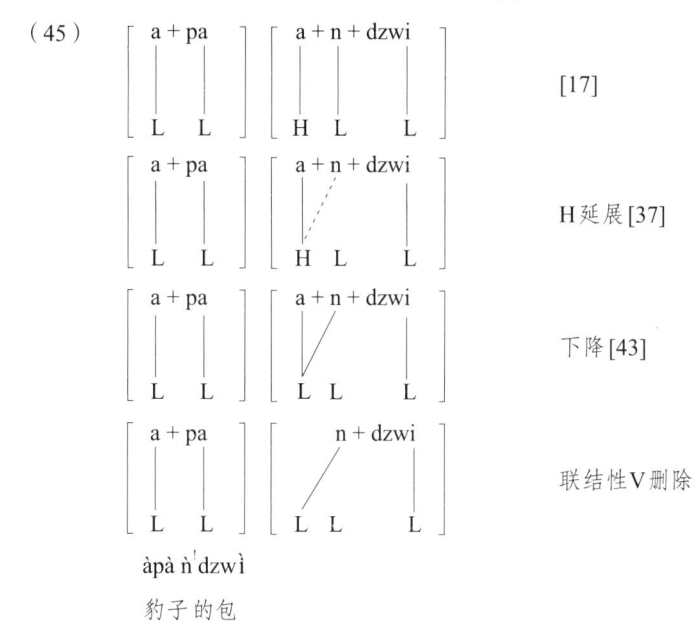

（45）
$$\begin{bmatrix} a+pa \\ | \quad | \\ L \quad L \end{bmatrix} \begin{bmatrix} a+n+dzwi \\ | \quad | \quad | \\ H \quad L \quad L \end{bmatrix} \quad [17]$$

$$\begin{bmatrix} a+pa \\ | \quad | \\ L \quad L \end{bmatrix} \begin{bmatrix} a+n+dzwi \\ | \quad | \quad | \\ H \quad L \quad L \end{bmatrix} \quad H\text{延展}[37]$$

$$\begin{bmatrix} a+pa \\ | \quad | \\ L \quad L \end{bmatrix} \begin{bmatrix} a+n+dzwi \\ | \quad | \quad | \\ L \quad L \quad L \end{bmatrix} \quad \text{下降}[43]$$

$$\begin{bmatrix} a+pa \\ | \quad | \\ L \quad L \end{bmatrix} \begin{bmatrix} n+dzwi \\ | \quad | \\ L \quad L \quad L \end{bmatrix} \quad \text{联结性V删除}$$

àpà ǹˈdzwì

豹子的包

最后，下降规则不应用的声调构型情况表明，结构描写中已联结的 L 调必须是从同化音变 H 调开始跨越词界的：

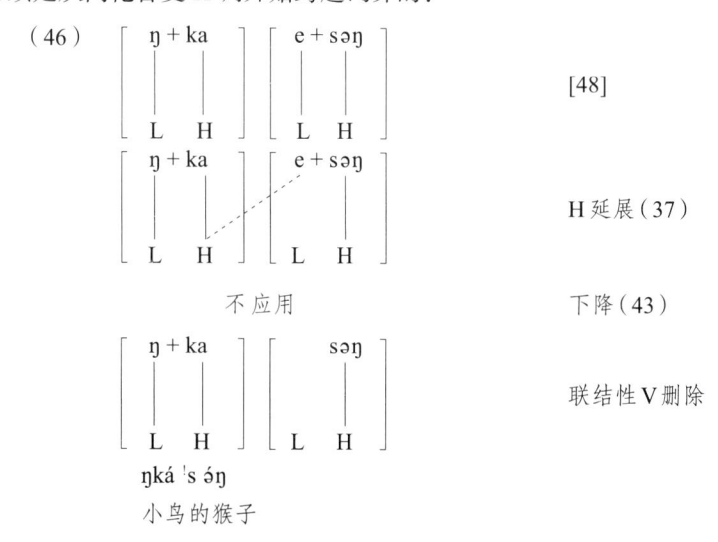

（46）
$$\begin{bmatrix} \eta+ka \\ | \quad | \\ L \quad H \end{bmatrix} \begin{bmatrix} e+s\partial\eta \\ | \quad | \\ L \quad H \end{bmatrix} \quad [48]$$

$$\begin{bmatrix} \eta+ka \\ | \quad | \\ L \quad H \end{bmatrix} \begin{bmatrix} e+s\partial\eta \\ | \quad | \\ L \quad H \end{bmatrix} \quad H\text{延展}（37）$$

不应用 　　　　　下降（43）

$$\begin{bmatrix} \eta+ka \\ | \quad | \\ L \quad H \end{bmatrix} \begin{bmatrix} s\partial\eta \\ | \quad | \\ L \quad H \end{bmatrix} \quad \text{联结性V删除}$$

ŋká ˈsə́ŋ

小鸟的猴子

49 在（46）中，ŋká 中的 H 调两边均是 L 调，但只有联结的相邻 L 调在下降规则就要应用时与 ŋká 在同一个词内，因此下降规则不应用。

通过对 H 调和 L 调的两种降阶设定一种统一分析方法，降阶 L 调的分布直接得到了解释。在（42）和（45）之类的例子中，表层降阶恰好出现在其分析预测出现浮游 L 调的语境中。因此，我们看到：联结 L 调对其后的声调（H 或 L）不会在语音上产生任何影响，但浮游 L 调在德尚语里则对 H 和 L 调产生降阶音变。

最后一点有关应用下降规则需要注意的是，H 延展在（46）之类的例子中阻断了下降规则的应用。此外，在（45）这类例子中，倘若下降规则是**在 H 延展之前**应用，那么它将错误地阻断 H 延展的应用。这些例子因而确立了如下两条规则的排序方式：

（47） H 延展（37）

下降（43）

5.2.5 浮动调问题

迄今为止，我已论证了必须把德尚语里的降阶分析为声调音层上的浮游 L 调，尽管它尚未得到实际语音体现。该分析确实优于用其他方式编码降阶的分析方法——其优势将稍后进行讨论。此外，还将呈现有关相关浮游调的表现所获得的事实，以此来阐释语音规则与音系规则之间的差异问题。但在讨论这些问题之前，我将简要说明浮游调分析法本身固有的一些问题。这些问题是否指向一种理论（即一种将浮游调确定为潜在的降阶触发因素的理论）中固有的不足，或这些情况是否直接提供有关不联结音段的普遍属性知识，均留作以后研究。

5.2.5.1 不允许跨词界的换位音变。 像上文（39）这样的例子清楚地表明，换位音变是在后词库中应用的，因为结构描写只是在短语层面得到了满足。同样的例子表明，换位音变阻断下降规则的应用，因此必须将其排在前面。这意味着须将 H 延展、下降和换位音变三条规则做如下排序：

（48） H 延展（37）
　　　　换位音变（29）
　　　　下降（43）

但是，换位音变在（29）构建过程中存在问题。请比较一下下面的结构形式，它们呈现的都是紧随 H 延展应用之后的推导阶段：

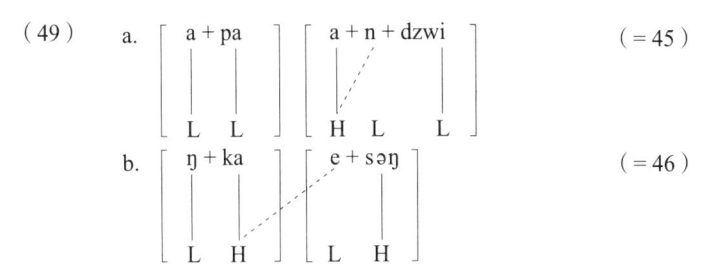

（49）　a. $\begin{bmatrix} a+pa \\ | \quad | \\ L \quad L \end{bmatrix}$ $\begin{bmatrix} a+n+dzwi \\ | \quad | \quad | \\ H \quad L \quad L \end{bmatrix}$ （=45）

　　　　b. $\begin{bmatrix} \eta+ka \\ | \quad | \\ L \quad H \end{bmatrix}$ $\begin{bmatrix} e+s\partial\eta \\ | \quad | \\ L \quad L \end{bmatrix}$ （=46）

若不对换位音变设定做某种限制，该规则便应用于（49）中的两种情形，在下降和联结 V 删除规则之后推导出不正确的结果 *àpà ｎ̀dzwì 和 *ŋ̇ká sə́ŋ。

为了阻断换位音变的过度应用，我将该规则修改如下：[19]

（50）　换位音变（修订后）：　　L　H　Ⓛ　$\begin{Bmatrix} H \\ ] \end{Bmatrix}$

　　　　　　　　　　　　　　　1　2　3　　4 → 1 3 2 4

条件：2 与 3 之间不可以有词界。

我们看到了换位音变应用于词尾（27、31、41、42）的几种情形，还看到了换位音变应用于 H 调之前（39）的一种情形，但换位音变尚未应用于 L 调之前（49a）。为了说明（49b）中换位音变的这一空缺，我提出（50）中的这个条件，即规定换位音变只有在换位的 H 与 L 同属一个词内时才发生。也就是说，在德尚语里，声调不可以在其所属的结构成分之外发生换位音变。

5.2.5.2 浮游 L 调的过度生成。浮游 L 调引发其后联结的 L 调发生降阶，这一假设在其中一组例子中产生问题。请看下例中两个浮游 L 调触发降阶属性的对立问题。

59

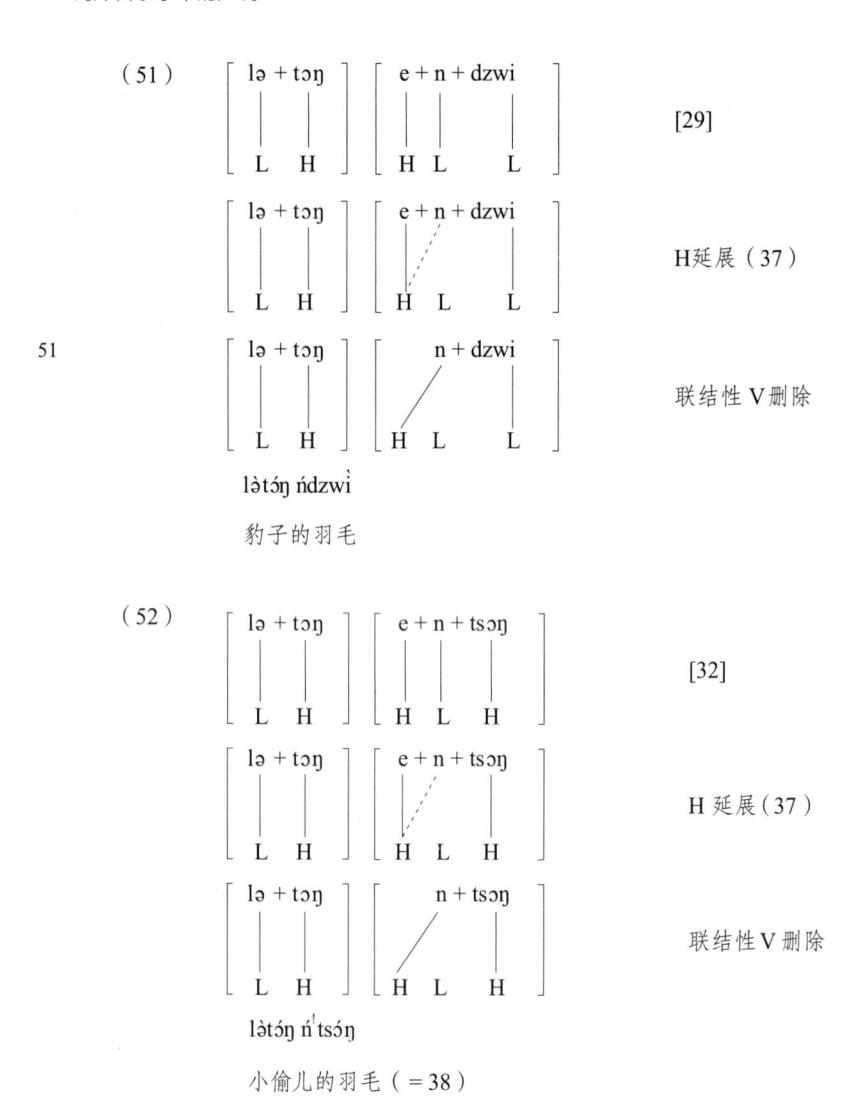

(51) [lə + tɔŋ] [e + n + dzwi]
       | | | | |
       L H   H L L   [29]

      [lə + tɔŋ] [e + n + dzwi]
       | | | | |
       L H   H L L   H 延展（37）

      [lə + tɔŋ] [n + dzwi]
       | | | |
       L H   H L L   联结性 V 删除

       lètɔ́ŋ ńdzwì

       豹子的羽毛

(52) [lə + tɔŋ] [e + n + tsɔŋ]
       | | | | |
       L H   H L H   [32]

      [lə + tɔŋ] [e + n + tsɔŋ]
       | | | | |
       L H   H L H   H 延展（37）

      [lə + tɔŋ] [n + tsɔŋ]
       | | | |
       L H   H L H   联结性 V 删除

       lètɔ́ŋ ń⸜tsóŋ

       小偷儿的羽毛（= 38）

H 延展产生的浮游 L 当其后的声调是 H（如（52）所示）时触发降阶，但当其后的声调是 L（如（51）所示）时不触发降阶。这样，我们就应能区分两种类型的 ⓛ L 序列，一种类型触发降阶，一种不触发降阶。这一差别可以通过设立删除 H 调后另一个 L 调前的浮游 L 调的规则加以概括：[20]

（53） L 删除： Ⓛ → ∅ / H ___ L

这条规则可以正确地应用于像（51）这样的例子，但因左手语境 H 调而不能应用于诸如（44）和（45）之类的情形。[21]

5.2.5.3 **浮游 H 调的过度生成**。上一节已论证：要避免过度生成降阶，就必须删除某些浮游调。这一节将要说明：要允准音系规则的正确施用，就必须删除其他某些浮游调。请看下例，这些例子诠释了当 L 和 LH 类名词后接一个带 H 调联结性前缀的名词时出现的一种中和化（neutralization）现象。

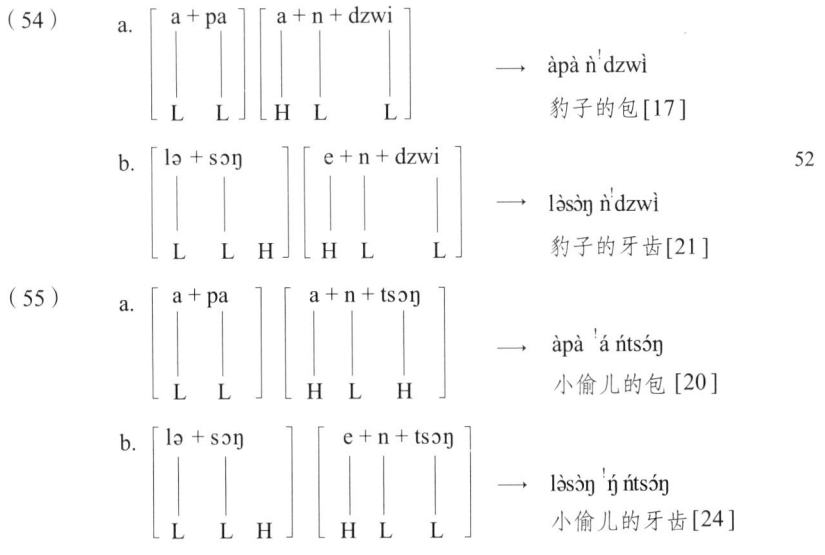

（54） a. $\begin{bmatrix} a+pa \\ | \ | \\ L \ L \end{bmatrix} \begin{bmatrix} a+n+dzwi \\ | \ | \ | \\ H \ L \ L \end{bmatrix}$ → àpà ǹ ! dzwì
豹子的包 [17]

b. $\begin{bmatrix} lə+sɔŋ \\ | \ | \ | \\ L \ L \ H \end{bmatrix} \begin{bmatrix} e+n+dzwi \\ | \ | \ | \\ H \ L \ L \end{bmatrix}$ → lèsòŋ ǹ ! dzwì
豹子的牙齿 [21]

（55） a. $\begin{bmatrix} a+pa \\ | \ | \\ L \ L \end{bmatrix} \begin{bmatrix} a+n+tsɔŋ \\ | \ | \ | \\ H \ L \ H \end{bmatrix}$ → àpà ! á ńtsóŋ
小偷儿的包 [20]

b. $\begin{bmatrix} lə+sɔŋ \\ | \ | \ | \\ L \ L \ H \end{bmatrix} \begin{bmatrix} e+n+tsɔŋ \\ | \ | \ | \\ H \ L \ H \end{bmatrix}$ → lèsòŋ ! ń ńtsóŋ
小偷儿的牙齿 [24]

H 延展（37）在上述各例的第二个名词 N_2 内应用，为（54）两个例子中的 N_2 获得（56a），（55）两个例子中的 N_2 获得（56b）。

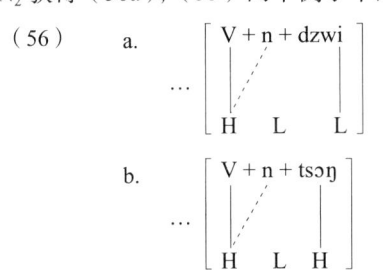

（56） a. $\ldots \begin{bmatrix} V+n+dzwi \\ \diagdown | \ | \\ H \ \ L \ \ L \end{bmatrix}$

b. $\ldots \begin{bmatrix} V+n+tsɔŋ \\ \diagdown | \ | \\ H \ \ L \ \ H \end{bmatrix}$

然而，在我们应用换位音变规则时，该规则的结构描写在（54a）和（55a）中得到满足，但在（54b）和（55b）中却**没有**得到满足。不过，从表层形式上看，换位音变都已应用于所有形式。(b)中的问题是，N_1 的词库 LH 调型中的浮游 H 致使换位音变（50）的结构描写无法得到满足。

有一种比较简单的解释在这类案例中造成中和化的方法是，利用一条规则，即只要所涉及的 H 调与另一个 H 调相邻出现，这条规则便会删除浮游 H 调。

（57） H 删除： Ⓗ → ∅ / H

如果这条规则排在 H 延展、换位音变和下降之前应用，那么（54）和（55）中例（b）的推导过程将以同一种方式与例（a）一起展开，产出声调上类似的结果。

这条规则一定是为德尚语设计的，这是有可能的，但也有可能它就是一个一般约定。这种可能性将在第六章论及，并将论证 H 删除规则在解释某些声调极化情况时至关重要。

5.2.6 浮游调与预先指派音步结构

本章第 4 节曾说过蒂弗语里形态指派的降阶一定涉及在**音系**表达式中置入浮游调问题，还说过形态特征不直接触发语音上的降阶，即没有涉及无体现声调的中间阶段。德尚语，亦是如此。有关这一点，我已对德尚语的降阶做过说明，即认为音系表达式中的浮游 L 调触发其后声调的降阶。这一方法就是被称为"降阶"的语音解释完全可以从音系语符列的属性中获得的那种方法。

还有一种方法就是设立直接触发语音降阶的词库特征。这将会是如让降阶由词库预先指派声调音步结构所触发的效果。这种方法不是为德尚语所为。在这一节，我将给出两类证据证明这一点。

首先，如果词库降阶是从预先指派音步结构推导而来的，那么，想一想 ŋká "猴子"和 ŋˈgyá "房子"这类词的词库表达式：

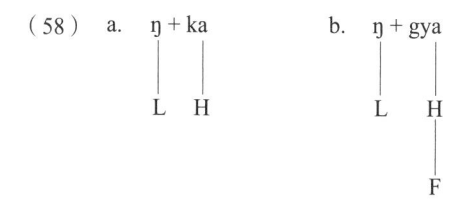

（58） a.　ŋ + ka　　　　b.　ŋ + gya
　　　　　 | 　|　　　　　　　 | 　|
　　　　　 L　H　　　　　　　 L　H
　　　　　　　　　　　　　　　　 |
　　　　　　　　　　　　　　　　 F

由表达式（58）可以看出，这些词在声调音层上具有完全相同的结构。它们之间的语音差异是由音步结构的有无来编码的：没有音步时，两个声调将会具有一个 LH 调型的单独声调音步；有预先指派给 H 调的一个音步时，两个声调将会具有不同的音步，其结果是 L'H。

在这一假设下，两个词具有完全相同的声调表达式，因此有人就会做出声调结构在触发或阻断音系规则方面是一模一样的预测。但事实并非如此。例如，请看 ǹká 和 ǹ'gyá 占据联结性构式的 N_1 位置、sə́ŋ"鸟"占据 N_2 位置时所产生的联结形式：ǹká 'sə́ŋ 和 ǹ'gyà sə́ŋ。我们如果假定 ǹ'gyá 的词库降阶是因存在预先指派的音步所导致的，那么就会有如下的表达式：

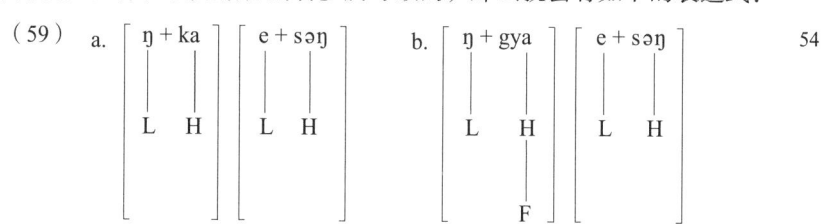

（59） a. [ŋ + ka] [e + səŋ]　b. [ŋ + gya] [e + səŋ]
　　　　　| 　|　　　　| 　|　　　　　　| 　|　　　　　| 　|
　　　　　L　H　　　　L　H　　　　　　L　H　　　　　L　H
　　　　　　　　　　　　　　　　　　　　　|
　　　　　　　　　　　　　　　　　　　　　F

H 延展（37）均可应用于（59）的两种情况，推导如下：

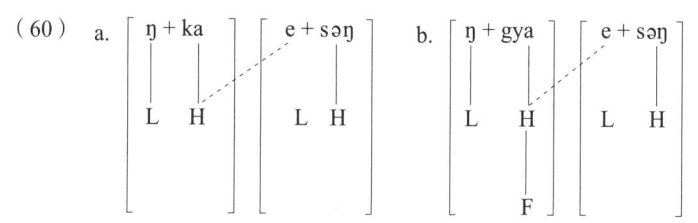

（60） a. [ŋ + ka] [e + səŋ]　b. [ŋ + gya] [e + səŋ]
　　　　　| 　|　　　　| 　|　　　　　　| 　|　　　　　| 　|
　　　　　L　H　　　　L　H　　　　　　L　H　　　　　L　H
　　　　　　　　　　　　　　　　　　　　　|
　　　　　　　　　　　　　　　　　　　　　F

如 5.2.5.1 节所示，换位音变（50）无法将浮游调移过词界，因此不适用于（60）中的几种情况。下降（43）也不适用，因为出现在词界上的 L 调是不联结的。在联结性元音之后，因而可以预测下列形式：ǹká 'sə́ŋ 和 *ǹ'gyá 'sə́ŋ。

在 N₁ 没有词库降阶（59a）的例子中，可以推导出正确的表层形式。但在 N₁ 有词库降阶（59b）的例子中，其结果是错误的表层形式。（59b）中的表达式是不充分的，主要理由有两点：第一，它触发不应该有的 H 延展。由于 H 延展的应用，结果是：sən 中的 H 调在不应该发生降阶的时候发生了降阶。第二，ŋ̀'gyá 中降阶的 H 调仍是 H，而未被下降规则变为 L。

上述两点缺陷，可以直接追寻到用音步结构编码降阶的假设。主要问题是将带 'H 调型的名词声调表达式处理为可以与带 H 调型的名词表达式相差无几的形式。把两个声调模式处理为从两个**区别性**声调表达式推导而来的形式，以此避免（60）这样的问题。首先，浮游 L 调出现在 ŋ̀'gyá 中，阻断了 H 延展的应用：

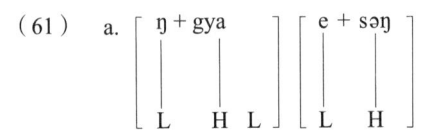

(61) a. $\begin{bmatrix} \eta + gya \\ | \quad | \\ L \quad H \quad L \end{bmatrix} \begin{bmatrix} e + s\partial\eta \\ | \quad | \\ L \quad H \end{bmatrix}$

接下来，换位音变（50）正确地推导出下例中降阶的表层位置：

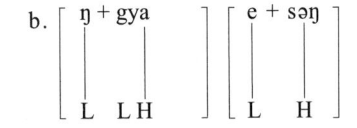

b. $\begin{bmatrix} \eta + gya \\ | \quad | \\ L \quad L \quad H \end{bmatrix} \begin{bmatrix} e + s\partial\eta \\ | \quad | \\ L \quad H \end{bmatrix}$

最后，应用下降（43）：

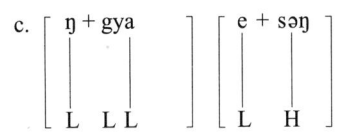

c. $\begin{bmatrix} \eta + gya \\ | \quad | \\ L \quad L \quad L \end{bmatrix} \begin{bmatrix} e + s\partial\eta \\ | \quad | \\ L \quad H \end{bmatrix}$

这样，浮游调研究方法可以正确地推导出 ŋ̀ 'gyà són，而采用预先指派音步方法所预测的错误形式是 *ŋ̀ 'gyá 'sóŋ。

至于第二类论据（即反对把词库降阶分析为预先指派音步结构所产生的结果），有人一定会考察降阶的位置。比如，换位音变是一条其效果是将降阶往左移动的规则。这一效果在设定（58）形式的研究方法中是如何获得的？可假定，换位音变被左向延展规则所取代，产生如下推导过程：

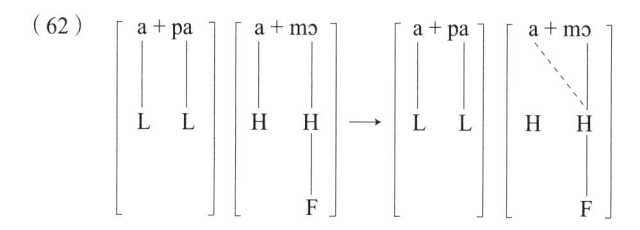

(62)
$$\begin{bmatrix} a+pa \\ | \quad | \\ L \quad L \end{bmatrix} \begin{bmatrix} a+m\mathsf{o} \\ | \quad | \\ H \quad H \\ \quad | \\ \quad F \end{bmatrix} \rightarrow \begin{bmatrix} a+pa \\ | \quad | \\ L \quad L \end{bmatrix} \begin{bmatrix} a+m\mathsf{o} \\ | \quad \\ H \quad H \\ \quad | \\ \quad F \end{bmatrix}$$

该推导过程可以获得正确的形式 àpà˦á mɔ́ "儿童的包" [51]。但获得该结果的规则并不是容易构建的。除了应用于像（62）那样的案例外，还可以应用于如下的例子：

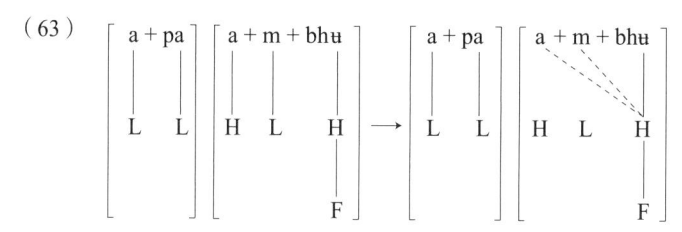

(63)
$$\begin{bmatrix} a+pa \\ | \quad | \\ L \quad L \end{bmatrix} \begin{bmatrix} a+m+bh\mathsf{u} \\ | \quad | \quad | \\ H \quad L \quad H \\ \quad \quad | \\ \quad \quad F \end{bmatrix} \rightarrow \begin{bmatrix} a+pa \\ | \quad | \\ L \quad L \end{bmatrix} \begin{bmatrix} a+m+bh\mathsf{u} \\ | \quad \\ H \quad L \quad H \\ \quad \quad | \\ \quad \quad F \end{bmatrix}$$

图（63）产生正确的形式 àpà˦á ḿbhʉ́ "狗的包" [19]。

上述讨论的规则必须应用于像（62）和（63）所提到的那些例子，但必须阻止应用于 ǹdzà˦à ˦mɔ́ "孩子的斧头" [39]、ŋ̀gyà ḿ˦bhʉ́ "狗的房子" [11]、lə̀tóŋ ḿ˦bhʉ́ "狗的羽毛" [31] 这样的例子，这些例子都有下列结构形式：

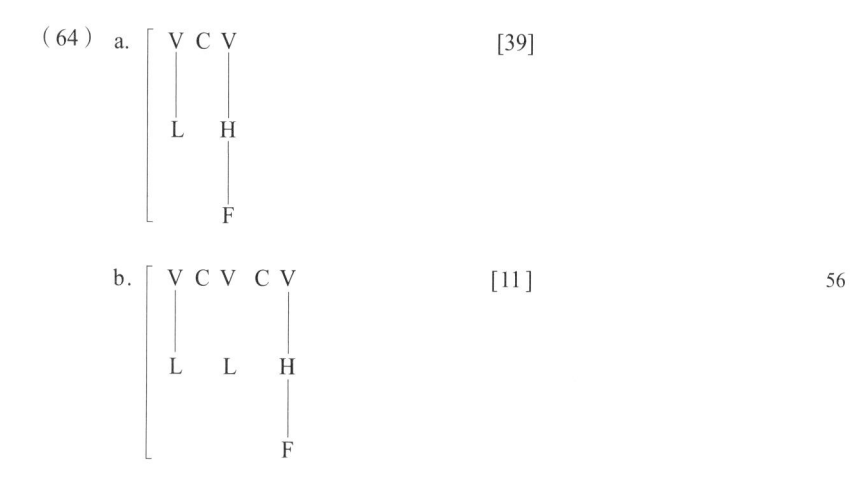

(64) a.
$$\begin{bmatrix} V \quad C \quad V \\ | \quad \quad | \\ L \quad \quad H \\ \quad \quad | \\ \quad \quad F \end{bmatrix} \quad [39]$$

b.
$$\begin{bmatrix} V \quad C \quad V \quad C \quad V \\ | \quad \quad | \quad \quad | \\ L \quad \quad L \quad \quad H \\ \quad \quad \quad \quad | \\ \quad \quad \quad \quad F \end{bmatrix} \quad [11]$$

56

c.
```
V    V C V C V              [31]
|    | | | | |
H    H   L   H
                F
```

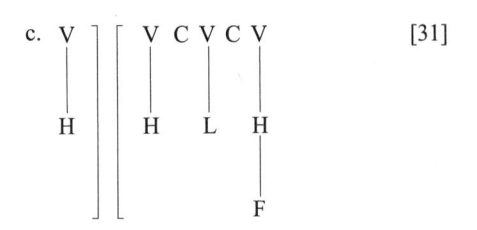

因此，这条规则需要诸如（65）这类的形式化方法：

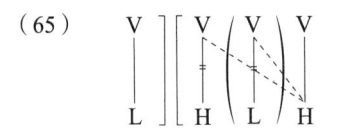

（65）
```
V    V  V  V
|    |  |  |
L    H  L  H
```

这条规则的主要问题是：第一，它必须能跨过已联结的 L 调进行延展，因而取消这个调已有的联结。既然已有跨联结线的制约条件，那么自主音段音系学能否允许这种规则，则令人质疑。第二，这条规则要求其左手语境中有四个项目。

最后一点需要注意的是，即便带有预先指派的音步结构，仍必须在 àpà'á ńtsɔ́ŋ "小偷儿的包" [20] 这类例子中提供引发降阶的浮游 L 调。在这种情况下，表层降阶将通过（65）中的规则推导而来。特别需要注意的是，tsɔ́ŋ 不是固有的降阶，因此，在该案例中没有词库预先指派的音步：

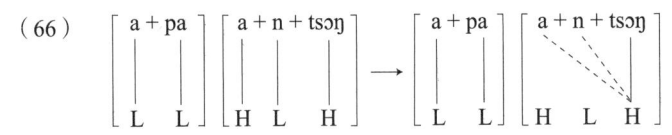

（66）
```
[a + pa]  [a + n + tsɔŋ]      [a + pa]  [a + n + tsɔŋ]
 |   |     |   |   |      →    |   |     |   |   |
 L   L     H   L   H            L   L     H   L   H
```

既然是预先指派音步结构研究方法，那么将是 Ⓛ H 序列触发（66）中的降阶，而在推导上可比照的（63）的例子中，降阶是因存在预先指派的音步所触发的。

总而言之，把预先指派声调音步引入到德尚语里的做法，看来并没有产生好的结果，倒是有些坏的结果。它没有明显改变这样的事实：包括浮游调在内的某些声调序列产生语音上的降阶。然而，它还需要引入大量复杂的因素来构建诸如 H 延展和换位音变等规则。

5.2.7 指派规则的应用域

在这一章,我曾拟定对语音规则与后词库音系规则之间的差异进行考察,特别是曾试图确定解释降阶的语音规则能否直接参照词或语素的词库属性,或者这些规则一定是否只参考音系语符列的属性。在就这些问题给出某些结论之前,我将简要说明将德尚语里的规则指派到特定应用域中的某些证据,并且还将现在德尚语的分析方法与其他可供选择的分析方法进行对比。

正确指派规则的应用域,对目前的讨论至关重要,原因如下。如果发现德尚语里解释降阶的语音规则必须有别于诸如 H 延展和换位音变之类的音系规则,那么,一种简单的假设可能是将 H 延展和换位音变指派给德尚语的词库组件,将降阶解释指派给后词库组件。但这样的假设是站不住脚的,因为都可以清楚地证明 H 延展、换位音变等都是在后词库中应用的规则。因此,可以提出:两类规则之间的差别,只可以通过区分后词库音系组件与语音组件的差异来编码。

首先,请看 H 延展(37)的应用域问题。上文(46)这样的例子说明:H 延展因为是跨词界应用的,所以必须是在后词库中应用。[22] 同样,换位音变(50)必须在后词库中应用,因为它的结构描写只是在词汇层面得到满足的,如上文(39)中的例子所示。下降(43)也必须是一条在后词库中应用的规则,因为它在(42)和(45)例子中都是短语驱动的。最后,浮游声调删除、L 删除(53)和 H 延展(57)规则都必须是在后词库中应用的:H 延展在(54b)和(55b)例子中的语境都是在短语层面创立的;L 删除必须是在短语层面应用,因为它是在下降这条后词库规则之后应用的。[23]

在词库规则应用方面,虽然并非至关重要,但 H 延展和 L 删除很可能是在词库中应用的。另一方面,下降不可能是在词库中应用的,因为它的结构描写需要出现词界;换位音变因 ŋ̀gyà sə́ŋ "小鸟的房子" 这类例子而一定不是在词库中应用的。

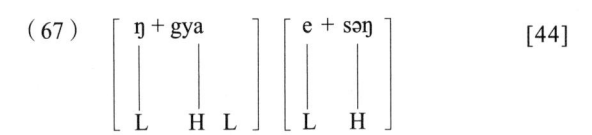

(67) $\begin{bmatrix} \eta + gya \\ | \quad | \\ L \quad H \end{bmatrix} \begin{bmatrix} e + s\vartheta\eta \\ | \quad | \\ L \quad H \end{bmatrix}$ [44]

在上述例子中，浮游 L 出现在短语层面第一个名词的结尾处，因而阻断了 H 延展的应用；而后换位音变、下降和联结性 V 删除应用，推导出正确的形式 ŋ̀gyà sóŋ。倘若换位音变是在词库中应用，那么短语层面的音系输入项就会是如（68）所示。

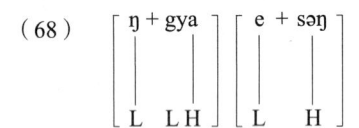

(68) $\begin{bmatrix} \eta + gya \\ | \quad | \\ L \quad LH \end{bmatrix} \begin{bmatrix} e + s\vartheta\eta \\ | \quad | \\ L \quad H \end{bmatrix}$

这个短语的推导过程如下所示：

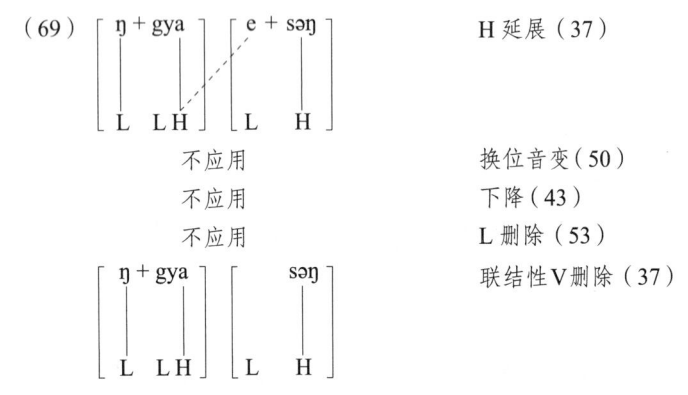

(69) $\begin{bmatrix} \eta + gya \\ | \quad | \\ L \quad LH \end{bmatrix} \begin{bmatrix} e + s\vartheta\eta \\ | \quad | \\ L \quad H \end{bmatrix}$ H 延展（37）

　　　　不应用　　　　　　　　　　　换位音变（50）
　　　　不应用　　　　　　　　　　　下降（43）
　　　　不应用　　　　　　　　　　　L 删除（53）

$\begin{bmatrix} \eta + gya \\ | \quad | \\ L \quad LH \end{bmatrix} \begin{bmatrix} s\vartheta\eta \\ | \\ H \end{bmatrix}$ 联结性 V 删除（37）

这一推导错误地预测了 *ŋ̀gyá ˈsóŋ 这种形式。（69）中的问题主要是允许换位音变在词库中应用所产生的结果，因此，允许 H 延展在后词库中应用，便可以通过将换位音变只指派给后词库组件来解决这个问题。

　　总之，上述对德尚语的讨论已说明：H 延展（37）、换位音变（50）、下降（43）、L 删除（53）和 H 删除（57）**都**一定是在后词库中应用的规则。这些规则有时在词库中应用，这可能也是事实，但关键的问题是，这些规则与降阶解释过程之间的任何差别都不能源自词库与后词库/语音之间的差别；一定是**在**词库应用两类规则推导**之后**做出某些区别。但在说明这个问题之前，我将简要探讨一下对德尚语现在分析的某些不同方法。[24]

5.3 德尚语的其他分析方法

现已有一些对德尚语的分析，下列讨论所依据的基本研究，源自海曼和塔达德（Hyman and Tadadjeu 1976）。其他研究还有：塔达德（Tadadjeu 1974）以及 S. C. 安德森（Anderson 1980）、斯图尔特（Stewart 1981）和海曼（Hyman 1982）介绍的海曼和塔达德所做的创新分析。

上述著作中没有任何一篇对音系规则与语音规则之间的重要差别做过说明。因此，在上述著述中，均将诸如末尾下降规则处理为一条**音系规则**。在 S. C.安德森所采用的研究方法中，区别特征表达式被指派给每一个不同的语音音高，上述分析在此分析方法中有特别不良的效应。因而，下倾声调需要一种不同的特征表达式。在考虑降阶时，这种方法就会更成问题。安德森把 ˈH 表征为 M（[+ 高，+ 下降]），把 ˈL 表征为 X（[− 高，+ 下降]）。有可能采用长度极其有限的短语系统构建一种分析，但在下列较长的短语方面，该降阶的音系分析方法就无效了（Tadadjeu 1974）：

（70）a.　són ˈsón ˈsón ˈsón ...
　　　　　小鸟的小鸟的小鸟的小鸟……
　　　b.　kànŋ̀ ˈkànŋ̀ ˈkànŋ̀ ˈkàn ...
　　　　　松鼠的松鼠的松鼠的松鼠……

就这种递归性情况而言，原则上是不可能提出一种将不同特征表达式指派给每一个语音音高层级的说法——如果我们假定音系特征是一个有限集合，起码如此。

斯图尔特（Stewart 1981）的方法并未受到刚刚提到有关安德森的那类批评。事实上，在讨论安德森的方法时，斯图尔特注意到：在自主音段理论内，是可以把德尚语里的降阶现象分析为一种浮游 L 调——正如本章所做的那样。然而，斯图尔特并没有采纳这一方法。相反，他利用音系降阶("关键下降")现象,其中规则可以插入、调位等这些实体。通过假定这些降阶实体,斯图尔特并没有推导出一种没有浮游调的理论(或在他的框架内相关性的东西)。所以,设立这些降阶实体大大增加了声调理论的强度,但不是这里所采用的研究方法所需要的东西。另外,斯图尔特还要求对流体与固体音节进行区分。斯图尔特将浮游声调表征为指派给零音节的声调,因此,某种程度上说,这仅仅是对浮游调/已联结调之间差别的编码。但零音节是流体的,其他一些音节(如前缀音节)亦是如此。这种区别在这里所采用的研究方法中是不需要的。

海曼(Hyman 1982)的最新研究提出了一种分析方法,这种方法在许多重要方面均与这里的方法很相似。我们持有基本相同的底层形式,我在这里的分析中采用了他的 H 延展规则。哈曼没有对音系与语音做区分,但这种区别总体上与他的研究是相匹配的。然而,主要不同之处在于海曼探索降阶是由下列序列触发的可能性:

(71)

$$\begin{array}{cc} & V \\ & | \\ \boxed{-\alpha T} & \alpha T \end{array}$$

也就是说,浮游 H 降阶 L,浮游 L 降阶 H。反对该观点的理由有两点:第一,海曼分析需要把 ⒽL 序列解释为 ˈL,这一结构类型在现在这个分析中需要经历下降过程,从而获得 L Ⓛ 类型。请看 ǹdzaˈà ǹdzwì "豹子的斧头" [5] 这样的例子:

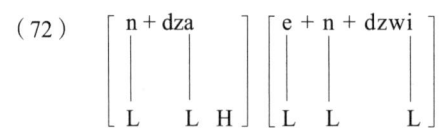

(72) $\begin{bmatrix} n + dza \\ | \quad | \quad | \\ L \quad L \quad H \end{bmatrix} \begin{bmatrix} e + n + dzwi \\ | \quad | \quad | \\ L \quad L \quad L \end{bmatrix}$

H 延展和换位音变在此例中均不适用,但下降将应用,而后获得:

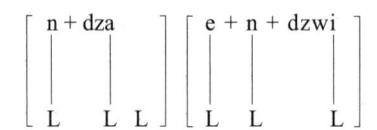

$\begin{bmatrix} n + dza \\ | \quad | \quad | \\ L \quad L \quad L \end{bmatrix} \begin{bmatrix} e + n + dzwi \\ | \quad | \quad | \\ L \quad L \quad L \end{bmatrix}$

为了让Ⓗ L 类型成为（72）中的降阶触发因素，就必须将下降规则（43）复杂化，以阻止它应用于此例之中。由于还有其他其中浮游 L 调不是由 H 推导而来的但确实触发（45）降阶的Ⓛ L 序列，似乎不存在如此复杂化的理由。

反对（71）的第二个理由涉及如下实例：

（73）a.　à kè ˈkɔ́ŋɔ́ ⁿˈmɔ́
　　　　他喜欢小孩
　　　b.　à kè ˈkɔ́ŋɔ́ ˈɔ́ ˈmɔ́
　　　　他喜欢（唯一的）小孩

我们在（73a）中看到了双降阶序列 H"H。海曼和塔达德用诸如（73b）这样的例子证明该序列是从下列的这种类型推导而来的：

$$(74)\quad \left[\begin{array}{ccc}V_1 & V_2 \\ | & | & | \\ \cdots & & \\ H & L_1 & H \\ & V \end{array}\right]\left[\begin{array}{cc}V_3 \\ | & | \\ & \cdots \\ L_2 & H\end{array}\right]$$

（74）中的类型是（73b）中的黑体部分。当 V_2 失去后，其结果就是（75）中的这个类型。

$$(75)\quad \left[\begin{array}{ccc}V_1 & & \\ | & & \\ \cdots & & \\ H_1 & L_1 & H_2 \\ & V \end{array}\right]\left[\begin{array}{cc}V_3 \\ | & | & | \\ & & \cdots \\ L_2 & H_3\end{array}\right]$$

按照本章降阶解释时提出的观点，（75）中的构型将产生双重降阶：声调在浮游 L 调之后发生降阶，而（75）中有两个浮游 L 调。

但按照（71）中提出的观点，由于只有一个浮游调-联结调序列，（75）这类构型只会产生一次降阶。

对（71）进行概括，也不会对问题有所改善。

（76）　(-αT)　αT

通过去除对现已联结的降阶声调的限制，（75）中的构型应当产生一种三重降阶：L_1 降阶 H_2，H_2 降阶 L_2，L_2 降阶 H_3。

同时也要注意：如果推导出（75）的元音删除规则删除了元音和声调

（如联结性 V 删除那样），那么降阶是由浮游 L 调触发的这一假设就会继续推导出正确的语音形式；然而，无论是在降阶的（71）假设还是（76）假设下，该元音删除的提法均将继续推导出不正确的形式。假定（71），因上述所谈到的同一个理由而获得唯一一次降阶；假定（76），由于 ⓁL 序列在该假设情况下不能产生降阶，那么只将获得唯一一次降阶。

最后一种在假设 ⒽL 和 ⓁH 序列可以产生降阶情况下可以推导出（73a）双重降阶的方法是，假设降阶规则应用于（74）中的构型，元音删除在推导的后面发生。有两点相关：第一，即便这样假定，（73a）这样的例子也不能成为触发 ⒽL 类型降阶的例子。其次，这样的推导需要在元音删除偶值规则应用于此例子之前对多项降阶指派规则进行排序。由于该排序将预测到其余多项音变过程可能先于严格偶值规则发生，那么它将会形成对该理论的极大弱化。在此具体情况下，由于浮游 L 调的降阶假说对德尚语是适用的，因此就不需要这种排序。下一节将提出应当把该排序普遍排除在可能性之外。

6. 后词库规则与语音规则

本章之初在提出的语法模型中对后词库音系音变与语音音变进行了严格区分，并且将其排列在前。这个语法模型可以图示如下（由（9）复制而来）：

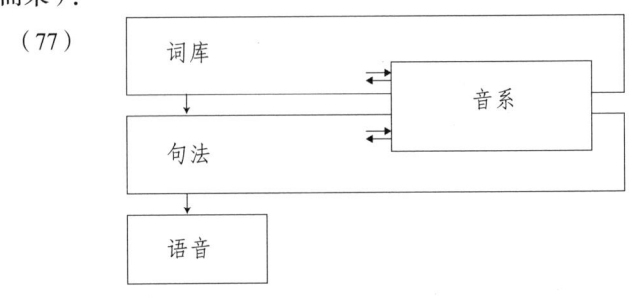

（77）

```
┌──────┐     ┌──────┐
│ 词库 │ ⇄  │      │
└──┬───┘     │ 音系 │
   ↓         │      │
┌──────┐ ⇄  │      │
│ 句法 │     └──────┘
└──┬───┘
   ↓
┌──────┐
│ 语音 │
└──────┘
```

本章所讨论过的源自蒂弗语和德尚语的声调证据支持这一模型。上文第 2

④ 该伊博语的例子均引自凯伊·威廉姆森（Kay Williamson）的讲座笔记。
⑤ 有关对（10—12）这类例子中生成曲折调的规则所做的讨论和公式构拟，见第六章。本章及后续章节中有关蒂弗语的数据，均主要源自亚伯拉罕（Abraham 1940a, 1940b）和阿诺特（Arnott 1964, 1968）。
⑥ 第三章将提出一种对本例及其后例子中末尾 L 调（即在没有词库 L 调自主音段标示时）的解释。
⑦ 霍夫曼（Hoffmann 1976）证明那些带 H 调前缀的词类中存在一个 H 后缀，该 H 调后缀在某些名词词类中是纯声调性的，而在其他词类中既是音段性的，也是声调性的。相关形式，参见亚伯拉罕（Abraham 1940b）。
⑧ 见第六章 5.1 节。
⑨ 德尚语是巴米莱克语（隶属喀麦隆的姆巴姆-恩卡姆语族）的一种变体。本节语料均来自海曼和塔达德（Hyman and Tadadjeu 1976）。
⑩ 英语里有一条受音系控制而非末尾自动下降的语音规则。有关这一论点，请参见利伯曼和皮埃安贝尔（Liberman and Pierrehumbert 1982）。
⑪ 正如本书的一位评审人所指出的，既然换位音变规则只影响浮游调，那么避免在构建规则中将这条规则中的 L 调的目标标记为浮游调是有可能的。联结声调的换位音变将会导致联结线的交叉。
⑫ 见第三章第 2 节。
⑬ 拉里·海曼（Larry Hyman）曾向我（私下交谈）指出：就世界上修饰语的表现而言，所假定的 ˈmɔ́ 的表达式可能存在一些问题。他的建议是：ˈmɔ́ 的例外情况，最好是用一个无元音的 L 调前缀触发通常的换位音变规则来表示。由于我在这里不打算讨论修饰语问题，因此未对这个表达式做任何修改，如（32）所示；一个修改后的表达式，即便将海曼的建议纳入其中，也不会影响本章所提出的观点。
⑭ 这里不对同化和删除的条件进行讨论，但请参看塔达德（Tadadjeu 1974, 1980）、海曼和塔达德（Hyman and Tadadjeu 1976）。"联结性 V 删除规则"将出现在本节所见到的许多例子中，但我不会给出构建该规则的全部过程。对于这个规则，有两点需要注意：(1) 该规则删除了元音以及与之相联结的声调；(2) 但如果这个声调还与另一个元音相联结，那么就只删除那个元音。这一点可以表述如下：

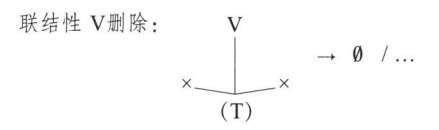

$$\text{联结性 V 删除：} \begin{matrix} & V & \\ & | & \\ \times & & \times \\ & (T) & \end{matrix} \rightarrow \emptyset \, / \, \ldots$$

第一点的理据可以在 èfɔ̀ sɔ́ŋ "小鸟的主人" [36] 这样的例子中看到。5.1.2 节中所看到的是，浮游 L 调使其后的 H 调发生降阶；联结性 V 删除应用于像刚才提到的那些形式之后，就没有发生降阶结果。这说明联结性前缀的 L 调被删除。

$$\begin{bmatrix} e + fɔ \\ | \quad | \\ L \quad L \end{bmatrix} \begin{bmatrix} e + sɔŋ \\ | \quad | \\ L \quad H \end{bmatrix}$$

第二点的理据来自对如下形式的思考，呈现的方式是它们均出现在 H 延展规则之后（将在 5.2.2 节中讨论）：

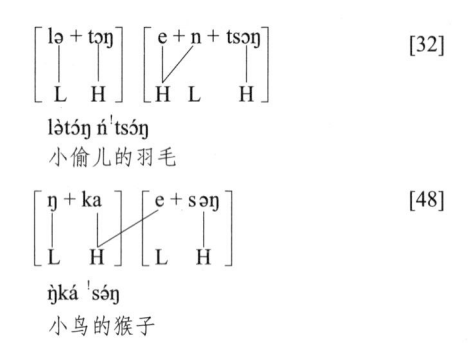

$$\begin{bmatrix} lə + tɔŋ \\ | \quad | \\ L \quad H \end{bmatrix} \begin{bmatrix} e + n + tsɔŋ \\ \quad \diagdown | \diagup \\ H \quad L \quad H \end{bmatrix} \quad [32]$$

lə́tɔ́ŋ ń ˈtsɔ́ŋ
小偷儿的羽毛

$$\begin{bmatrix} ŋ + ka \\ | \quad | \\ L \quad H \end{bmatrix} \begin{bmatrix} e + sɔŋ \\ | \quad | \\ L \quad H \end{bmatrix} \quad [48]$$

ŋ̀ká ˈsɔ́ŋ
小鸟的猴子

将联结性 V 删除应用于此类场合，会导致元音而非与之相联结的 H 调的丧失。

⑮ "底层"形式有点用词不当，因为词库形式（即当词离开词库时的形式）在形态和音系上都是同时构建的。因此，在我说到 (33) 这类例子中的"底层"形式时，这是一种表述方式而已，即通过剔除音系作用来将形态括号分离出来。

⑯ 表 1 中的底层形式是对本章分析的反映，因而在诸多方面有别于海曼和塔达德（Hyman and Tadadjeu 1976）的分析。表层形式亦是如此。

⑰ 这条规则是由海曼（Hyman 1982）略改制而来。海曼的公式中没有说明只有 H 延展到非末尾 L 上，他认为所要求的限制必须跟词干元音与非词干元音差别相关。此外，海曼允许规则应用于浮游 H 调。

⑱ 这里没有讨论触发联结性 V 删除的确切条件，但可参见塔达德（Tadadjeu 1980）。注释 ⑭ 中给出了构建这条规则的部分内容。

⑲ 此次修订已将莫里斯·哈勒提出的建议纳入其中。

⑳ 左手语境 H 调是莫里斯·哈勒提出的建议。

㉑ L 删除必须排在下降（43）之后应用，因为在上面（45）这类例子中，下降规则阻断了 L 删除的应用。如果两条规则反过来应用，那么就会错误地推导出没有降

阶的 *àpà ǹdzwì。

㉒ 见第一章 1.8 节。

㉓ 见注释 ㉑。

㉔ 这里呈现的德尚语分析说明了已发表的大部分语料，但还有几个未解决的问题。

海曼与塔达德（Hyman and Tadadjeu 1976）注意到有一种慢速语言变体 lə̀sə́ŋ sə́ŋ "小鸟的牙齿" [56]，其中联结性元音即使底层是 H（lə̀sə̀ŋ è sə́ŋ），表层也体现为 L。尽管可以制定一条推导获得该特定形式的规则，但海曼与塔达德对为何不同没有做出解释。据我所知，其后的研究者也没能对此做出解释，本研究亦不例外。

此外，本研究还为 ndzàˈá sə́ŋ "小鸟的斧头" [40] 错误地预测了 *ǹdzàˈà sə́ŋ 这种模式。应用 H 延展（37）和换位音变（50）可在此情况下推导出正确的形式，但两条规则中的任何一条都没应用——H 延展没有应用于浮游 H 调，换位音变也没有跨越词界。我没有对此表现给出解释。

㉕ 见 5.1.1 节。

㉖ 见 4.3 节和 5.2.6 节。

第三章

形态编码与联结规约

1. 引言

本章将探讨一些有关形态与音系的交互性问题。声调在这一方面特别有趣,因为它在音系表征上享有某种程度上的独立性:声调可以构成一个完整的语素,一个语素的声调可以与另一个语素的某个音段相联结,等等。除了这种独立性之外,许多语言里的声调联结总体上都是可预测的。在概述这一可预测性时,有两个基本要素需要考虑:(1)语符列的形态结构;(2)声调与音段相联结的音系规约。这些问题都是本章研究的主题。

本章将给出阐释循环声调联结的各种案例,并较为详细地讨论自主音段音系学所蕴含的启示,特别要指出的是:要排除自主音段自动延展的可能性,就应当对自主音段联结规约进行修改。然后,在对自主音段联结规约进行这一番讨论之后,阐释词库方法形态编码的优越性。

2. 循环

在本书所考察的各种类型的语言里,声调均可以构成任何一个语素的部分或全部底层音系表达式。在牢记这一点的情况下,请看下面两种假设(自主音段音系学原则和词库音系学原则)所产生的影响:

(1)i. 自主音段联结规约在推导的任何阶段都是自动延展的(Goldsmith 1976)。

ii.每次构词过程的输出项,都将被音系组件扫描(Mohanan 1982)。

这两种假设的综合效应是,每当串联起两个语素时,都会对结果进行扫描,看一看(其中)联结规约是否适用——声调联结是否具有循环性。

下面各节将证明,该观点在许多语言里获得证实。

2.1 蒂弗语

请看下列形式:

(2) $\begin{bmatrix} \begin{bmatrix} V & V & V \\ & & \\ L & H & \end{bmatrix} \end{bmatrix}$

假定联结规约将声调从左到右一对一指派给载调单位,那么循环声调联结理论就会预测出(3a)所给出的声调类型,而非循环研究方法就会给出(3b)中的类型。

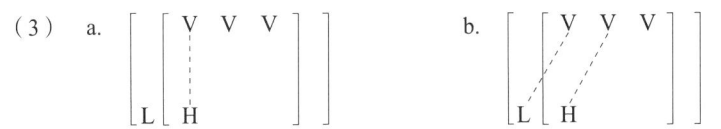

(3) a. $\begin{bmatrix} \begin{bmatrix} V & V & V \\ & & \\ L & H & \end{bmatrix} \end{bmatrix}$ b. $\begin{bmatrix} \begin{bmatrix} V & V & V \\ & & \\ L & H & \end{bmatrix} \end{bmatrix}$

在没有任何一条特别的规则的情况下,就会给所剩下的(3a)和(3b)中的元音指派缺省声调。[①]

就像(2)这样的结构形式,可见于蒂弗语的一般过去时。

(4) 一般过去时

	H 词干		L 词干	
单音节	ˈvá	ˈH	dzà	L
	来过		去过	
双音节	ˈúngwà	ˈHL	vèndè	LL
	听到		拒绝	
三音节	ˈyévèsè	ˈHLL	ngòhòrò[②]	LLL
	逃走		接受	

诸如 ˈyévèsè 之类的例子将 H 调的三音节词干与 L 调的前缀结合起来,为

我们准确地提供了（2）中所见到的结构形式：

$$(5) \begin{bmatrix} & \text{yevese} & \\ & | & \\ L & H & \end{bmatrix}$$

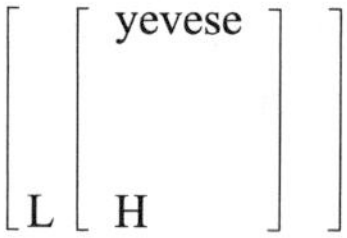

循环声调联结将在该情况下产生正确的结果。在第一次循环时，将联结词干的声调：

$$(6) \quad a. \begin{bmatrix} \text{yevese} \\ | \\ H \end{bmatrix}$$

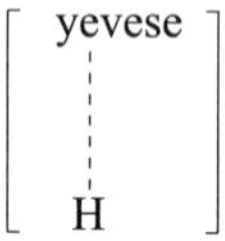

在第二次循环时，前缀的 L 调没有可联结的地方，因此保持浮游状态。

$$b. \begin{bmatrix} & \text{yevese} & \\ & | & \\ L & H & \end{bmatrix}$$

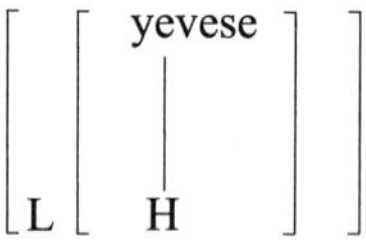

最后，将给余下的词干元音指派缺省 L 调：③

$$c. \begin{bmatrix} \text{yevese} \\ | | | | \\ L\ H\ L\ L \end{bmatrix}$$

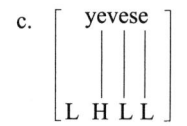

因此，我们看到：(1) 中的假设在一般过去时有关起始降阶上为我们提供了完全正确的结果。注意：我假定动词词干可能有最低限度的声调信息量，也就是说，它们是单音节词、双音节词或三音节词，并有一个 H 调或一个 L 调：

(7)   a. H 词干动词   b. L 词干动词

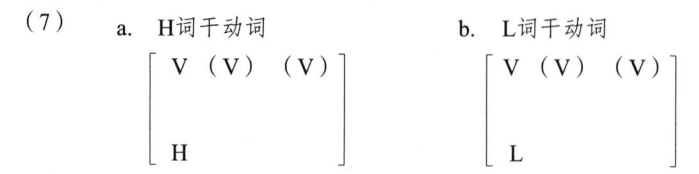

$$\begin{bmatrix} V\ (V)\ (V) \\ | \\ H \end{bmatrix} \quad\quad \begin{bmatrix} V\ (V)\ (V) \\ | \\ L \end{bmatrix}$$

我还假定一般过去时需要所假定的最低限度的信息量，即它是由 L 调前缀 [L 组成的。继第二章呈现论据之后，我假定浮游 L 调触发降阶。

上述推导过程中最为关键性的方面是添加 H] 后缀上的循环。提升规则（9）只有在与后缀的 H 联结时才被激活。在循环分析下，由于 $^{V_n}_L$] 后缀还未出现，这事实上是在第二次循环时才见到的情形。惯常体的 H] 浮游不定，而提升则被激活。

假设提升仅仅在后词库才应用，或者声调联结是非循环性的，那么可以预测这种情况的形式是 *dzàaṅ：⑧

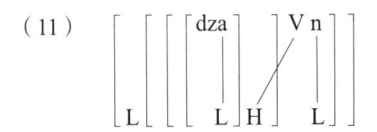

（11）$\begin{bmatrix} \begin{bmatrix} \begin{bmatrix} dza \\ | \\ L \end{bmatrix} & \begin{matrix} V\,n \\ | \\ H \end{matrix} \end{bmatrix} \\ L \end{bmatrix}$

总之，蒂弗语里声调规则和规约的循环应用恰好决定了声调在一般过去时中的联结方式；此外，声调规则的循环应用还恰好支配了提升这类规则的应用。

2.2 马尔吉语

我要呈现的第二个声调循环联结的例子是基于霍夫曼（Hoffmann 1963）所做的有关马尔吉语（一种尼日利亚的乍得语）的研究。这一节将说明联结规约与声调延展规则结合将正确地推导出马尔吉语简单动词的声调形式，但这只有在循环应用的情况下才可以实现。我研究的情况涉及动词与 L 调后缀、H 调和变化词类之间的交互作用。继威廉姆斯（Williams 1971）之后，我把霍夫曼的"变化"声调动词分析为原本**无声调的**，并用下面所描述的方式来说明它们的声调表现。

要考察的第一组例子包括均载有词库声调的词干与后缀所组成的序列。

（12）a.　H 动词词干和 H 后缀
　　　　tá + bá　　　→　　　tábá
　　　　烹调　　　　　　　　全都烹调
　　b.　H 动词词干和 L 后缀⑨

ná + dã → nádã
给 我　　　　　给我

c. L 动词词干和 H 后缀
mbù + ŋgə́rí → mbùŋgə́rí
缝　上去　　　　缝上去

d. L 动词词干和 L 后缀
ptsà + 'yà → ptsà'yà
烧烤 我们　　　　为我们烧烤

在该例子中，词干声调对后缀不产生任何作用，后缀声调对词干也不产生任何作用。但是，当我们查看词库无声调词干时，看到的是表层声调依赖于该词干的声调语境。例如，如果把无声调后缀加到 H 调词干上，那么它也会变成 H。另一方面，如果把该后缀加到 L 调词干上，那么后缀将会为 L。

（13） H 动词词干和无调后缀

a. tsá + ri → tsárí
打　　　　　敲打在

b. tá + nya → tányá
烹调　　　　全部用于烹调

（14） L 动词和无调后缀

a. nə̀ + ri → nə̀rí
说　　　　　告诉一个人

b. fàfə̀ + na → fàfə̀nà
擦　　　　　擦掉

同样，如果把 H 或 L 后缀加到无声调的动词词干上，那么结果的综合形式是带后缀的声调。

（15） 无声调动词词干和 H 调后缀

a. məl + ía → mə́lía
做　　　　　做（好准备）

b. ŋal + bá → ŋálbá
咬　　　　　咬个洞

（16） 无调动词词干和 L 调后缀

a. hər + dã → hə̀rdã

```
        带来我              带给我
    b.  skə + dã    →     skə̀dã
        等  我              等着我
```

只要假定为从左到右一对一联结规约增补下列这条规则，就可以说明上述事实：

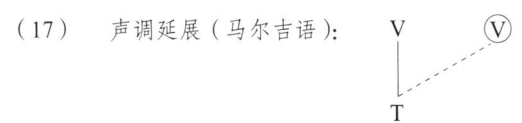

（17） 声调延展（马尔吉语）：

```
        V       Ⓥ
        |......./
        T
```

这条规则将从左到右反复应用，将声调延展到其右边的任何一个无声调元音上。⑩ 在下面（18）这类例子里，规则（17）将词干的词库声调延展到了无调的后缀上。

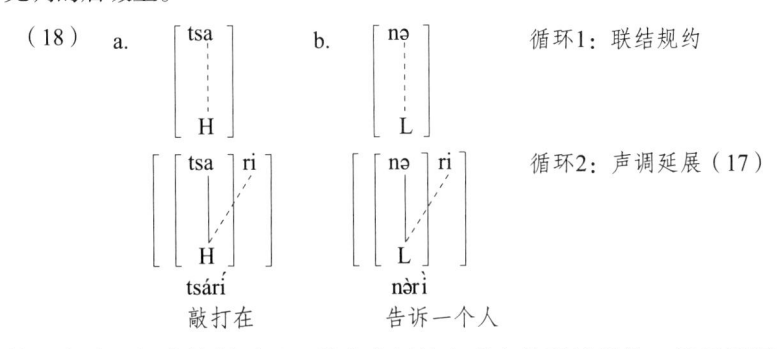

（18） a. [tsa]   b. [nə]   循环1：联结规约
          [|]   [|]
          [H]   [L]

         [tsa ri]   [nə ri]   循环2：声调延展（17）
         [| /]   [| /]
         [H   ]   [L   ]
          tsári   nə̀ri
          敲打在   告诉一个人

另外，在（19）中的例子里，首先应用从左到右的联结规约，将无调词干的第一个元音联结到后缀的声调上。然后声调延展，将已联结的声调延展到后缀元音上。

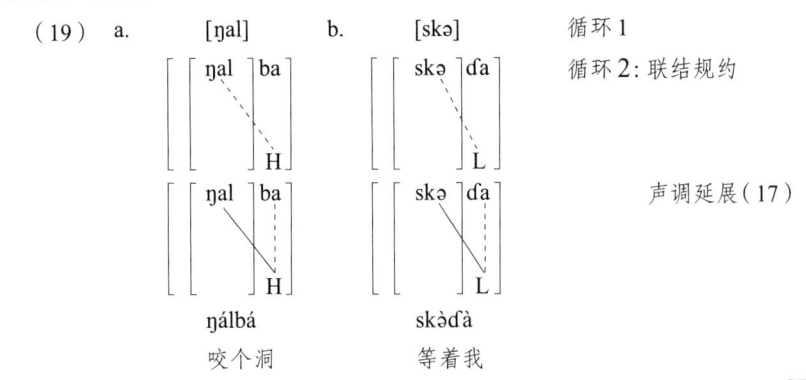

（19） a. [ŋal]   b. [skə]   循环1
          [ŋal ba]   [skə ɗa]   循环2：联结规约
          [|]   [|]
          [H]   [L]

          [ŋal ba]   [skə ɗa]   声调延展（17）
          [\ /]   [\ /]
          [H]   [L]
           ŋálbá   skə̀ɗà
           咬个洞   等着我

85

74 在上述例子中，倘若声调联结和声调延展（17）是循环或非循环应用的，那么它们的作用是一样的，因为所涉及的词干都是单音节性质的。但对于多音节词干，情况并非如此。请看诸如 dzà'ùbá "好好地重击"这类词的推导过程。在词干循环中，词库 L 按照通常联结规约联结到第一个元音上：

（20） a. $\begin{bmatrix} \text{dza'u} \\ | \\ \text{L} \end{bmatrix}$

然后，应用声调延展（17），得出：

b. $\begin{bmatrix} \text{dza'u} \\ | \\ \text{L} \end{bmatrix}$

在第二次循环时，添加后缀 ba；应用联结规约，将后缀的 H 联结起来：

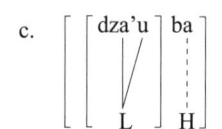

c. $\begin{bmatrix} \begin{bmatrix} \text{dza'u} \\ | \\ \text{L} \end{bmatrix} \text{ba} \\ | \\ \text{H} \end{bmatrix}$

循环声调联结与声调延展（17）的非循环应用相结合，推导出正确形式 dzà'ùbá。另一方面，假如联结规约和声调规则是非循环应用的，那么，由于后缀声调被错误地联结到词干的第二个元音上，在此情况下我们所得到的结果也是错误的：

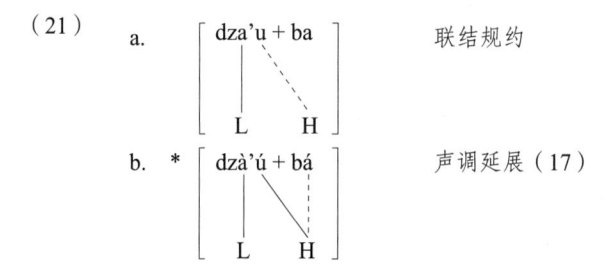

（21） a. $\begin{bmatrix} \text{dza'u + ba} \\ | \quad | \\ \text{L} \quad \text{H} \end{bmatrix}$ 联结规约

b. * $\begin{bmatrix} \text{dzà'ú + bá} \\ | \quad | \\ \text{L} \quad \text{H} \end{bmatrix}$ 声调延展（17）

因此，马尔吉语就像蒂弗语那样，要求声调规则和规约循环应用。

2.3 汤加语

作为联结规约循环应用的最后一个例子，我将呈现来自汤加语（赞比亚的一种班图语）的例子。汤加语与前面已看到的几种语言有所不同，它只有 H 调（从未有 L 调）可以出现在底层词库词项之中。我这么说，是要把梅森（Meeussen 1963）、卡特（Carter 1971, 1972）、戈德史密斯（Goldsmith 1981, 1982）等早先的"重调"或"决定因素"分析重新解释为底层的 H 调。在重调分析中，汤加语里已被验证的声调形式基本上是经过两个阶段的音系音变获得的：（1）重调被指派给语素的底层表达式，（2）重调形式在声调上是由许多重调规约和规则解读的。第五章将讨论后面这个问题：含声调重调的表达式是如何得到全部声调赋值的。这节只限于讨论这种全部赋值所需要的声调重调位置，特别提出这种声调重调的位置总体上是由联结规约循环应用决定的。

在汤加语里，语素可以带也可以不带一个 H 调重调；如果带的话，那么就要对这个声调重调哪里可以降下来加以限制。例如，汤加语里的动词词基分为两类：第一类是无声调的；第二类是带词库 H 调的，这个调总是与动词词基的第一个元音相联结。

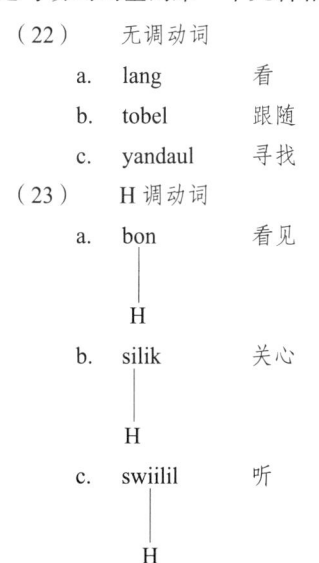

(22)　　无调动词
　　　a.　lang　　　看
　　　b.　tobel　　　跟随
　　　c.　yandaul　　寻找

(23)　　H 调动词
　　　a.　bon　　　看见
　　　　　|
　　　　　H
　　　b.　silik　　关心
　　　　　|
　　　　　H
　　　c.　swiilil　听
　　　　　|
　　　　　H

在汤加语里，重调出现在动词词基的**第一个**元音上；在重调实际上是一个声调（即从左到右的规约将声调直接联结到第一个元音上）的分析时，这个事实自动得到解释。但不过在动词词干不落在形态复杂动词左边界的场合，声调重调出现在词干第一个元音上，如在下面的现在陈述式时态中三种动词重调形式（动词词干见黑体）所示：

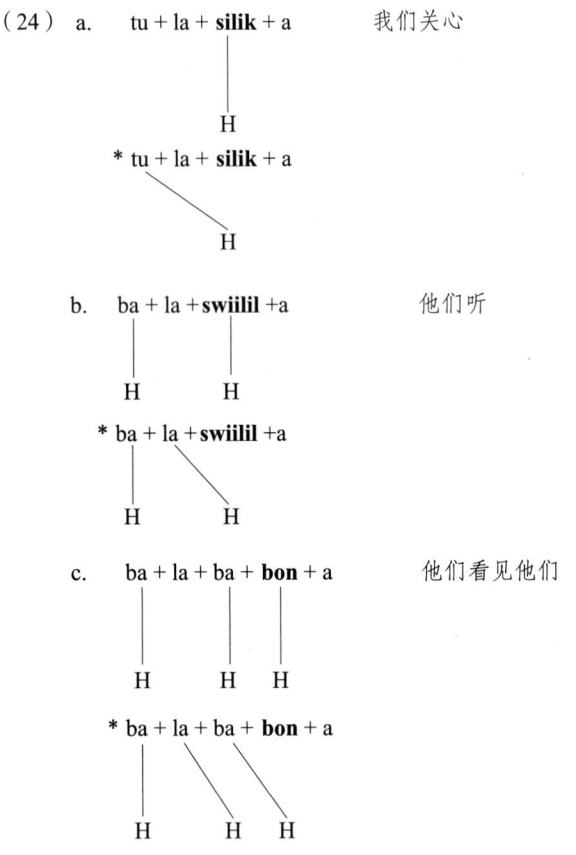

（24） a.　tu + la + **silik** + a　　　我们关心
```
              |
              H

      * tu + la + silik + a
                  \
                   H
```

b.　ba + la + **swiilil** + a　　　他们听
```
      |    |
      H    H

      * ba + la + swiilil + a
        |    |     \
        H    H      H
```

c.　ba + la + ba + **bon** + a　　　他们看见他们
```
      |    |    |
      H    H    H

      * ba + la + ba + bon + a
        |    |    |    \
        H    H    H     H
```

在汤加语里，若把重调分析为声调，此外这些声调还是循环联结的，那么（24）中所看到的重调事实就可以得到解释。一种非自主音段方法分析汤加语里声调重调的分析法，只能通过规定来说明上述事实；一种汤加语里声调联结是以非循环方式发生的分析法，对此同样需要有特别规定。

2.4 形态上的非对称性

前面讨论（2.1~2.3节）中已提出，蒂弗语、马尔吉语和汤加语里的声调联结是循环性的，也就是说，如果声调联结与形态单位的构建是携手并进的，那么声调联结到载调单位上的方式是可以预测的。

我们应要注意的这个问题的最后一点是：声调联结的循环性与从左到右的联结共同协作，预测到前缀与后缀之间存在某种不对称性。已知一个词干具有比声调更多的载调单位，而且词缀带一个自由声调，那么我们就可以做出如下预测：词缀若是后缀，那么它的自由声调最后将与词干相联结。

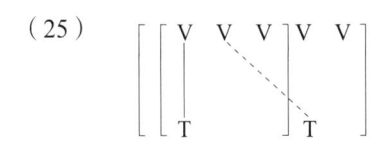

（25） $\begin{bmatrix} \begin{bmatrix} V & V & V \\ & & \\ T & & T \end{bmatrix} V & V \end{bmatrix}$

词缀若是前缀，那么它的自由声调最后将联结到其所在的语素上：

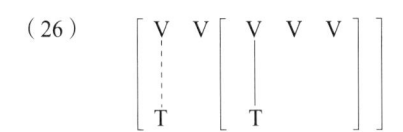

（26） $\begin{bmatrix} V & V \\ & \\ T & \end{bmatrix} \begin{bmatrix} V & V & V \\ & & \\ T & & \end{bmatrix}$

这种不对称性在蒂弗语和汤加语里已被证实，[11] 其中（27）之类表达式的联结如（28）所示：

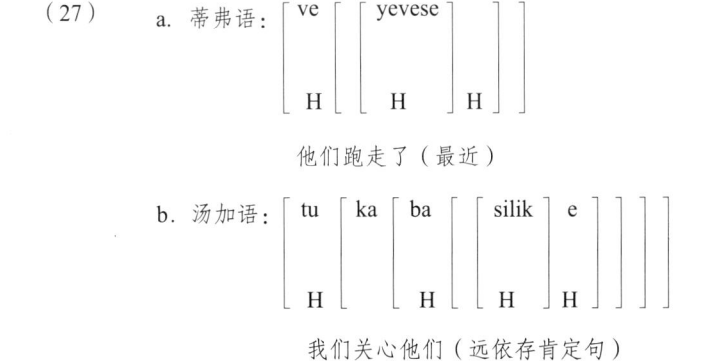

（27） a. 蒂弗语：$\begin{bmatrix} ve \\ \\ H \end{bmatrix} \begin{bmatrix} yevese \\ \\ H & H \end{bmatrix}$

他们跑走了（最近）

b. 汤加语：$\begin{bmatrix} tu \\ \\ H \end{bmatrix} \begin{bmatrix} ka & ba \\ \\ H \end{bmatrix} \begin{bmatrix} silik & e \\ \\ H & H \end{bmatrix}$

我们关心他们（远依存肯定句）

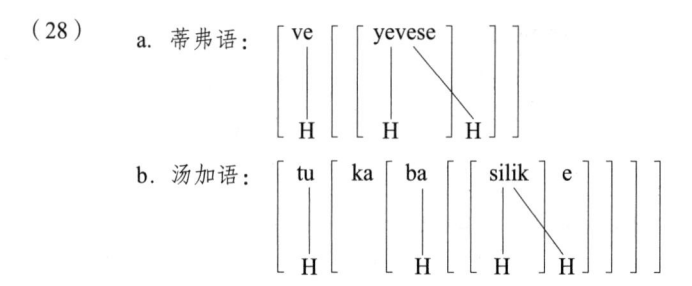

（28） a. 蒂弗语：[ve [yevese]]
                    | | /
                    H   H   H

b. 汤加语：[tu [ka [ba [silik e]]]]
              | | | / |
              H   H   H   H

在蒂弗语的例子中，缺省值的指派，结果将产生表层形式：vé yévésè。[12] 在汤加语的例子中，第五章讨论的声调规则将推导出表层形式：tùkábàsìlìkè。重要的是，在每一个例子中，后缀的 H 联结到**词干的第二个元音**上；同样重要的是，词干前的前缀的 H 联结到**前缀**元音上。这些结果恰恰是在声调联结是循环性时获得的。

3. 联结规约

在前一节中，我们看到声调联结在蒂弗语、马尔吉语和汤加语里都是循环性的。但如果声调联结是循环性的，那么声调自动延展就不可能是真的。请看比如蒂弗语里 vèndé "拒绝" 这类近过去动词的推导过程。在（29a）中，我给出了认为把联结声调自动延展到无调元音上所要产生的形式；在（29b）中，我给出了无自动延展所要产生的形式。

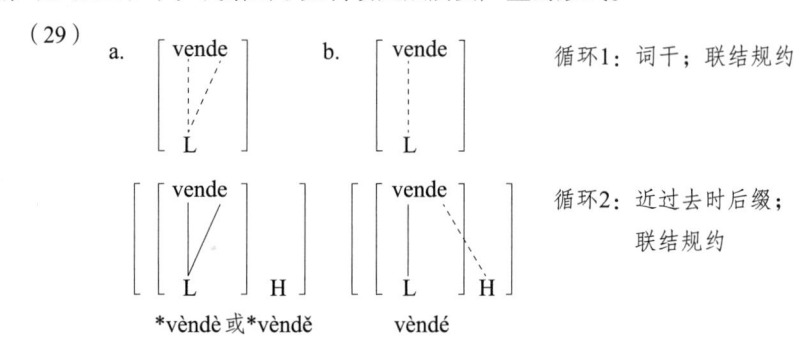

（29） a. [vende]   b. [vende]   循环1：词干；联结规约
            \ :   :
             L   L

       [vende]   [vende]   循环2：近过去时后缀；
         \ \   :   :   联结规约
          L   H   L   H

       *vèndè 或 *vèndě   vèndé

我们看到，蒂弗语声调音系中所包含的循环要求我们摈弃自动延展声调的规约。[13]自动延展会要求（29）这样的情况应以非循环方式获得，但非循环方法不仅使本章第二节所呈现的保持降阶说法变得不可能，也不可能有第二节所呈现的提升分析。在一种自动延展理论中，蒂弗语里的一般过去时和近过去时只能通过给分析增加临时性的规定来加以说明。由于联结规约的修正版对以下的研究至关重要，我将在下文对此做详细讨论。[14]

联系自主音段音层的原则有两类：**联结规约**构成了将声调映射到载调单位上的算法，**合格条件**构成了对哪些可以被视为合格表达式的制约条件。请看下面（30）和（31）：

（30）　联结规约
　　a.　将一个声调序列映射到一个载调单位序列上
　　　　i. 从左往右
　　　　ii. 以一对一的关系方式
　（b.　将剩余的声调指派给最后一个载调单位。）
　（c.　最后声调延展到右边剩下的无声调的载调单位上。）
　（d.　联结规约只应用于浮游声调。）

（31）　合格条件
　　a.　联结线不交叉：
　（b.　所有载调单位都至少与一个声调相联结。）
　（c.　所有声调都至少与一个载调单位相联结。）

相对而言，条款（30a）和（31a）是不会引起争议的，只有它们是本书所认为的普遍性条款。下面各节将讨论剩下的条款。

3.1 反对自动多重联结

请看（32）中的表达式，该表达式展示了（30）中联结规约的条款（a）所应用的声调序列和载调单位。

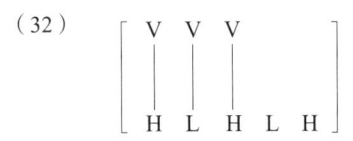

（32）　　　⎡ V   V   V ⎤
　　　　　　⎢ │   │   │ ⎥
　　　　　　⎣ H L H L H ⎦

戈德史密斯（Goldsmith 1976）提出自由声调在这种情况下应当是自动联结的，但威廉姆斯（Williams 1971）、克莱门茨和福特（Clements and Ford 1979）、哈勒和维格诺德（Halle and Vergnaud 1982）则认为这种情况下的联结（如果有的话）应当是由特定语言所具有的规则完成的。后面这一观点得到了本书中所列举的大量例句支持。

在德尚语（第二章 5.1 节）里，我们看到像（33）那种序列中的自由声调是不联结的。

（33） a. kaŋ　　松鼠　　　　b. mɔ　　儿童
　　　　　|　|　　　　　　　　　　|　|
　　　　　L　H　　　　　　　　　　L　H

在德尚语和蒂弗语里，我们已看到某种构型的自由声调触发降阶，这种自由声调不会自动联结而产生曲折调。例如，在蒂弗语里，如果（34）这种情况中的 L 调（复制上文（6）而来）自动联结，那么就需要一条特殊的（否则就不需要的）规则取消所涉及的与 L 的联结。⑮

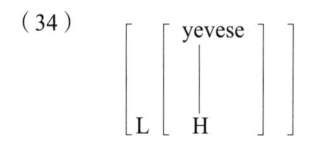

（34）　　⎡　⎡yevese⎤　⎤
　　　　　⎢　⎢ |　| ⎥　⎥
　　　　　⎣L　⎣ H   ⎦　⎦

甚至在曲折调结果出现在表层的情况时，可能也有证据证明不会自动出现与单个载调单位相联结的相关声调序列。请看比如马尔吉语里的曲折调情况。升调动词表明马尔吉语里可能存在多重联结情况：

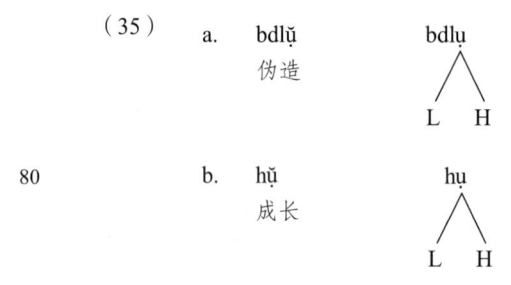

（35）　a. bdlŭ　　　　bdlu
　　　　　 伪造　　　　　 ∧
　　　　　　　　　　　　 L　H

　　　　b. hŭ　　　　　 hu
　　　　　 成长　　　　　 ∧
　　　　　　　　　　　　 L　H

由于已证实马尔吉语里存在着多重联结,因此人们就可以假设它们是自动发生的。但如结果所示,该曲折调的第二个调直到词层时才联结——也就是说,它在第一次循环时是不可以自动联结的。如果像(35)中那样的词干后接一个无声调的后缀,那么其推导过程如下所示:

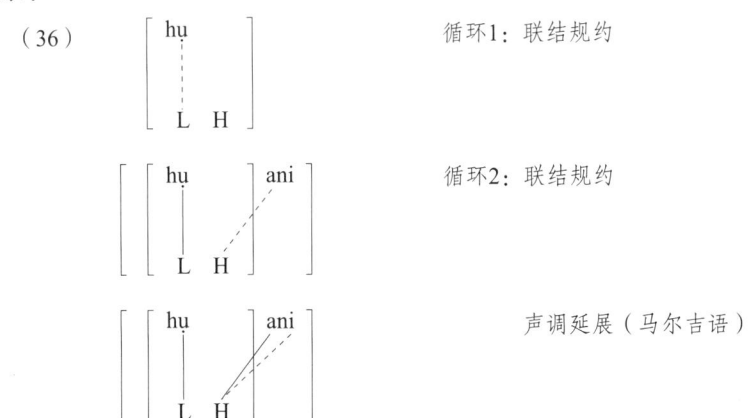

(36)　　　　　［［ hu ］］　　　　　循环1:联结规约
　　　　　　　　　　L H

　　　　　　　［［ hu ］ ani ］　　　　循环2:联结规约
　　　　　　　　　　L H

　　　　　　　［［ hu ］ ani ］　　　　声调延展(马尔吉语)
　　　　　　　　　　L H

元音删除规则之后,表层形式 hàni "得意洋洋"得到了证实。关键一点如下：如果词干的 H 在第一次循环时自动进行了联结,那么就需要一条特别规则在增加派生后缀 ani] 之后将取消与它的联结。

马尔吉语的例子很有趣,因为我们现在处理的语言允许曲折调,但不过不允许一个以上的声调**自动**联结到单独一个载调单位之上。因此,我们不能认为,特定语言所具有的反曲折调限制阻断了像蒂弗、德尚等语言里的多重联结。因为该方法让我们无法解释显然没有这种限制的马尔吉语里为何没有自动多重联结。

最后一点需要注意的是,如果自动多重联结不是由规约(联结规约的(30b)条款)导致的,那么,在认定一串声调序列是合乎语法(合格条件的(31c)条款)的之前,要求该序列中的所有声调都已联结,显然是不受欢迎的。也就是说,在摈弃自动多重联结时,我们要求把(33)、(34)那样的表达式都视为合格的。因此,抛弃(30)中的条款(b),就意味着抛弃（31）中的条款（c）。

3.2 反对自动延展

前一节呈现了支持修正戈德史密斯原先提出的合格条件的证据，即将由规则而非规约所产生的声调多重联结到单独一个载调单位之上的证据。在这一节，我将提出同样必须把单个声调与多个载调单位的一对多联结分析为仅仅是由特定语言的规则所产生的结果。

在某个表征层面，确确实实所有载调单位都必须获得音高的赋值——事实上，声调语言与非声调语言都同样如此。在声调语言里，音高赋值可以表达许多词库与句法的区别性，而在非声调语言里，语音的音高赋值全都可由词库或句法表达式推导而得。现在产生两个基本问题：（1）推导到哪个阶段载调单位必须获得声调赋值？（2）载调单位如何获得声调赋值？

很显然，不同语言可能是在不同层面引入声调的。例如，在蒂弗语里，声调一定出现在词库词条之中；而在像英语这样的语言里，声调只是在推导最后阶段——即重音表达式获得语音解释阶段（Pierrehumbert 1980）才被引入其中。戈德史密斯（Goldsmith 1976）假设：声调一旦出现在表达式中时，只要所有载调单位都有一个声调赋值，那么这个表达式就是合格的。他还进而假设：提供所需赋值的机制包含联结和延展规约。首先，自由声调和自由载调单位是按从左到右规约相联结的；其次，剩下的载调单位是通过自动延展相邻载调单位的声调来获取声调赋值的。

本研究认为，在两种假设中，没有任何一种全都是令人满意的。本节将阐释有这样一些情况：应用从左到右联结后，声调并没有自动延展到无声调赋值的相邻载调单位之上。随即的结果是：如果联结和延展无法说明所有声调赋值，那么一定存在一种提供某种声调赋值的替代机制。第四章提出确实存在这种机制，即将特征值提供给未完全赋值的音段的

缺省规则，而且还论证了这类缺省规则可以在推导的很晚阶段应用。换言之，由于缺省声调只是在最后阶段才指派的，因此在大部分的推导过程中，都必须把无调载调单位的表达式视为合乎语法的。所以，一定不要把联结规约的（36c）条款（或相当条款）和合格条件的（37b）条款视为语言共性。

下面几节将呈现源自蒂弗和马尔吉两种语言的证据，证明声调延展不是自动的这一说法。另外还将思考该观点所蕴含的意义，通过反对可为蒂弗语和马尔吉语事实提供的但仍把自动延展视为语言共性的一种替代分析来完成我们对自动延展的讨论。

3.2.1 蒂弗语里的延展

3.2.1.1 过去时形式。本章的前面（2.1 节）已阐释，可以把蒂弗语里动词词干概括为符合下面两种类型之一：

(37) a. H 词干动词   b. L 词干动词

$$\begin{bmatrix} V & (V) & (V) \\ & & \\ H & & \end{bmatrix} \qquad \begin{bmatrix} V & (V) & (V) \\ & & \\ L & & \end{bmatrix}$$

第二章第 4 节曾说明：L 调（无论是已联结的还是浮游的）在蒂弗语里都对其后的 H 调有降阶作用。所以，可以把一般过去时这类时态中的起始降阶概括为一种 [L 前缀的表示法。

(38) 一般过去时

	H 词干		L 词干	
单音节：	ˈvá 来	ˈH	dzà 去	L
两音节：	ˈúngwà 听见	ˈHL	vèndè 拒绝	LL
三音节：	ˈyévèsè 逃走	ˈHLL	ngòhòrò[16] 接受	LLL

在上述时态中，词干第一个元音上的声调是（37）中所见到的词库声调。

当词干的第一个元音是在 H 调（2.1 节）上时，一般过去时的 [L 体现为一种降阶；当词干的第一个元音在 L 调上时，前缀 [L 将阻止 H 延展应用于诸如 vé vèndè"他们拒绝"之类例子中 H 调主语前缀与词干动词起始 L 调元音（第二章 4.3 节）之间。

上述例子中尚未解释的是出现在词库调右边的 L 调。本章第 3 节开始部分曾提出：即使联结规约循环应用，声调延展也不可以是自动的。一般过去时是以往触发循环联结的案例之一，因为词干声调必须是在附加 [L 前缀之前联结的，如（38）所示。既然有了这样的研究方法，那么就有可能把一般过去时中非起始 L 调分析为缺省规则导致的结果，即一般过去时非起始 L 调的出现，仅仅是因为既不是形态也不是音系给该元音指派的声调。

就该方法而言，一般过去时的唯一标记是 [L 前缀。因此，动词这个时态中的典型推导过程如下所示。在词干循环中，词库声调按照规约联结：

（39） a. $\begin{bmatrix} \text{yevese} \\ | \\ \text{H} \end{bmatrix}$

其后添加一般过去时语素，从而触发降阶：

b. $\begin{bmatrix} \text{yevese} \\ | \\ \text{L H} \end{bmatrix}$

最后，将缺省声调指派给剩下的元音，产生正确的结果 ˈyévèsè：

c. $\begin{bmatrix} \text{yevese} \\ | | | | \\ \text{L H L L} \end{bmatrix}$

这样，一种将 L 作为缺省值指派、没有自动延展的理论可以以最简方式

（即用[L前缀进行标记）解释一般过去时。

现在请看近过去时形式：[17]

（40） 近过去时

	H 词干		L 词干	
单音节：	vé	H	dzé	H
	来（最近）		走（最近）	
双音节：	óngó	HH	vèndé	LH
	听见（最近）		拒绝（最近）	
三音节：	yévésè	HHL	ngòhórò[18]	LHL
	逃走（最近）		接受（最近）	

音段方面，近过去时涉及元音交替音变。但因元音交替规则不影响声调表达式，故此处不予讨论。[19] 至于它的声调形式，上文2.1节已提出该时态是以H]后缀标记的。假设延展不是自动的，该H]将联结到词干的第二个元音上，如果这里有第二个元音，该联结将产生如下构型：

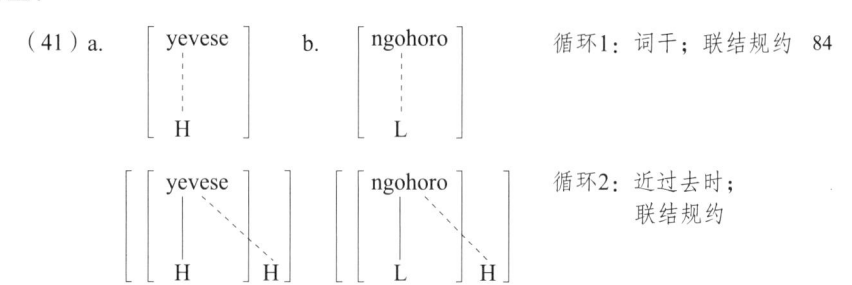

（41）a. [yevese   b. [ngohoro   循环1：词干；联结规约
            | |
            H   L]

     [yevese   [ngohoro   循环2：近过去时；
        | | | | 联结规约
        H H   L   H]

该例子中剩下的元音将被缺省指派L调，在应用后面的元音删除和声调附加规则之后，产生正确的表层形式 yévésè 和 ngòhôr。[20]

因此我们看到，一种**无**自动延展的声调理论仅仅通过设定一个H]后缀就可以解释蒂弗语的近过去时形式。该方法可以不参照动词词干的音段构成来解释一般过去时和近过去时的声调表达式，这个事实最终在我们探讨研究这些时态的替代方法时证明是值得关注的。

与上述给出的简单明了的解释形成对照，一种基于自动延展的理论提出了许多复杂问题：首先，该理论**不能**假设循环联结，所以必须找到针对诸如一般过去时态中起始降阶的替代说法。其次，它在一般过去时上也并非总是认为比如词干词库声调之后是无声调的，因为假如这是真的话，那么 H 词干词类的词库 H 调就会自动（并且错误地）延展到词干的所有元音上。因此，人们就必须在这个时态中在词库声调之后增设一个 L 调。[21] 这本身是有问题的，因为当动词词干是单音节时，这类假定的 L 调是不出现的，如 vé ˈvá "它们来了"。莱本（Leben 1973）和戈德史密斯（Goldsmith 1976）指出，这个问题可以用莱本所称的"声调简化"规则来解决，我现把它复制如下：

（42）删除在 [＋音节性] 音段带 H 调序列中所出现的任何一个 L 调。

然而，在第二章 4.1 节中我们看到，蒂弗语里的短元音上在下列情况下带有 HL 序列。

（43）a. ùnyìnyà   mbâ
        马   系词
        有马

     b. kásév   mbâ
        女人   系词
        有女人

     c. íwá   ngî
        狗   系词
        有狗

因此，除了或许作为仅限于诸如一般过去等时态的次要规则之外，我们无法维护莱本提出的声调简化（蒂弗语）（戈德史密斯的降调简化）规则。这样，在假定自动延展的理论中，就要让人家为一般过去时专设一条规则，或者根据动词词干中音节数量为一般过去时语素设定不同的形式。例如，人们就可以假定：当词干是单音节时，一般过去时是由一个 L 调前缀组成；但当词干有两个或两个以上的音节时，一般过去时便是由一个 L 调前缀和一个 L 调后缀组成。

在解决近过去形式方面，自动延展解决方案遇到的问题，可以与一般过去时遇到的问题相提并论。为阻止 H] 后缀的延展，三音节形式的最后 L 调将会要求 L 出现在这类形式所用的时态表达式中，而这个假定的 L 是不与单音节或双音节词干表层体现的。我们再次被迫认为该语素有不止一个变体，时态韵律模式的正确选择取决于动词词干中的音节数量。

（44）　自动延展理论中的时态表达式

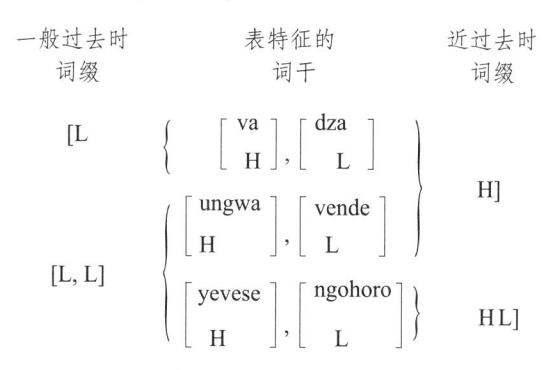

$$\begin{matrix} \text{一般过去时} & \text{表特征的} & \text{近过去时} \\ \text{词缀} & \text{词干} & \text{词缀} \end{matrix}$$

$$[\text{L} \quad \left\{ \begin{bmatrix} \text{va} \\ \text{H} \end{bmatrix}, \begin{bmatrix} \text{dza} \\ \text{L} \end{bmatrix} \right\} \quad \text{H}]$$

$$[\text{L, L} \quad \left\{ \begin{matrix} \begin{bmatrix} \text{ungwa} \\ \text{H} \end{bmatrix}, \begin{bmatrix} \text{vende} \\ \text{L} \end{bmatrix} \\ \begin{bmatrix} \text{yevese} \\ \text{H} \end{bmatrix}, \begin{bmatrix} \text{ngohoro} \\ \text{L} \end{bmatrix} \end{matrix} \right\} \quad \begin{matrix} \text{H}] \\ \\ \text{HL}] \end{matrix}$$

总之，我们看到：一种持自动延展的理论被迫为一般过去时和近过去时这类时态语素设立非一致性的底层表达式。除了 [L 前缀外，自动延展方法还被迫为一般过去时中的双音节和三音节动词词干设立一个 L] 的后缀。至于近过去时，自动延展方法就必须为单音节和双音节词干设定一个 H] 后缀，为三音节词干设定一个 H L] 后缀。事实上，该研究方法中的非主要因素是：构成特定时态的各种声调模式基本上是相同的，在指派了时态声调模式基本部分后就只需要为"额外"音节提供"额外"声调。因此，我提出，把自动延展纳入声调理论之中会造成严重缺失时态（如一般过去时和近过去时）的普遍性。

3.2.1.2 H 延展。另外一个反对自动延展的主张源自对 H 延展规则的思考，如在第二章 4.2 节中所见到的那样。让我们再回到一般过去时中三音节的 H 词干动词，如 yevese。正如 3.2.1.1 节所论述的那样，有自动延展的理论将不得不为 'yévèsè 指派如（45a）这样的一个表达式，而没有自动延展的理论可以指派如（45b）这样一个表达式。这里，我没有讨论有自动延展的理论在这种情况下是如何表征起首降阶的问题。

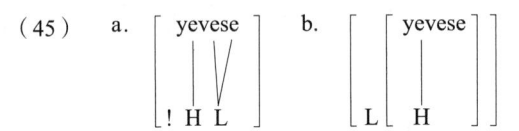

（45） a. [yevese]   b. [yevese]
          !H L   L H

（45a）满足了 H 延展的结构描写（我将其复制如下（46）），而（45b）没有满足。

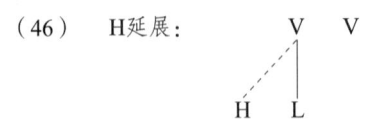

（46） H 延展：   V V
                  H L

因此，有自动延展的理论错误地预测 H 延展规则应该应用于这样的例子，产生 *'yévésé 这样错误的表层形式。没有自动延展的理论可以对 H 延展之后的缺省值指派进行排序，以此准确地阻断这些情况中的 H 延展。㉒

3.2.1.3 惯常体 3。这是最后一个反对蒂弗语里自动延展的论据，我希望能谈一谈表面看上去似乎支持自动延展的案例，但我仍将主张：这里所涉及的延展实际上是另外一种 H 延展的情况；如果把它归属为普遍规约的话，就意味着失去普遍性。请看下面的形式：

（47）　惯常体 3

	H 词干		L 词干	
单音节	'váán 来	'HHH	'dzáán 去	'HHH
双音节	'úngwán 听	'HHH	vèndán 拒绝	LHH
三音节	'yévésén 逃跑	'HHHH	ngòhóróń 接受	LHHH

这个时态至少表面上看，似乎涉及延展到动词所有载调单位上的 H 调后缀。但请看下面的形式，它们对应于惯常体 1 的时态：

（48） 惯常体 1

	H 词干		L 词干	
单音节	ˈvá	ˈH	ˈdzá	ˈH
	来		去	
双音节	ˈúngwá	ˈHH	vèndá	LH
	听		拒绝	
三音节	ˈyévésè[23]	ˈHHL	ngòhórò[24]	LH
	逃跑		接受	

除了起始降阶外，惯常体 1 的声调形式与近过去时的形式是完全相同的。因此，我认为惯常体 1 时态中有个 H 调后缀，如近过去时中也有个 H 调后缀那样。（惯常体的这个 H]，在所有惯常体中均出现。）

惯常体 1 与惯常体 3 之前的主要差别有两点：在惯常体 1 中，我们找到了 H 调后缀，但没有看到延展；在惯常体 3 中，我们找到了 H 调后缀和音段性 n] 后缀，并得到延展。因此，n] 后缀的存在是与延展相关联的。在我们考察了另外一个惯常体时态形式——过去惯常体之后，为何如此就变得一目了然了？

（49） 过去惯常体

	H 词干		L 词干	
单音节	ˈváán̩	ˈHHL	ˈdzáán̩	ˈHHL
	过去常来		过去常去	
双音节	ˈúngwán̩	ˈHHL	vèndán̩	LHL
	过去常听		过去常拒绝	
三音节	ˈyévésén̩	ˈHHHL	ngòhórón̩	LHHL
	过去常逃跑		过去常接受	

过去惯常体是以如下方式标记的：一般过去时的 L 调前缀和两个惯常体的后缀，即：惯常体 1 中所见到的一个 H] 后缀和一个带 L 调的音段性 n] 后缀。[25] 所以，很轻松地推导出 ngohoro 这类 L 词干的表层形式：

(50)

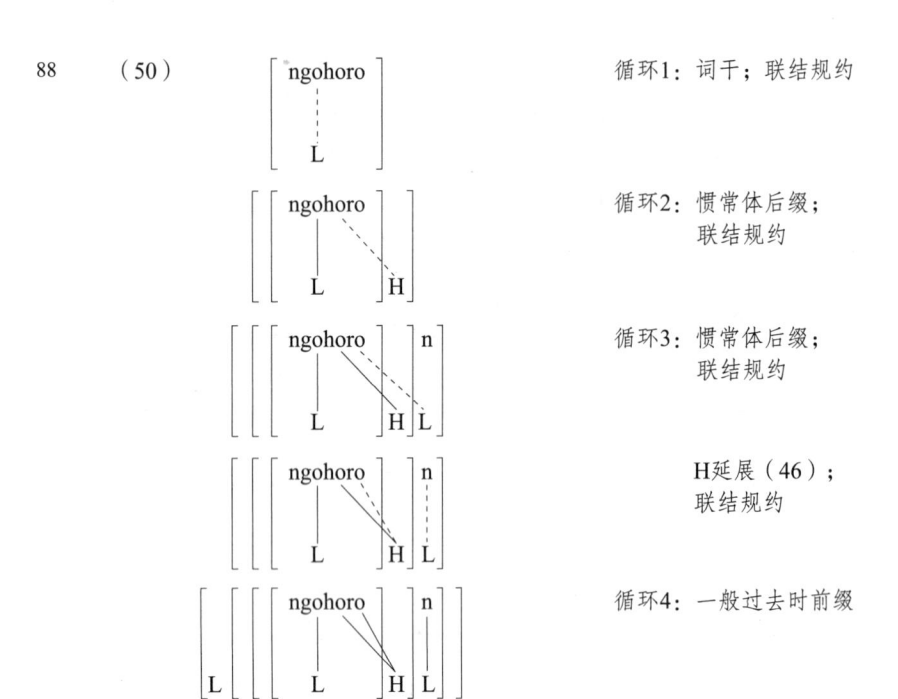

$$\begin{bmatrix} \text{ngohoro} \\ | \\ L \end{bmatrix}$$ 循环1：词干；联结规约

$$\begin{bmatrix} \begin{bmatrix} \text{ngohoro} \end{bmatrix} \\ | \quad \quad | \\ L \quad \quad H \end{bmatrix}$$ 循环2：惯常体后缀；联结规约

$$\begin{bmatrix} \begin{bmatrix} \text{ngohoro} \end{bmatrix} n \\ | \quad \quad | \; | \\ L \quad \quad H \; L \end{bmatrix}$$ 循环3：惯常体后缀；联结规约

$$\begin{bmatrix} \begin{bmatrix} \text{ngohoro} \end{bmatrix} n \\ | \quad \quad | \; | \\ L \quad \quad H \; L \end{bmatrix}$$ H延展（46）；联结规约

$$\begin{bmatrix} \begin{bmatrix} \begin{bmatrix} \text{ngohoro} \end{bmatrix} n \end{bmatrix} \\ | \quad \quad | \quad | \; | \\ L \quad L \quad H \; L \end{bmatrix}$$ 循环4：一般过去时前缀

在上述 ngòhóróǹ 的推导过程中，至关重要的是，在第三次循环时，H 延展已被添加 L 调 n] 后缀所产生的结构形式所触发。试想：如果我们在加前缀之前额外附加一个 H] 后缀，那么（50）的输出项会发生什么情况？

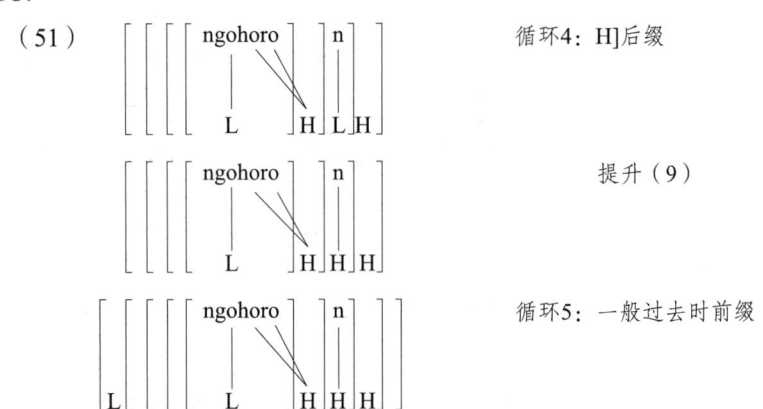

(51)

$$\begin{bmatrix} \begin{bmatrix} \begin{bmatrix} \text{ngohoro} \end{bmatrix} n \end{bmatrix} \\ | \quad \quad | \; | \; | \\ L \quad \quad H \; L \; H \end{bmatrix}$$ 循环4：H]后缀

$$\begin{bmatrix} \begin{bmatrix} \begin{bmatrix} \text{ngohoro} \end{bmatrix} n \end{bmatrix} \\ | \quad \quad | \; | \; | \\ L \quad \quad H \; H \; H \end{bmatrix}$$ 提升（9）

$$\begin{bmatrix} \begin{bmatrix} \begin{bmatrix} \begin{bmatrix} \text{ngohoro} \end{bmatrix} n \end{bmatrix} \end{bmatrix} \\ | \quad \quad | \quad | \; | \; | \\ L \quad L \quad H \; H \; H \end{bmatrix}$$ 循环5：一般过去时前缀

由于（51）中添加的 H] 后缀不能联结，就会触发提升规则（9）的应用（见上文 2.1 节），得到表层形式 ngòhóróṅ，而这个形式恰恰是 ngohoro 在惯常体 3 中的词干形式。因此，我提出：惯常体 3 中发生的延展是以与过去惯常体同样的方式触发的，即 H 延展（46）是由 L 调 n] 后缀触发的。比如，将惯常体 3 时态与过去惯常体区别开来的基本特征是另外一个 H] 后缀，它触发末尾 L 的提升。因此，我的结论是：发生在**惯常体**时态而非其他时态中的延展，是因为惯常体的标记是一个触发 H 延展的后缀。所以，即使表面上是由不受语境限制的延展所触发的情况，如果我们不将延展归结于蒂弗语特有的 H 延展规则，实际上就会存在缺失普遍性情况。

3.2.2 马尔吉语里的延展

前面小节已论证了蒂弗语里声调不能自动延展，这一节将论述该结论同样适用于马尔吉语，尽管理由有些不同。在上文 2.2 节中，我们曾看到马尔吉语里声调向右延展，向右延展在马吉尔语里普遍存在，威廉姆斯（Williams 1971）将其视为声调**自动**延展的证据。但如果延展是自主音段合格条件自动产生的结果，那么延展就应该是双向的。然而，在这一节中，我将提出马尔吉语里的声调延展**不是**双向的——它只向右延展。马尔吉语里延展的方向性可以通过设立下面一条规则加以解释：

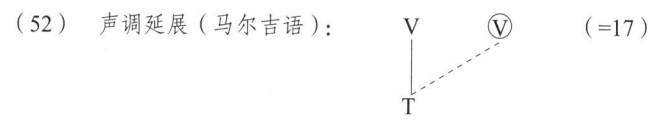

（52） 声调延展（马尔吉语）： V   Ⓥ   （=17）
                                             | /
                                              T

马尔吉语里比较典型的是，派生和曲折后缀或是（1）无声调，或是（2）H 调。H 调后缀永远是 H：

（53）a.   tá + bá   →   tábá   （=12a）
                                        全都烹调

      b.   mbù + ŋgə́rí   →   mbùŋgə́rí   （=12c）
                                        缝上去

c. ŋal + bá → ŋálbá　　（=15b）
　　　　　　　　　　咬个洞

作为声调延展的结果，无调后缀在 H 调之后是 H，在 L 调之后是 L：

（54）a. tsá + ri → tsárí　　（=13a）
　　　　　　　　　敲打在
　　b. nə̀ + ri → nə̀rì　　（=14a）
　　　　　　　　　告诉一个人

在某些特例中，有必要用 L 标记后缀。例如，复数祈使形式是用如下后缀表示的：㉖

（55）　amu
　　　　 |
　　　　 L

第一个底层无调的元音承载前面音节的声调，但第二个声调则总是 L。

（56）a.　fɔ́l　　　　　fɔ́lámù
　　　　 跳舞！单数　 跳舞！复数
　　b.　wì　　　　　 wìamù
　　　　 跑！单数　　 跑！复数

表面上看，后缀的这一组声调类型与前缀截然不同。前缀方面，人们可以找到载 H 调的前缀和载 L 调的前缀，但找不到 H 调音节前是 H 的前缀以及 L 调音节前是 L 的前缀。

（57）　H 调前缀
　　a. ská + wì　　以防（我）跑（专有Ⅱ）
　　b. ská + sá　　以防（我）误入歧途（专有Ⅱ）
（58）　L 调前缀
　　a. gà + wì　　跑（叙事性）
　　b. gà + sá　　犯错误（叙事性）

在认为声调是双向自动延展的理论中，前缀与后缀之间存在的这种差别是一种很怪异的不对称性。在该理论中，没有理由不期望无调的前缀。人们期望无调前缀表现的方式类似于无调后缀，即它们的声调是作为相邻音节声调的一种功能被指派的。

在声调延展只由规则实施的理论中，底层的不对称性不复存在。已知声调延展规则（52），我们就会期望将左边的音节声调指派给无调后缀；但由于没有从右到左延展声调的规则，结果是无调前缀只能通过缺省方式获得 L。[27]

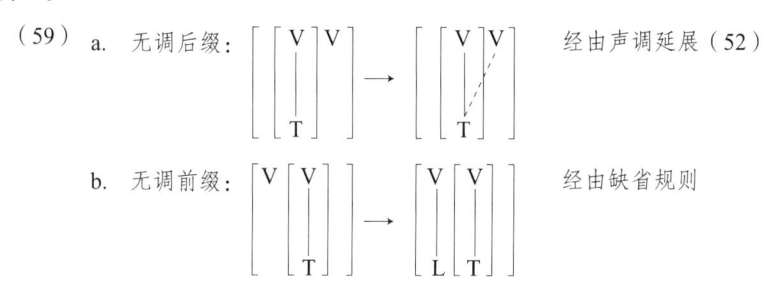

（59） a. 无调后缀： $\begin{bmatrix} \begin{bmatrix} V \\ | \\ T \end{bmatrix} V \end{bmatrix} \rightarrow \begin{bmatrix} \begin{bmatrix} V \\ | \\ T \end{bmatrix} V \end{bmatrix}$ 经由声调延展（52）

b. 无调前缀： $\begin{bmatrix} V \begin{bmatrix} V \\ | \\ T \end{bmatrix} \end{bmatrix} \rightarrow \begin{bmatrix} V \begin{bmatrix} V \\ | \\ T \end{bmatrix} \\ L \end{bmatrix}$ 经由缺省规则

因此，同样的底层可能性在前缀和后缀中得到了验证。表层不对称性是应用声调向右延展规则产生的结果。另外，请注意：如后缀那样，这一方法中前缀的典型模式将或是 H，或是无调，尽管偶尔也需要 L 调，如在进行时之类的时态中：

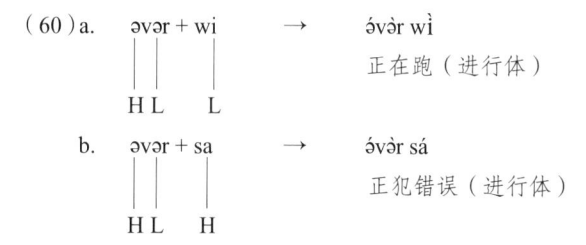

（60） a. əvər + wì → ǿvèr wì
        | | | 正在跑（进行体）
       H L L

b. əvər + sa → ǿvèr sá
     | | | 正犯错误（进行体）
    H L H

支撑该联结规约研究方法的理据，源自对无调词干在现在时中的案例思考。在第六章 4.1.1 节中将看到：现在时是用 H 调前缀标记的。出于将在那里所讨论的原因，当动词词干无声调时，该前缀的 H 调将与动词词干的元音相联结，从而推导而得诸如（61）中的表达式：

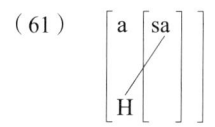

（61） $\begin{bmatrix} a \begin{bmatrix} sa \end{bmatrix} \\ | \\ H \end{bmatrix}$

在此情况下，如果声调延展是双向性的、自动的，那么我们就会期望前缀通过延展联结到词干上的声调来获得一个 H 调；但如果延展只是由规则实现的，那么我们就可以正确地预测出这些例子是以缺省声调表层表现的，因为马尔吉语里没有从右到左延展声调的规则。由于马尔吉语里的缺省声调是 L,（65）的表层形式是 LH，单读时如此（àsá "喝（现在时）"），名词短语之后亦是如此，如 nì àsá "我喝"。㉘

总之，虽然左向声调延展在马尔吉语里似乎普遍存在，但声调延展不是自动发生的。在马尔吉语里，尤其是不发生从右到左的声调延展。马尔吉语里所观察到的某些声调类型上的表面不对称性，是通过声调延展规则（52）的方向性质解释的。

3.2.3 不充分赋值

在提出最后一点支持声调不自动延展的理据过程中，我将提出某些在下一章要提出的观点。下一章将论述：在载调单位没有从形态或音系规则应用中获得声调时，那么就有一组尚待指派的缺省声调。特别要说的是，这些规则是相当靠后应用的。

例如，提出在约鲁巴语里底层词项包括如下的声调表达式：

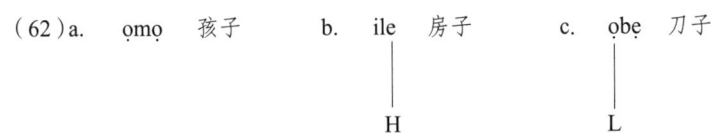

（62）a. ọmọ 孩子　　b. ile 房子　　c. ọbẹ 刀子
　　　　　　　　　　　　　　　|　　　　　　　　|
　　　　　　　　　　　　　　　H　　　　　　　　L

在这些未指派声调的词项中，元音将最终作为缺省规则应用的结果获得 M 调：

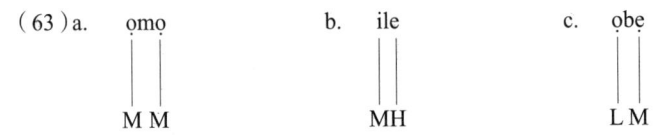

（63）a. ọmọ　　　　b. ile　　　　c. ọbẹ
　　　　| |　　　　　　| |　　　　　| |
　　　　M M　　　　　MH　　　　　L M

因此，这些例子表层体现为 ọ̄mọ̄、īlé 和 ọ̀bē。

在上文 2.3 节中，我展示了汤加语里的底层表达式涉及区分 H 调标记与声调标记缺失。在应用音系规则之后，没有联结声调性自主音段的元音将通过缺省方式指派获得 L 调。在汤加语的底层中，必须将带起始 H 调的词干（如 kani "新闻，事务"）与带末尾 H 调的词干（如 simbi "女孩"）区别开来：

（64） a. [i [ma [kani]]]　　b. [i [mu [simbi]]]
　　　　　　　　　H　　　　　　　　　　H

现在请看自动延展在诸如（62）和（64）表达式中的效果：

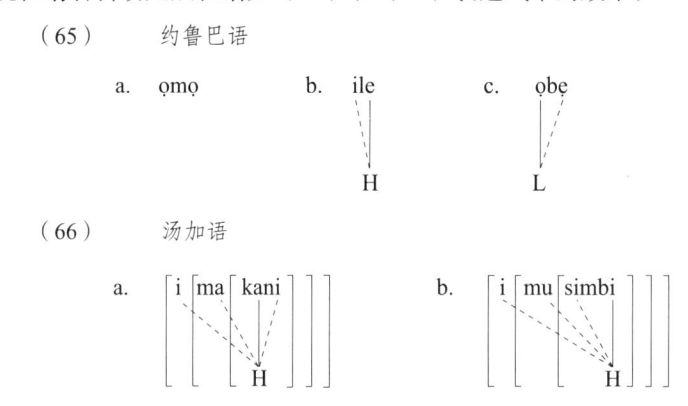

（65）　　约鲁巴语

　　a. ọmọ　　　b. ilé　　　c. ọbẹ̀
　　　　　　　　　　　H　　　　　L

（66）　　汤加语

　　a. [i [ma [kani]]]　　　　b. [i [mu [simbi]]]
　　　　　　　　　H　　　　　　　　　　　H

约鲁巴语中的自动延展做出了错误的预测，认为 ílé 这类名词中存在着 HH 调式、ọ̀bẹ̀ 这类名词中存在着 LL 调式；自动延展忽略了汤加语里 kani 与 simbi 两个词干之间存在的词汇差异。因此，在含有缺省声调的理论中，延展不能是自动的。

3.2.4 其他方式

在结束这一有关联结规约的小节之前，我将简要讨论其他一些研究如下观点的方式方法，即联结规约的唯一普遍性是该规约以一对一、从左到右的方式将自主音段与骨架槽位相联结。

与这里已提出的观点相反，我们先假定自动延展确实是普遍语法的属性之一。有了这条假定，我们就需要找到一种原则性的方式，将前面所讨论的几类实例中出现的自动延展排除在外。其中的一种可能性是：对缺省调插入规则与假定的自动延展规则施加析取排序，也就是说，有人可能会提出：缺省调插入规则在语言的语法中出现时，将会阻断普遍性声调延展规则的应用。[29] 凯巴斯基（Kiparsky 1973, 1982a）提出的"**别处条件**（elsewhere condition）"可作为一条可能有此作用的原则的候选项。这一原则规定了规则的析取排序，我把它复述如下：

（67）同一组件中的规则 A 与 B 析取应用于形式 Φ，当且仅当
（i）A（特定规则）的结构描写恰好包含 B（普遍规则）的结构描写；
（ii）将 A 应用于 Φ 的结果不同于将 B 应用于 Φ 的结果。
在此情况下，先应用 A；如产生效果，那么就不再应用 B。

在此，我将要说明这条原则并没有阐明自动延展与缺省声调插入之间的关系。首先，按照别处条件，它是一条阻断一般规则应用的特定规则。重要的是，必须在形式的基础上而不是靠先天将其中一条规则归入普遍语法的方式对一般规则与特定规则进行区分。特定规则被界定为一条结构描写恰好包含了一般规则的结构描写的规则。但当我们思考缺省调插入和延展两条规则的结构描写时，就会发现正是延展的结构描写恰好包含了缺省调插入的结构描写；形式上说，它是声调插入，**不**是一般规则的延展：

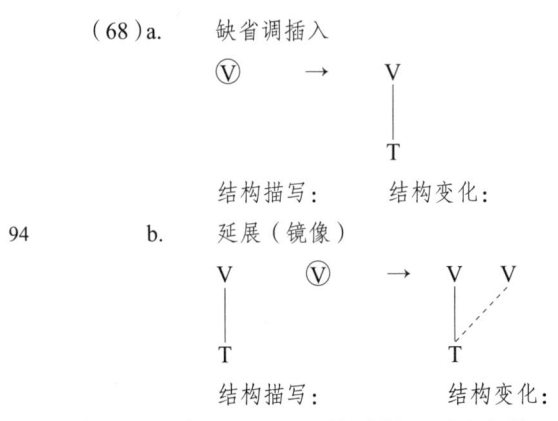

（68）a. 缺省调插入

Ⓥ → V
          |
          T

结构描写：   结构变化：

b. 延展（镜像）

V   Ⓥ → V   V
| | ⋰
T   T

结构描写：   结构变化：

倘若延展是普遍性的——并受制于别处条件，那么它就会阻止缺省调插入的应用。因此，一定会有人断言：自动延展**不**受制于别处条件。

有了这个结果，似乎有理由提出自主音段规约一般是否受制于别处条件？换言之，自动延展在这个方面的表现是否典型？带着这样的疑问，请看一看（69a）所给出的起始声调联结规则与（69b）所给出的联结规约之间的关系。

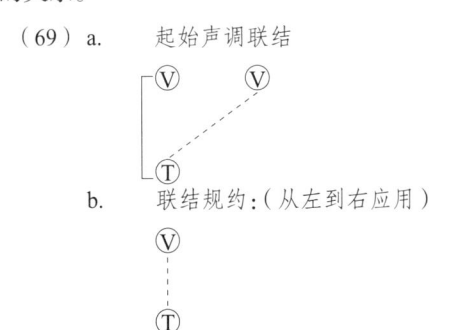

（69） a. 起始声调联结

```
     Ⓥ      Ⓥ
      \    ⋮
       \  ⋮
        Ⓣ
```

b. 联结规约：（从左到右应用）

```
       Ⓥ
       ⋮
       Ⓣ
```

起始声调联结规则（69a）是对克莱门茨和福特（Clements and Ford 1979）所支持的基库尤语规则的一种公式化；联结规约（69b）是对从左到右一对一将自主音段联结起来的普遍规约的一种公式化。无论在哪里设立（69a）这类规则，它们都必须优先于（69b）中的一般性自主音段规约。这完全是人们企足而待的，如果（69a）和（69b）均受制于别处条件。（69a）的结构描写恰好包含了（69b）的结构描写。因此，应用（69a）就应当能阻止（69b）的应用——这正是人们所希望的结果。所以，从左到右联结规约受制于别处条件的这一假定，得到了它与起始声调联结规则交互作用的支持。㉚

因此，自动延展不同于从左到右的联结，前者肯定不受制于别处条件，而后者则受制于别处条件。所以，此想法认为将延展等同于自主音段联结规约是不利的，因为两种音变过程受制于不同的条件。

另一种可能的研究方法是说存在着一种特殊的排序原则（**而非别处条件**），它的作用是在语言特有的任何一条缺省调插入规则之后对延展的普遍规约进行排序。例如，此原则可能需要所有规定出现自由载调单位的规则优先于延展规约。由于缺省规则只应用于自由载调单位，该原则将会确立如下排序:(1)缺省规则,(2)延展。[31]然而,即使该研究方法有问题,该原则也一定允许如下排序:(1)联结规约,(2)缺省规则。在上述所讨论的(例如蒂弗语里的)例子中,很显然需要这样的排序。因此,特殊排序原则一定要对不同类别的普遍规约进行区分——涉及自由载调单位的规则一定会阻断延展,但允许联结。

所以,介绍特殊排序原则的唯一目的似乎是:只要存在缺省规则,就会阻断自动延展的应用。除了公式化该原则时固有的困难外,该做法不受欢迎的理由至少还有两个:(a)只有**不存在**延展的证据,但似乎没有给(1)缺省规则与(2)延展进行排序的证据。(b)该研究方法将缺省规则的地位降级为语言特有的音系规则。到缺省规则的属性最终可以从普遍语法的原则推导而来的程度时,这一点就没有必要了——这个观点将在下一章加以论证。

作为与本讨论相关的最后一点,我将讨论一下哈勒和维格诺德(Halle and Vergnaud 1982)提出来的关于延展应是一种应用于自由声调而非联结声调的主张,即延展发生在(70a)而非(70b)这样的结构中:

(70) a. $\begin{bmatrix} V & V & V \\ & | & \\ & H & \end{bmatrix} \rightarrow \begin{bmatrix} V & V & V \\ & | & \\ & H & \end{bmatrix}$

b. $\begin{bmatrix} V & V & V \\ | & & \\ H & & \end{bmatrix}$

这一主张显然与迄今所提出的蒂弗语分析方法是不相符的。例如,在(71)中,近过去时的浮游 H 调后缀是联结起来的,而不是延展而来的:

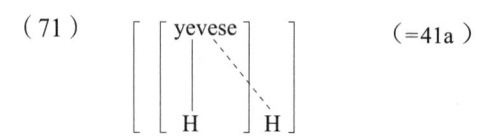

(71) $\begin{bmatrix} \begin{bmatrix} \text{yevese} \\ | \\ H \end{bmatrix} H \end{bmatrix}$ (=41a)

这一主张也与下一章将要考察的约鲁巴语的事实不相符。在约鲁巴语里，元音删除规则触发联结，而非延展：

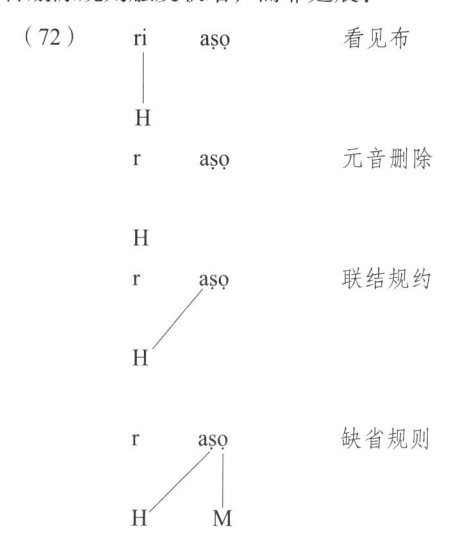

（72） ri aṣọ　　　　看见布
　　　 |
　　　 H

　　　 r aṣọ　　　　元音删除
　　　 |
　　　 H

　　　 H
　　　 r aṣọ　　　　联结规约
　　　 　 \|
　　　 　 H

　　　 r aṣọ　　　　缺省规则
　　　 |\ |
　　　 H　M

至关重要的是，动词的 H 调**没有**延展，元音删除规则致使它成为浮游调。

总而言之，由于声调延展似乎需要语言特有的规定，我建议应该把它排除在普遍联结规约的范围之外。也就是说，普遍联结规约不产生一对多或多对一的自主音段联结。因此，以下是普遍语法所提供的联结规约和合格条件形式。

（73）　　联结规约：将声调序列映射到载调单位序列，
　　　　　（a）从左到右
　　　　　（b）以一对一的关系方式
（74）　　合格条件：联结线不交叉。

4. 形态编码——其他分析方法

本章第二节提出循环性地将声调指派给载调单位，即声调与骨架音层的正确联结仅仅是由与形态推导相结合应用联结规约获得的。由于该方法实施与形态复杂单位结构相结合的音系操作，所以不需要将形态信息编码

111

编入音系推导的特别方法。

在这最后一节中，我将简要评述非词库分析中已采用的一些形态信息编码的其他方法，并以概念和实证为由说明应倾向采用本书所采用的研究方法。

4.1 边界符号

在过去几年里，所做的很多工作都意在摈除边界符号，使用更为直接的方式编码形态结构成分关系（Rotenberg 1978, Pesetsky 1979, Selkirk 1980, 1982, Mohanan 1982, Kiparsky 1982a）。本节将指出许多因自主音段表征使用边界符号而导致的概念问题，还将说明先前蒂弗语分析中需要使用这类符号的案例是通过采用更为直接的这里所假定的形态关系编码来解释的。

请看戈德史密斯（Goldsmith 1976）提出的边界理论，它本质上提出边界 + 的表现不同于边界 #，因为边界 # 经历联结，而边界 + 不经历：

（75） #   + m 音层

　　　 #   + n 音层

这意味着自主音段可以在不违反交叉制约条件（74）的情况下跨边界 + 联结，而不可以跨边界 # 联结。因此可以有（76）这样的表达式。

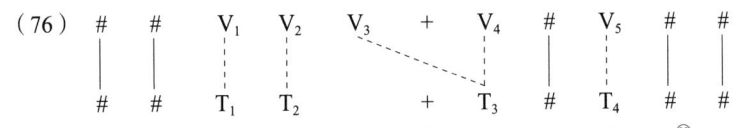

（76） # # V_1 V_2 V_3 + V_4 # V_5 # #

　　　 # # T_1 T_2 + T_3 # T_4 # #

T_3 可以跨边界 + 与 V_3 联结，但 T_4 不可以跨边界 # 与 V_4 联结。[32]

请从蒂弗语角度来看一下这个理论。蒂弗语最为生动地呈现的属性之一是，语素可以是：(1) 单音段的（如 n] 持续性后缀（第二章 4.2 节）），(2) 单声调的（如 H] 近过去时后缀（本章 3.2.1.1 节）），(3) 兼顾声调与音段的（例如，将来时由前缀 $\begin{bmatrix} a \\ L\ H\ L \end{bmatrix}$ 所标记的（第六章第 2 节））。在采用边界符号的自主音段理论中，人们预测存在着单音层上表征的并包含

边界 # 的语素。

例如，恰恰可以把一般过去时语素视为这类语素（虽然这不是戈德史密斯提出来的）。

（77） 一般过去时：   L   #

但如果这个时态的边界符号只出现在声调语素本身表征所在的音层上，那么因声调联结划分词的范围将会失之偏颇。拿过去惯常体为例，用边界术语，过去惯常体被标记为一般过去时前缀（77）、惯常体后缀 +H 和后缀 # n / # L，从而为 ungwa 这类 H 词干动词产生诸如（78）中的表达式。（这种情况下的表层形式是 úngwaṅ。）

（78） 过去惯常体

    a. #   #   ungwa   #   n   #   #

        #   #   L   #   H   +   H   #   L   #   #

边界联结给出了如下的表达式：

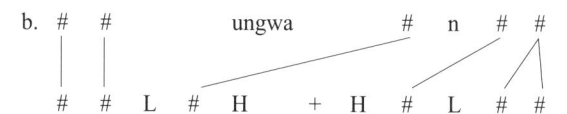

    b. #   #   ungwa   #   n   #   #

        #   #   L   #   H   +   H   #   L   #   #

无须再论，（78b）很明显不是我们想要的结果。例如，所呈现的联结使得词干声调不可能与词干相联结。

该情况下的问题是通过允许一般过去时之类的语素将一个边界 # 放到单独一个音层上引出的。很清楚，我们所需要的是：对于每一个在音层 n 上所引入的边界，都必须在音层 m 上有一个相对应的边界。换言之，边界的表现不是自主音段性的，它们不是按照从左到右的映射原则与其他边界联结的，它们不延展，不会在一个音层上被删除而在另一个音层上保持不变。

本质上说，关键一点是：将边界引入到自主音段音层上，**不是因为它**们展现出某种自主音段性表现，而是因为需要某种手段对形态结构成分进行编码。所以，更为可取的是，直接（如以词库音系学中所提出的方式）给形态关系编码，并对自主音段音层的音系特征表达加以限定。

我不会对戈德史密斯（Goldsmith 1976）在韵律层面实际上包含边界#的情况加以详述，也就是：

(79) a.　惯常体3：　B* H # H
　　 b.　惯常体4：　　H # L
　　 c.　过去惯常体：B* H # L

惯常体3和过去惯常体已在前面（3.2.1.3节）做过讨论，而惯常体4除了有现在时前缀 [H[33]]而非一般过去时前缀 [L 外，可以与过去惯常体相提并论。本章给出的分析未依靠造成不可能联结的边界而给出对这些时态的直接解释。

4.2 词干声调变项

自从阿诺特（Arnott 1964）那篇蒂弗语的重要研究文献发表以来，学者们都采纳阿诺特的建议，用一系列声调模式来表征蒂弗语的时态。尽管分析的具体细节各有不同，但各种分析的基本观点仍然是音段模式代表所给动词的基本词库词条，而声调模式代表时态。要得到具有某个时态的动词，就必须将音段语素与声调语素结合起来。但是，正如前文所述，蒂弗语的语素可以既有声调，也有音段。一个具体的问题是，如何将一个动词的词库声调纳入声调时态模式之中？为此，就需要引入声调变项。以戈德史密斯（Goldsmith 1976）对这一系统的说法为例，模式中的变项 B 实际上意味着有两个模式：一个是带槽位 B 中 H 的，一个是带 L 的。变项 B*也同样意味着有两个模式：一个是带 'H 的，一个是带 L 的。H 词干动词选择带 H 的模式，或带变项槽位中 'H 的；而 L 词干动词则选择带 L 的模式。[34]此外，不需要时态有任何变项，所以，许多时态模式中只有声调。

使用时态模式的变项为动词词干的声调部分编码中存在很多问题。本质上说，该方法可以区分出不同的动词词类。词类 X 为声调变项选择带一个值的时态模式，而词类 Y 则选择另一个值。采用该方法，如果 X 类动词（在 H 与 L 作为选项时）选择 H 值，同样（在 'H 与 L 作为选项时）

也可以选择 ˈH 值，那么这种选择似乎有些随意。这个理论中没有任何固有的规定来防止某个语言里的这类动词词类（在 H 与 L 之间）选择 H，但（在 ˈH 与 L 之间）选择 L。此外，该方法也预测到变项涵盖不同调值（如 ˈH 和 H）的情况。

假如我们把变项解读为表达动词词干的词库特征描述的某些信息，那么动词就不会有一个统一的底层表达式。同一个动词可以以无词库声调形式出现（在无变项的情况下），也可以把 ˈH 作为词库声调方式出现（在模式有 B* 变项时），还可以把 H 作为词库声调方式出现（在模式中含有 B 变项时）。可以假定，某些时态甚至在同一个时态表达式中可能有不止一个变项，因而造成了一个动词词干有不止一个词库声调的情况。

该方法产生的另一个结果是：无任何付出（通过剔除时态模式中的变项），就可以实现词库对立的中和化。事实上，形式上倾向选择中和化，因为它仅生成单独一个模式，无变项模式在形式上比有变项模式更简单。带一个变项发音模式的时态语素生成两个语素变项——每个变项都有一个变项的值。该结论令人质疑——尤其是因为中和化只发生在阿诺特（Arnott 1964）所讨论的蒂弗语的两个时态之中。此外，呈现中和化的这两个时态都是**现在**时形式（现在进行时和惯常体 4），而变项研究方法无法对这一事实做出解释。[35]

假如该方法得出了统一的时态表达式，那么它就可以保证动词词干音系构成编码的复杂性。但可惜的是，表征时态的变项研究方法不得不为音节数量各异的词干求助于对不同模式的赋值情况。因此，该方法是一种变项允许词库声调不同表达方法（即同一个词干可以是 B、B* 或无变项）的方法，那么，根据词干的形状，**同一个**时态表达式甚至可以采用**不同的**变项。例如，惯常体 1 时态将 B* H 模式指派给单音节和双音节词干，将 B H L 模式指派给三音节词干。

与此相对，这里采用的研究方法完全不需要声调变项这个概念，所提出的统一的动词词干底层表达式是：

（80） a. H 词干动词：$\begin{bmatrix} \sigma & (\sigma) & (\sigma) \\ & & \\ H & & \end{bmatrix}$

b. L 词干动词：$\begin{bmatrix} \sigma & (\sigma) & (\sigma) \\ & & \\ L & & \end{bmatrix}$

时态的表达是一致的，它们依赖于动词词基中的音节数量。与许多先前研究者所假定的模式研究方法不同，这些结果构成了本章所提出的蒂弗语词库研究方法的有力证据。

注释

① 有关对缺省规则的讨论，见第一章 2.4 节和第四章。有关对该情况下没有自动延展的主张的探讨，见下文 3.2 节。
② 这个形式还要经历后面的元音删除规则，变为 ngòhòr。见第六章 4.1.1 节。
③ 有关蒂弗语里的缺省规则，将在本章 3.2.1 节和第四章 7、8、9 节中进行讨论。
④ 3.2.1.1 节将对近过去时态进行具体讨论。
⑤ 有关对元音交替音变的部分讨论，见第六章 4.1.1 节。
⑥ 注意：提升结构描写中的 H 调必须是浮游的。因此，这条规则就不会应用于 L 之后已联结的 H（在词类后缀 mV）中的例子：

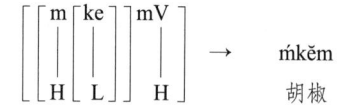

$$\begin{bmatrix} \begin{bmatrix} m \\ | \\ H \end{bmatrix} \begin{bmatrix} ke \\ | \\ L \end{bmatrix} \end{bmatrix} \begin{bmatrix} mV \\ | \\ H \end{bmatrix} \rightarrow \text{ḿkěm}$$
胡椒

在这种情况下，提升是不能应用的。应用 V 删除和 T 附加（见第六章 4.1.1 节），可以获得正确的表层形式。注意：在 shá "在…上" 这类介词之后，名词是以无词类后缀形式出现。"胡椒" 在此语境中是 shá m̀kè 形式出现的，这说明 "胡椒" 的词库声调调式是 L，不是 LH。这样的例子，说明在不产生过度生成的情况下是不能对提升进行重新公式化（这种可能的重新公式化，是尼克·克莱门茨向我建议的）：

提升：

$$L \rightarrow H / \underline{\quad} \begin{matrix} V \\ | \\ H \end{matrix}$$

⑦ 见阿钱格里和蒲立本（Archangeli and Pulleyblank 即出）。
⑧ 我对这个额外的、采用非循环性声调联结研究方法解释起始降阶的问题（是可以与刚讨论过的一般过去时的问题相比较的）不予关注。
⑨ 马尔吉语里没有 L 调派生后缀，但有一些代词性 L 调后缀和一些包含 L 调的屈折后缀。代词性成分是后缀，很清楚这是从它们出现在特定复数和时态后缀中的这一事实而来的。
⑩ 倘若假定该案例所需要的右向延展是由规约构成的，那么有关循环联结的论点是不受影响的。但 3.2.2 节将论证马尔吉语的右向延展**不是**由规约构成的。
⑪ 它们在马尔吉语里没有找到，因为如果词干本身有词库声调，那么循环性声调延展规则（17）就会让后缀声调不可能与词干相联结。
⑫ 见本章 3.2.1 节；更多缺省规则的详细讨论，见第四章。
⑬ 感谢 K. P. 莫汉南给我指出这一点。
⑭ 联结规约简史，见第一章 2.1 节。
⑮ 另外，还要注意有人可能不仅仅提出语音上将序列 $\underset{L\ H}{V}$ 解读为 ¹H，因为蒂弗语里有单莫拉升调。见第六章 5.1.1 节。
⑯ 该形式还经历了后面的元音删除规则，变成 ngòhòr。见第六章 4.1.1 节。
⑰ （40）中所给出的形式指的是以 L 调结尾的主语前缀后的近过去时形式，即调型为 L 或 HL 的主语前缀。此类前缀可以在词类 1 无定性和词类 3（L 调调型）中找到；在词类 1 中，有第一人称和第二人称（HL 调型）。所有其他词类（总计 11 种）都有 H 前缀。在主语前缀为 H 的地方，H 延展将在首词干元音为 L 的 L 词干双音节和三音节案例中被触发。第四章第 8 节将讨论产生的结果形式。这种对名词类主语前缀的分析，实质上是卡尔·霍夫曼（Carl Hoffmann）所做的那种分析。阿诺特（Arnott 1964）注意到了相关的差别，但将 HL 代词（比如，ḿ yévésè "我逃跑"）的 "ꜜ" 指派给了时态模式。

HL 词类 1 的前缀不触发除近过去时外的时态中的降阶，其原因是音系方面的。在其他出现相同前缀的时态中，无论如何都有一个 L 调的前缀，因此，[HL [L 模式与 H 调前缀的 [H [L 模式并没有什么区别。
⑱ 元音删除后，这个形式变成 ngòhôr。
⑲ 有关蒂弗语里元音交替方面的讨论，见阿钱格里和蒲立本（Archangeli and Pulleyblank 即出）。
⑳ 注意：L 词干动词 dzé 在这个时态中的平调 H 是由应用提升（9）推导而得。
㉑ 不能为 yevese 词干假设一个词库模式 HL 来解决此问题，因为那就会预测近过去

时中的模式是 *yévèsé 而非 yévèsè。

㉒ 应当注意的是：在这一点上，该案例不需要外在化的缺省调排序。在蒂弗语里，H 延展是在词库内应用的，而缺省调则是在后词库指派的；结果是，在这种情况下，H 延展将在指派缺省 L 调之前应用。有关缺省规则排序问题的讨论，见第四章第 7 节。

㉓ 有关对这种形式中没有起始降阶的解释，见第四章第 8 节。

㉔ 元音删除后，这种形式将变成 ngòhôr。

㉕ 对于这种及其他包含载调后缀 n] 的时态，我认为 [n] 是直接被联结到了声调上。这是一种简单化的解释。这些后缀事实上涉及这么一种情况：辅音 [n] 之后需要一个未赋值的元音，即 nV]。在推导的过程中，声调联结到 [n] 之后的元音上。在后词库层面，元音被删除，联结元音上的声调成为浮游调。有关涉及其他删除规则的情况（见第六章 4.1.1 节），最后通过声调附加规则，该声调又被重新指派给前面的元音。

㉖ 威廉姆斯（Williams 1971）注意到在马尔吉语里明显缺少 L 调后缀——但是却没有解释具体的原因。尽管用 L 调来标记前缀只是一种例外而非规则，但是类似于 amù] 这样的后缀可以填补这个空缺。

㉗ 有关马尔吉语里的缺省声调是 L 的更多证据，见第四章第 5 节。

㉘ 注意：延展不涉及 nì 的声调，因为马尔吉语里的延展不跨越词界。

㉙ 这方面的建议是约翰·戈德史密斯给我提出来的。还有，克莱门茨和戈德史密斯（Clements and Goldsmith 1983）在他们主编计划出版的一部书中的文章里将这一观点归功于戴维·奥登（David Odden）。

㉚ 据说，这一点是由戴维·奥登（David Odden）在他发表在克莱门茨和戈德史密斯（Clements and Goldsmith 1983）中的一篇文章中提出来的。

㉛ 见克莱门茨和戈德史密斯（Clements and Goldsmith 1983）的导论。

㉜ 注意这一主张在精神上与乔姆斯基和哈勒（Chomsky and Halle 1968）提出的规约是何等相似，它允许规则跨边界 + 自动应用，但只允许按规则所规定的跨边界 # 的应用。这一相似之处是 K. P. 莫汉南向我指出来的。

㉝ 有关现在时的一个例子，见第二章例（17）所给出的现在进行时的形式。

㉞ 注意：让变项给 ⁺H 编码，是在弱化降阶理论，没有把降阶的 ⁺H 处理为一个 LH 序列，而好像构成了单独一个单位。

㉟ 这个事实是采用本章的研究方法解释的，因为现在时的标记是前缀 [H，它出现在现在进行时和惯常体 4 中。这个前缀 [H 触发 H 延展（46），从而用 H 替换了 L 词干动词的起始 L。

第四章
不充分赋值

1. 引言

　　生成音系学中一直有一条研究策略，即要求可预知的音系序列部分应当由规则、规约或制约条件来说明。就底层词条而言，一种特强假设认为：**所有**可以预知的信息都被排除在底层形式之外，即词条是具有"最低限度羡余度的（minimally redundant）"（Kiparsky 1982a）。本章将从声调角度探讨这一假设，说明：来自声调调系方面的证据有力地证明了非标记性特征赋值是由普遍缺省规则提供的理论是合理的；而且还将说明：缺省填充规则（default fill-in rules）在某些情况下是**在**常规音系规则应用**之后**应用的。这里，还将讨论声调缺省规则的作用和性质以及它们是如何纳入到音系学总体模型之中。本章将特别关注不充分赋值可能引发的问题，比如二元特征系统悄悄地被三元特征系统所取代。

　　本章将首先讨论声调缺省赋值的证据。认识到声调在词条中可能未被赋值，这并不是件新鲜事——事实上，这一点对许多自主音段的研究方法至关重要。但是，许多别的自主音段研究方法只利用了联结和延展，这里将说明：联结和延展并不是将声调值指派给未赋值的载调单位的唯一机制。跟音段现象一样，声调现象已被证明需要将其纳入指派非标记特征赋值的音系缺省规则理论之中。本章将考察声调缺省赋值的性质，并提出它们包含了声调自主音段的插入音变。本章还将讨论缺省规则与其他音系规则的排序问题。这个问题很有意思，因为已有证据表明声调缺省规则在某些场合必须是在若干后词库规则之后应用的。因此，我们必须说明声调缺省插入音变是在何处（词库、后词库还是语音层面）发生的问题。

在给出声调缺省规则的论据之后，我将尝试说明将不充分赋值纳入其中的理论盒子并不像潘多拉盒子一样神秘，而后提出一条有关利用不充分赋值的制约条件，并讨论普遍原则预测缺省规则排序的可能性。

2. 缺省规则

本章的研究方法是基于声调延展不是自动的，而且未被构词部分或音系规则指派声调的载调单位是通过缺省规则获得声调的。某些声调赋值应由缺省规则完成的，这并不是什么新观点。例如，最早提出这种观点的是沙克特（Schachter 1969）。此外，某些音节或语素本身并没有固有的声调，而是把声调作为相邻音节或语素的一个声调属性用法获得的，几乎所有的学者现在这一观点上都已达成了共识。自主音段理论（Goldsmith 1976, Clements and Ford 1979 等）基本上利用的就是这种载调单位可以底层不赋值的假设。在某些典型的案例分析中就已提出：甚至是在语素底层有声调的情况下，这类声调也并不预先与元音相联结。相反，声调指派给元音，是作为联结规约的结果发生的。

例如，上一章讨论过的马尔吉语里元音是如何获得声调赋值的。词干元音和词缀的声调底层是没有赋值的。语素的有些元音底层包含声调，有些不包含，但如果有的话，声调在**所有**情况下都不预先与特定的元音相联结。

在（1）中，元音通过从左往右将未联结声调联结到未联结元音的方式获得了声调赋值。此外，（1c）中剩下的声调最后联结，构成了一个曲折调。

程。不过，我要提出该现象是由规则支配的，在声调系统中如果某类延展或声调的规则指派不发生，那么就要指派声调缺省值。

3. 雅拉·伊科姆语的叠音现象

我要说的第一种情况是尼日利亚科瓦语系中的雅拉·伊科姆语（Yala Ikom）里动词性名词或动名词的构成问题。雅拉语里有三个对立声调：H、M 和 L，其中 M 调应当是底层不赋值的。结果是，无调 V 槽位是通过如下的缺省规则获得 M 指派的：

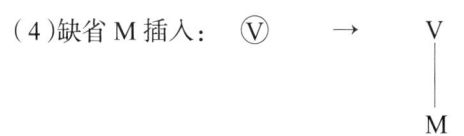

（4）缺省 M 插入： Ⓥ　→　V
　　　　　　　　　　　　　｜
　　　　　　　　　　　　　M

（4）中圈起来的 V 是声调未赋值的元音槽位。

阿姆斯特朗（Armstrong 1968）论证在雅拉语里有条规则，这条规则将 H 调之后的 L 调变成降调。例如，在下面的例子里，L 调动词 lɛ̀ "有"在 H 调代词 ɔ́ 后变成降调：

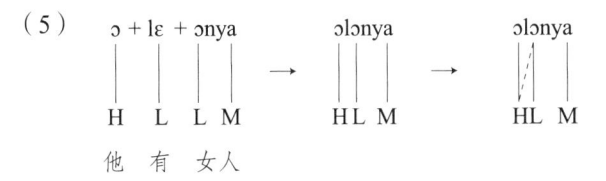

（5）　ɔ + lɛ + ɔnya　→　ɔlɛnya　→　ɔlɛnya
　　　｜　｜　｜ ｜　　　｜｜ ｜　　　｜｜ ｜
　　　H　L　L M　　　H L M　　　H L M
　　　他　有　女人

因此，表达式（5）在表层指的是 ɔ́ lɛ̂nyā "他已结婚"。阿姆斯特朗还论证了产生降调的规则因在 H 与已联结的 L 之间出现"潜伏"调（浮游调）而遭到阻断。例如，在 ó ˈbèhē "他呼叫"中，动词词干的起始声调是低平调，不是降调（雅拉语的音标是用"ˈ"表示）。

（6）　o + behe　→　óˈbèhē
　　　｜　｜ ｜　　　他呼叫
　　　H　L LM

现在，我们来看看动词性名词。

动词性名词的构成涉及动词词干的叠音和加前缀 ò 或 ɔ̀，就像元音和谐研究所表述的那样。当复制 L 调或 M 调词干时，阿姆斯特朗证明单词复制部分的声调是 M。④

（7） a.　　ò + nyĭ + nyì　　　à nyì
　　　　　　埋葬　　　　　　　你埋葬
　　　b.　　ò + bĭ + bĭ　　　　à bĭ
　　　　　　携带　　　　　　　你携带
　　　c.　　ɔ̀ + hārā + hàrà　　à hàrà
　　　　　　陪伴　　　　　　　你陪伴

（7）中的例子可以通过假定复制音节预先赋值承载 M 调——M 是个充分赋值的自主音段——来进行解释，但考虑到复制带起始浮游 L 词干的动词性名词（如（6）所示），就证明 M 调复制音节一定是底层声调没有赋值的。该情况偏离了对 L 调和 M 调词干的一般概括，因为复制词干承载的是 LM 声调类型，这不像正规复制的 L 调和 M 调词干要具有 M（M）类型。该表现可以从词干底层形式带有起始浮游 L 的角度来加以解释。

例如，请看动词性名词 ɔ̀gbɛ̀hɛ̄gbɛ̀hɛ̄ "截断"。词干 ˈgbɛ̀hɛ̄ "截断" 是具有起始浮游 L 调的词干之一，该浮游 L 调阻断构成下降声调。如果我们假定雅拉语里的中调在底层不赋值，其后是由缺省指派的，那么（8）给出了 ˈgbɛ̀hɛ̄ 的底层形式。

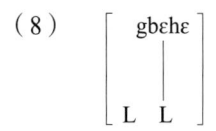

（8）　$\begin{bmatrix} gb\varepsilon h\varepsilon \\ | \\ L\ \ L \end{bmatrix}$

我们曾在（7a）和（7c）中看到 L 调在叠音中被复制。因此，动词性名词 ˈgbɛ̀hɛ̄ 的推导过程如下：首先复制词干。

（9） a.　　gbɛhɛ + gbɛhɛ
　　　　　　　　|
　　　　　　　L　L

叠音之后，应用通常的从左到右的联结规约。

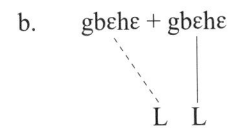

  b. gbɛhɛ + gbɛhɛ
      | |
      L L

加上前缀，并应用联结规约。

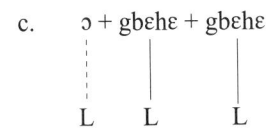

  c. ɔ + gbɛhɛ + gbɛhɛ
    | | |
    L L L

最后，由缺省将 M 调指派给剩下的元音。

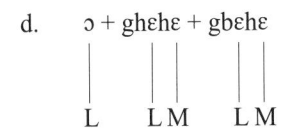

  d. ɔ + gbɛhɛ + gbɛhɛ
    | || ||
    L LM LM

这样，我们推导出正确的形式 ɔ̀gbɛ̀hɛ̄gbɛ̀hɛ̄。

  通过假设 M 调在雅拉语里不赋值，声调不自动延展，我们解释了为什么恰恰是动词词类阻断了 H 调从代词的延展而代词也在动词性名词的复制词干上推导获得了 L M 序列。如果 M 调是词库赋值的，那么就不得不给雅拉语的语法添加某条特定规则，以在（9）这种情况的复制词干上产生 L M 模式。

4. 约鲁巴语

  我要谈的下一个语言是约鲁巴语（一种主要在尼日利亚和贝宁地区使用的科瓦语）。跟雅拉语一样，约鲁巴语也有 H、M 和 L 三个对立声调，我认为，约鲁巴语的 M 调跟雅拉语的 M 调一样，都是底层未赋值的，是通过上面（4）那样的缺省规则指派的。

  作为第一个支持 M 调词库为不赋值的论点，我要谈一谈能产性的后词库元音删除规则。

4.1 V 删除

约鲁巴语的动词很典型，它具有 CV 结构，而名词则具有 VCV 结构……约鲁巴语的音节都是开音节，动词可以带三个调的任何一个调（例如，H：kó"建造"、M：kō"唱歌"、L：kò"拒绝"），而名词的起始元音仅限于带 M 或 L。⑤ 约鲁巴语的基本词序是 SVO，一个及物的句子通常具有 [... [ᵥCV][ₙₚVCV ...] ...] 这样的序列。在连续话语中，通常规则删除该序列中的其中一个相邻动词，我将这称为"V 删除"。具体要决定删除哪个元音，则是一个非常复杂的问题，这里不加讨论。⑥ 但在不考虑该音段问题的情况下，V 删除之后所导致的声调构型可以从底层声调模式中预知。

4.1.1 未赋值的 M 调

请看下列第一组例子，它们是 H 调动词后接 M 调起始名词的情况：

（10）　　　H 调动词 + M 调起始名词⑦
　　　a.　　rí īgbá　　→　　rígbá　　看见葫芦
　　　b.　　rí āṣō　　→　　ráṣō　　看见布
　　　c.　　rí ōbẹ　　→　　róbẹ　　看见汤

在（10）的所有例子中，在名词第一个元音 V 删除之前出现的 M 调，因 V 删除而消失。即使名词的元音保存下来，也确实如此。所以，删除前的 HMH 调型变成了 HH，HMM 变成了 HM，HML 变成了 HF（F=降调）。两个事实需要解释：（1）名词的 M 调为什么消失？（2）最后例子中的 L 为什么变成 F？如果假定 M 调在约鲁巴语里底层是未赋值的，那么这两个事实便得到了解释。也就是说，表层 M 调元音在底层是无调的，它的声调是通过缺省 M 插入（4）获得的。通过假定缺省 M 插入是在短语层面的 V 删除规则之后应用的，我们完全解释了元音删除条件下 M 调的"丢失"问题。例如，在（10a）的推导过程中，动词和名词都有如下的底层表达式，其中名词的第一个元音底层声调是未赋值的：

(11) a.　　ri　　igba
　　　　　　|　　　|
　　　　　　H　　 H

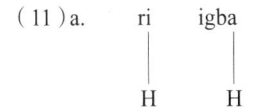

V 删除应用后，动词的 H 调成为了浮游调：

　　　b.　　r　　igba
　　　　　　　　　|
　　　　　　H　　 H

联结规约自动应用，将 ri 的 H 联结到 īgbá 的第一个无调元音上：⑧

　　　c.　　r　　igba
　　　　　　 \　　|
　　　　　　　H　 H

既然所有的元音现在都是声调赋值的，那么缺省 M 插入是不能应用的，因而推导获得表层形式 HH。

一个可比照的推导过程产生了 ráṣō "看见布"（10b）这样的例子。注意：在这个例子中，H 调成为了浮游调，它又重新联结，但不是延展；应用缺省 M 插入（4），将 M 调指派给名词的末尾元音：

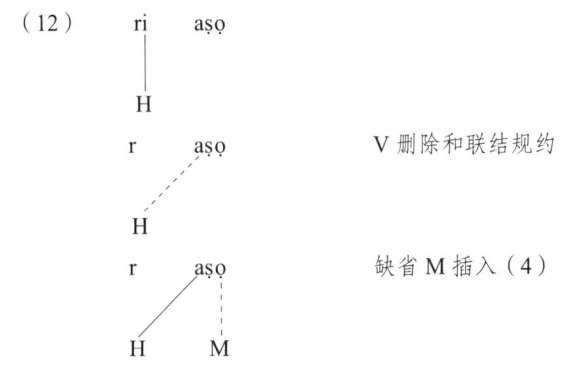

(12)　　　ri　　aṣọ
　　　　　|
　　　　　H

　　　　　r　　aṣọ　　　　V 删除和联结规约
　　　　　 \
　　　　　　H

　　　　　r　　aṣọ　　　　缺省 M 插入（4）
　　　　　 \　　|
　　　　　　H　 M

所有剩下的（10）中案例需要解释的是：(10c) 中 V 删除后为什么有个降调？正如后来所发现的那样，这个事实源自完全相同的假设，即 M 调底层不赋值。请看下面的例子：

(13) a.　　kò pọ̀
　　　　　不是丰富的

127

　　　　b.　kò dùn
　　　　　　是不甜的
（14）a.　ó pộ
　　　　　　是丰富的
　　　　b.　ó dûn
　　　　　　是甜的
　　　　c.　dídûn
　　　　　　甜

pọ̀ 和 dùn 的声调在音系上是 L，但在该 L 调紧接在一个 H 调之后时，已证实会出现一个急降调。这一点可以通过如下一条规则来解释，即将 H 调延展到后面的 L 调之上。

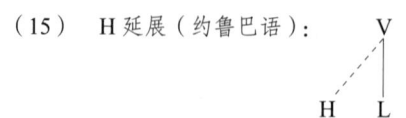

（15）　H 延展（约鲁巴语）：
$$\begin{array}{c} V \\ \diagup \ | \\ H \quad L \end{array}$$

例如，在 ó dûn（14b）中，代词的 H 调延展到动词的元音上：

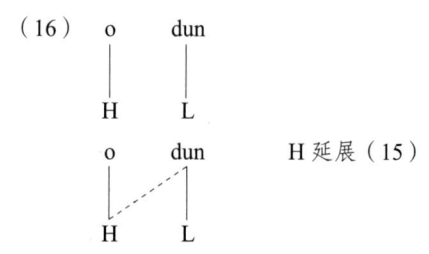

（16）　$\begin{array}{cc} o & dun \\ | & | \\ H & L \end{array}$

　　　$\begin{array}{cc} o & dun \\ |\diagdown & | \\ H & L \end{array}$　　H 延展（15）

再回到如何推导 rọ́bẹ（10c）的问题上来，请看假定名词宾语的起始 M 调是底层未赋值所产生的推导过程：

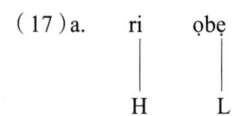

（17）a.　$\begin{array}{cc} ri & \text{ọbẹ} \\ | & | \\ H & L \end{array}$

由 V 删除和应用联结规约推导而得：

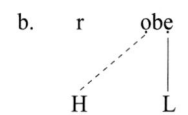

　　　b.　$\begin{array}{cc} r & \text{ọbẹ} \\ \diagdown & | \\ H & L \end{array}$

然后，应用 H 延展 (15)：

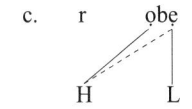

  c. r ọbẹ
     | |
     H L

因此，我们看到：(10)中所有的情况通过如下的假定都得到了解释：(1) M 调只通过缺省方式指派，(2) 约鲁巴语里有一条 H 延展规则。

4.1.2 已赋值的 L 调

当想到 V 删除对 H 调动词和 L 调起始名词序列产生的声调影响时，情况发生了巨变：

（18） H 调动词 + L 调起始名词
  a. kó èkọ̀ → ké̌kọ̀ 学功课
  b. rí ọ̀bẹ → ró̌'bẹ 看见小刀
  c. rí àpò → rápò 看见书包

在（18）的每个例子中，都将看到：巴格博斯（Bamgboṣe 1966b）所明确提出来的，如果名词的 L 调甚至在 V 删除后仍然出现，那么推导而来的声调表达式就会正如它所要出现的那样。

首先，请看 (18a)。èkọ̀ 末尾音节上的升调是由将 L 调延展到随后的 H 调元音上从而产生升调的规则所致：⑨

（19） L 延展： V
            L H

这条规则为约鲁巴语里没有低平调、高平调序列提出了正确的解释——该音系序列在语音上体现为低升调序列。L 延展将推导出如下像 ǐwẽ 这样的词：

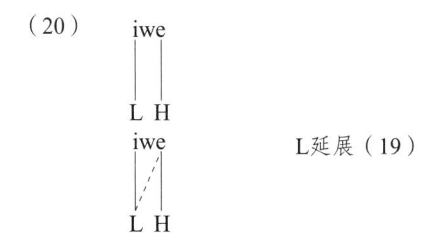

（20） iwe
    | |
    L H
    iwe   L 延展 (19)
    | |
    L H

现在请看 kékǫ（18a）的推导：

（21） a.　kǫ　ekǫ
　　　　　　|　　||
　　　　　　H　 L H

首先应用 V 删除：

　　　　b.　k　　ekǫ
　　　　　　|　　||
　　　　　　H　 L H

联结规约在此情况下是无法应用的，因为没有未联结的元音。但 H 延展（15）仍能应用，推导出：

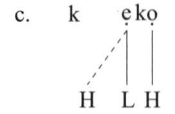

　　　　c.　k　　ekǫ
　　　　　　⸝⸜　||
　　　　　　H　 L H

L 延展（19）也应用，产生如下形式：

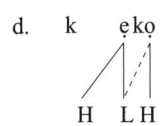

　　　　d.　k　　ekǫ
　　　　　　⸝⸜⸝⸜
　　　　　　H　 L H

（21d）中的形式基本上对应于亚伯拉罕（Abraham 1958）给出的形式 kéèkǫ，尽管亚伯拉罕在标音时把它标为了长元音。其他学者通常一致同意该案例中的第一个元音**不是长**元音（Ward 1952, Bamghoṣe 1966b, Courtenay 1971）。但目前尚不清楚的是，该案例中的第一个元音是否存在降调的问题。巴格博斯注意到：在一系列为此所做的声谱图中，"在相接触的元音中，只有四分之一表现出高降的音高模式"（Bamgboṣe 1966b:4）。某种迹象表明，该情况中的降与不降，可归因于方言上的差异，[⑩]标准约鲁巴语的通常情况是：H 延展规则（15）后接一条取消联结 L 的规则。

第四章 不充分赋值

（22） 取消联结（标准约鲁巴语）：

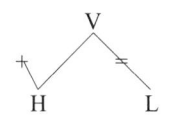

$$\begin{array}{c} V \\ +\diagup\ \diagdown= \\ H\quad\ \ L \end{array}$$

这条规则表示：当该序列的 H 不与之前的载调单位相联结时，L 将取消与降调序列的联结。注意：取消联结不是自动的，这是因为（a）有些方言没有取消联结；（b）如前所见，约鲁巴语里有可能有曲折调，但（通常）出现在后词库层面。

在 kékǫ 这类例子中，取消联结（22）将应用于（21）的输出项，如下图所示：

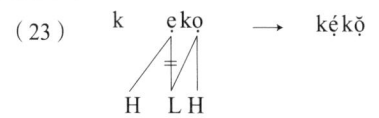

（23） $\begin{array}{c} k\quad e k o \\ \diagup\diagdown\diagup \\ H\ \ LH \end{array}$ → kékǫ

从不充分赋值的角度看，上述讨论中至关重要的地方在于（Bamgboṣe 1966b）：当该性质的短语 ...V₁ $\begin{bmatrix} \\ \\ \end{bmatrix}_{动词}$ V₂ ... $\begin{bmatrix} \\ \\ \end{bmatrix}_{NP}$ ...进行 V 删除时，底层出现的 H 和 L 不是与元音一起被删除，而是保留下来，并被某些规则做了重新分析，形成了表层声调模式。到推导的这个阶段，还没有插入 M 调，因此 M 调对声调结果还没有影响。在操作完所有声调的重新分布之后，就会插入那些出现在表层并已经过 V 删除的词中的成分。

再来看一下（18）中剩下的两个案例，我首先来谈（18c）rápò（即一种在 H 调之后的 L 调上没有出现陡降的 HL 序列）的推导：

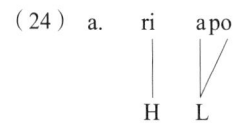

（24） a. $\begin{array}{c} \text{ri}\quad\text{apo} \\ |\quad\ \diagup| \\ H\quad\ L \end{array}$

应用 V 删除得到：

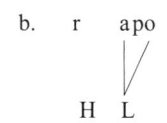

b. $\begin{array}{c} r\quad\text{apo} \\ \quad\diagup| \\ H\ L \end{array}$

131

就像 L 延展（19）那样，联结规约不能应用。应用 H 延展（15）：

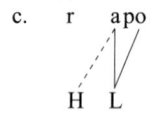

```
c.    r   apo
      |  /|
      H  L
```

然后应用取消联结（22），推导出最后形式：

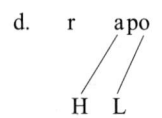

```
d.    r   apo
       \ /|
        H L
```

正如巴格博斯所指出的那样，rápò 末尾元音没有出现陡降，这一情况可直接归因于名词 àpò 的第一个元音上出现的 L 调。当 H 延展应用于起首 L 调的名词时，H 调所及范围不能超出第一个音节；另一方面，当这个 H 调已跟第一个音节的的元音相联结（如 17b 所示）时，那么它所涉及的范围可以通过 H 延展规则延伸到第二个音节上。因此，（17）和（24）在表层上的差异，可以通过 L 调和 M 调的词库表达式立刻得以解释。[11]

4.1.3 重新联结条件

所要研究的（18）中最后一种情况非常有趣，因为它涉及名词第二个元音上的中调，而按照本章的假设，这个中调在词库中是不赋值的。请看在推导 rọ́bẹ（18b）的过程中元音删除和 H 延展的结果。

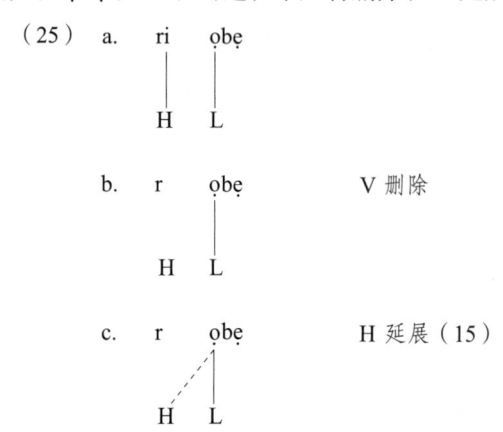

（25） a.   ri   obẹ
            | |
            H   L

      b.   r   obẹ   V 删除
            | |
            H   L

      c.   r   obẹ   H 延展（15）
            \ /|
             H L
```
```

照理，(25)中的结构形式在应用缺省 M 插入（4）之后推导出已证实的但不是标准的形式 rọ̀bẹ。要推导出标准形式，取消联结（22）就要应用到（25）的输出项上，产生（26）中的形式。

(26) r　　ọbẹ　　　　取消联结（22）
　　　｜╲　｜
　　　H　L

要推导出正确的表层形式（即 rọ́bẹ），(26)中的浮游 L 就必须不与未联结的元音 [e]（*rọ́bẹ）相联结。有两种方式可以做到这一点。第一种是在应用取消联结规则之前指派缺省值。若采用该方法，缺省 M 插入就要应用到（25）的输出项上，产生（27a）。

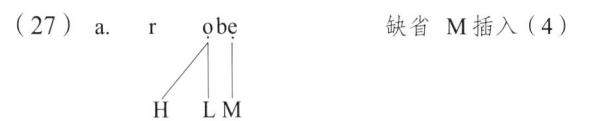

(27) a. r　　ọbẹ　　　　缺省 M 插入（4）
　　　　｜╲　｜╲
　　　　H　L　M

然后取消联结将推导出（27b）。

　　　b. r　　ọbẹ　　　　取消联结（22）
　　　　 ｜╲　｜
　　　　 H　L　M

这似乎是一种直截了当的解决方案，但从语言特有的音系规则角度对缺省规则进行外在化排序，就会产生不良的结果。这个问题将在本章 7.1 节中进行讨论。

另外一种方法是假定联结规约不应用于取消联结的输出项。因此，取消联结将会应用于上述（25）到（26）的推导过程中。然后，应用缺省 M 插入，推导出如下的（28）。

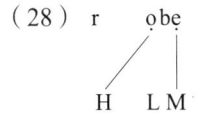

(28) r　　ọbẹ
　　　｜╲　｜
　　　H　L　M

要让这种方法起作用，就必须对联结规约的再次应用增加条件。这个条件可采用不同的形式。譬如，有人可能会提出，联结规约每扫描一次音系规则，就只用一次。也就是说，联结规约在每个循环上只用一次。[12]但这个解决方案需要给语法增加一条新的规则来解释上述（11）和（12）例子中的联结问题。此外，这条新的规则只是重复了联结规约的作用。另外，还有其他语言的证据表明，联结规约重复应用通常是自动的。我们将在第六章讨论马尔吉语时看到这方面的一个例子。

另一种可能性是假定当规则具体取消了与某个自主音段的联结时，那么联结规约就**不会**应用重新与那个音段相联结。[13]

（29）重新联结条件：当一条形式为...X...的规则应用时，F_i不受制于那个循环上由规约行使的重新联结。
$$\begin{matrix}\neq\\F_i\end{matrix}$$

为防止出现如下情况，似乎就需要像（29）之类的某些条件：重复规则取消与自主音段联结，然后又重新被联结到同一个核心槽位上，再被同一个规则取消联结，又由规约重新联结起来，等等。

很显然，需要对这一领域做进一步的研究。第五章将对汤加语里一个相关的案例进行研讨。有关与此问题相关的另一个约鲁巴语的例子的讨论，见艾金拉比（Akinlabi 即出）。另外对约鲁巴语里有关降阶 M 的讨论，见巴格博斯（Bamgboṣe 1966b）和库尔特内（Courtenay 1971）。

4.1.4 M 调动词：底层无调的更多证据

鉴于上述讨论，就很轻松地推导出 M 调动词序列中的声调结果。具有代表性的形式，见如下的（30—31）。

（30）　　M 调动词 + M 调起始名词
  a.　ṣē īṣé　　→　　ṣīṣé　　干活
  b.　mū ēmū　　→　　mēmū　　喝棕榈酒
  c.　pē ājò　　→　　pējò　　杀条蛇

（31）　　M 调动词 + L 调起始名词
  a.　ṣē òrẹ̌　　→　　ṣòrẹ̌　　是朋友
  b.　pā òbō　　→　　pòbō　　杀个猴子
  c.　ṣē òfò　　→　　sòfò　　哀悼

如果两个无调动词相邻出现，并且如（30）那样其中一个被删除，那么可以预知剩下的元音表层体现为 M。例如，请看（30a）s̩īs̩ḛ 的推导过程：

（32）　s̩e　is̩e
　　　　　　｜
　　　　　　H

　　　　s̩　is̩e　　　　　V 删除
　　　　　　｜
　　　　　　H

　　　　s̩　is̩e　　　　　缺省 M 插入（4）
　　　　　｜
　　　　　MH

一般而言，当无调（即 M 调）元音被删除时，其后名词的声调就不会受到影响。其中一个例子是 s̩òfò（31c）：⑭

（33）a.　　s̩e　 ofo
　　　　　　　　＼｜
　　　　　　　　　L

　　　b.　　s̩　 ofo
　　　　　　　　＼｜
　　　　　　　　　L

不用在词库中为 M 调赋值，就可以解释删除 M 调元音不产生对声调的任何影响的情况。

4.1.5　L 调动词：中和化音变的例证

就涉及 L 调动词的 V 删除而言，其声调结果与 M 调动词完全相同。

（34）　　L 调动词 + M 调起始名词
　　a.　/dì ōjú/　　→　　dījú　　　合上眼睛
　　b.　/wò āṣō/　　→　　wōṣō　　穿衣服
　　c.　/jà ōlè/　　→　　jālè　　　偷窃

（35）　　L 调动词 + L 调起始名词
　　a.　/kà ìwé/　　→　　kàwě　　阅读
　　b.　/rà òbē/　　→　　ròbē　　买把刀子

c. /là ònà/ → lànà   策划

在及物 L 调和 M 调动词的场合发生的中和化是由一般性规则所致，该规则致使 L 调动词在紧靠词库宾语之前出现时体现为 M 调。⑮

（36）a.　[_V rò]　　　　　　　　　是柔软的
　　　 b.　ó [_V rō][_NP rírò èkō]　　感觉像艾柯那样柔软
（37）a.　[_V dùn]　　　　　　　　是甜的
　　　 b.　ó [_V dūn][_NP dídùn ōyīn]　尝起来像蜜一样甜

这种 L~M 的中和化，可用 L 删除规则加以解释：

（38）　　L 删除：　　L → Ø / _____]_V [_NP

例如，（37b）的推导过程如下。在后词库音系的输入项中，M 调是不赋值的。

（39）a.　o [_V dun][_NP didun oyin]
　　　　　 |　 |　 |　|
　　　　　 H　L　H L

动词 dùn 的 L 是被 L 删除规则（38）删除的。

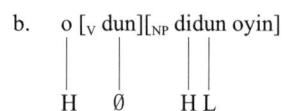

　　　 b.　o [_V dun][_NP didun oyin]
　　　　　 |　 |　 |　|
　　　　　 H　Ø　H L

随后将 M 指派给所有承载声调的元音。

　　　 c.　o dun didun oyin
　　　　　 |　|　 |　| | |
　　　　　 H M　H L MM

一旦发生 L 删除，通过假定 L 删除（38）排在 V 删除之前，就可以与类似于（30）和（31）中的 M 调方式推导出（34）和（35）中的所有 L 调例子。

4.2 高调的一致性

在讨论 V 删除时，我们看到：一方面中调之间而另一方面低调和高调之间都存在着系统性的不对称性。通过把 M 调分析为底层无调元音推导而来，把 L 调和 H 调分析为底层已赋值，已对这种不对称性做出了解释。该案例中所观察到的声调不对称性，不限于 V 删除的例子。例如，下面例子中就出现了类似的不对称性：

（40） a.　Ṣégūn ò lọ　　　塞冈没有去
　　　 b.　Ṣégūn á lọ　　　塞冈将要去
（41） a.　Ṣégún lọ　　　　塞冈去了
　　　 b.　Ṣégún tī lọ　　　塞冈已去了
　　　 c.　Ṣégún á lọ　　　塞冈将要去

在（40）的句子中，我们在主语位置上也看到了 H M 调型，该调型是已被验证出现在单读时的名词 Ṣégūn 之上。但在（41）的句子中，单读时的 H M 调型被 H H 调型取代。这类交替现象在文献中受到极大关注，如巴格博斯（Bamgboṣe 1966a, 1980）、库尔特内（Courtenay 1969）、弗雷斯克（Fresco 1970）、奥耶拉兰（Oyelaran 1971）、施塔尔克（Stahlke 1974）、艾沃布鲁伊（Awobuluyi 1975）。有学者提出，这些替代现象源自出现或插入在主语与其后动词短语之间的 H 调标记。各种分析有所不同，主要在于这个标记是底层指派的音段还是应当把它视为纯声调性的。分析差异很大，还在于这个 H 调的标记有何功能。本节只关注这个 H 调标记对其前面的名词产生什么影响，因为它的功能如何，对目前的论点并不重要。

我把 H 调标记分析为联结到元音未赋值的 V 槽位上的 H 调自主音段。这个构形成分是作为主语名词短语右边第一个成分引入句法之中的。[16] 在连续语流中，H 调标记的 V 槽位一般要被删除的，因而留下该浮游 H 调。[17] 在某些场合——诸如在 H 调结尾的名词之后（如 Délé "人名"），就**必须**删除它；但在其他某些场合——诸如在 MHM 调型结尾的名词之后（如 ālášọ "布料销售者"），也可以不删除。H 调标记出现在一组可用时态、极性对立等界定的场合之中。[18] 例如，它出现在（41）的场景中，但不出现在（40）之中。（注意它在（40b）~（41c）之中的选择性。）

不充分赋值的关键所在是：只要当这个构形成分的 V 槽位被删除时，它的 H 调都会与剩下部分的第一个元音相联结。[19]

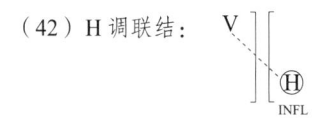

（42）H 调联结：

有了这样的理念，请看 H 调标记对约鲁巴语三个可能声调结尾的名词的影响，我在每个案例中都会阐释 V 槽位删除之后 H 调标记的形式。

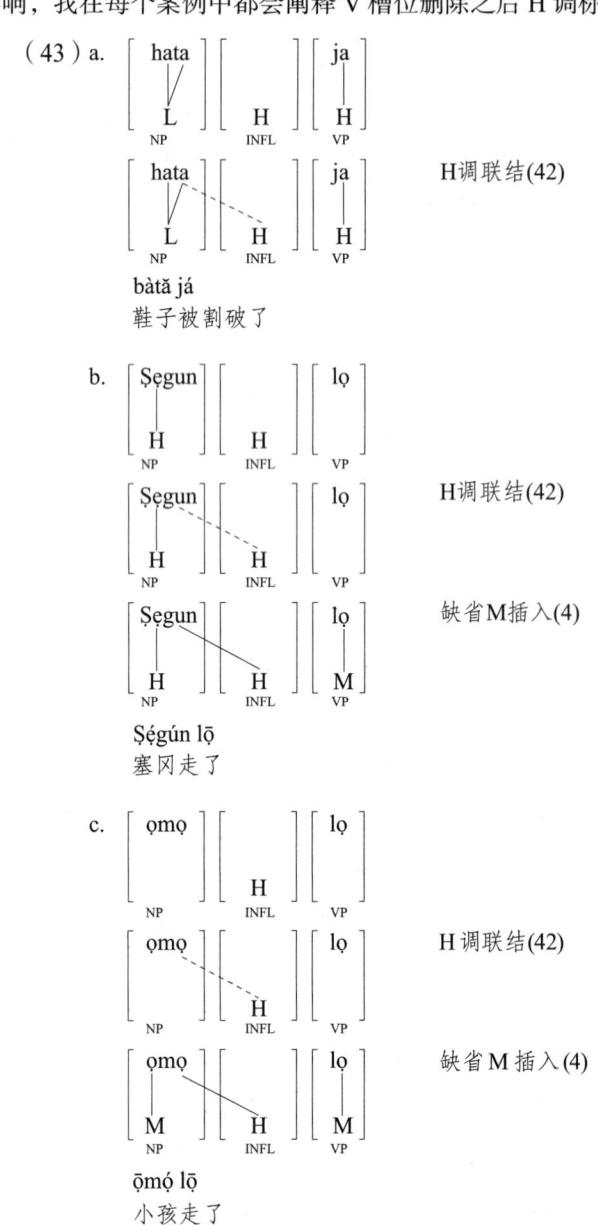

(43) a.
$$\begin{bmatrix} \text{hata} \\ | \\ \text{L} \\ \text{NP} \end{bmatrix} \begin{bmatrix} | \\ \text{H} \\ \text{INFL} \end{bmatrix} \begin{bmatrix} \text{ja} \\ | \\ \text{H} \\ \text{VP} \end{bmatrix}$$

$$\begin{bmatrix} \text{hata} \\ | \\ \text{L} \\ \text{NP} \end{bmatrix} \begin{bmatrix} | \\ \text{H} \\ \text{INFL} \end{bmatrix} \begin{bmatrix} \text{ja} \\ | \\ \text{H} \\ \text{VP} \end{bmatrix} \quad \text{H 调联结(42)}$$

bàtă já
鞋子被割破了

b.
$$\begin{bmatrix} \text{Ṣegun} \\ | \\ \text{H} \\ \text{NP} \end{bmatrix} \begin{bmatrix} | \\ \text{H} \\ \text{INFL} \end{bmatrix} \begin{bmatrix} \text{lọ} \\ \\ \\ \text{VP} \end{bmatrix}$$

$$\begin{bmatrix} \text{Ṣegun} \\ | \\ \text{H} \\ \text{NP} \end{bmatrix} \begin{bmatrix} | \\ \text{H} \\ \text{INFL} \end{bmatrix} \begin{bmatrix} \text{lọ} \\ \\ \\ \text{VP} \end{bmatrix} \quad \text{H 调联结(42)}$$

$$\begin{bmatrix} \text{Ṣegun} \\ | \\ \text{H} \\ \text{NP} \end{bmatrix} \begin{bmatrix} | \\ \text{H} \\ \text{INFL} \end{bmatrix} \begin{bmatrix} \text{lọ} \\ | \\ \text{M} \\ \text{VP} \end{bmatrix} \quad \text{缺省 M 插入(4)}$$

Ṣégún lọ̄
塞冈走了

c.
$$\begin{bmatrix} \text{ọmọ} \\ \\ \\ \text{NP} \end{bmatrix} \begin{bmatrix} | \\ \text{H} \\ \text{INFL} \end{bmatrix} \begin{bmatrix} \text{lọ} \\ \\ \\ \text{VP} \end{bmatrix}$$

$$\begin{bmatrix} \text{ọmọ} \\ \\ \\ \text{NP} \end{bmatrix} \begin{bmatrix} | \\ \text{H} \\ \text{INFL} \end{bmatrix} \begin{bmatrix} \text{lọ} \\ \\ \\ \text{VP} \end{bmatrix} \quad \text{H 调联结(42)}$$

$$\begin{bmatrix} \text{ọmọ} \\ | \\ \text{M} \\ \text{NP} \end{bmatrix} \begin{bmatrix} | \\ \text{H} \\ \text{INFL} \end{bmatrix} \begin{bmatrix} \text{lọ} \\ | \\ \text{M} \\ \text{VP} \end{bmatrix} \quad \text{缺省 M 插入(4)}$$

ọ̄mó lọ̄
小孩走了

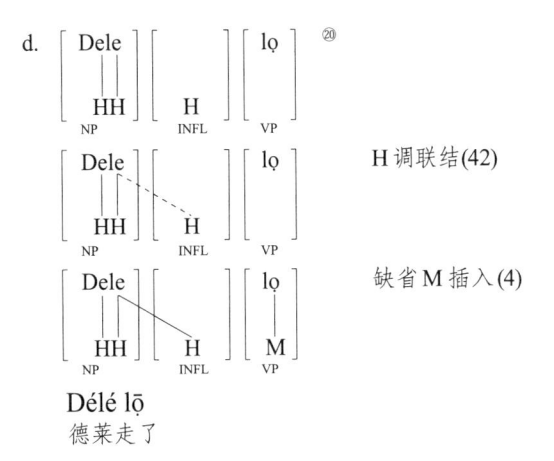

d. [Dele] [ ] [lọ] ⑳
   ||| | ||
   HH   H   VP
   NP   INFL

[Dele] [ ] [lọ]   H调联结(42)
||| | ||
HH   H   VP
NP   INFL

[Dele] [ ] [lọ]   缺省M插入(4)
||| | ||
HH   H   M
NP   INFL VP

Délé lọ̄
德莱走了

有了上述分析，我们就可以预测到所有案例中的正确表层形式。当H调标记与H调元音相联结（43d）时，就不存在对声调的作用。当它与L调元音相联结时，就会产生一个声调（43a）。当H调与"M"调元音相联结（43b）和（43c）时，"M"调就会完全失去——这是本章讨论的关键所在。这是在无底层M调赋值的分析中顺理成章得出来的。

在继续讨论上述不充分赋值的某些意义之前，我首先谈一谈其他不需要不充分赋值的研究方法。

4.3 不充分赋值的替代方法

尼克·克莱门茨向我指出还有一种不同的看待约鲁巴语里M调的方法，该方法假定M调是在词库中赋值的，但在各种多重联结中被删除。[121]也就是说，可以设定一条删除M调的曲折调简化规则：

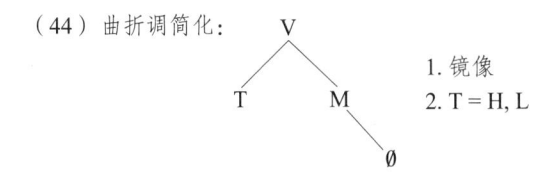

（44）曲折调简化：
```
      V
     / \
    T   M      1. 镜像
         \     2. T = H, L
          Ø
```

这条规则看似很自然，但若用于约鲁巴语，就会产生许多问题。

首先需要注意的是，规则确实必须**删除**M调，不是简单地取消它的联结。这是必要的，因为曲折调简化一定要馈给 H 延展规则，如下例 róbẹ（17）所示：

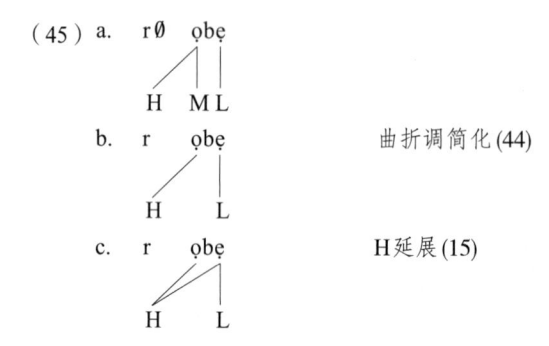

（45）a.　rØ　ọbẹ
　　　　　　│╲　│　│
　　　　　　H　M　L

　　　b.　r　　ọbẹ　　　　　曲折调简化(44)
　　　　　　│╲　　│
　　　　　　H　　　L

　　　c.　r　　ọbẹ　　　　　H延展(15)
　　　　　　│╲╲　│
　　　　　　H　　　L

然而，眼前的问题是如何推导出（45a）中的结构形式。应用 V 删除，将产生（46）中的声调调型。

（46）　　r　ọbẹ
　　　　　│　│　│
　　　　　H　M　L

要想推导出（45）中的结构形式，就需要把一条特定联结规则引入到语法里。此外，要注意的是：这条新的特定规则不能与 H 延展一起失效，因为 H 延展既可应用于已联结的 H 调，也可应用于浮游 H 调（如例（16）和（17）分别所示），而新规则必须仅限于浮游 H 调。这种限制是必须的，因为 H 调不延展到 M 调上，如下例所示：

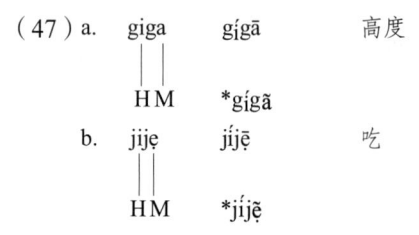

（47）a.　giga　　　gígā　　　高度
　　　　　 ││　　　　
　　　　　 HM　　　*gígā

　　　b.　jijẹ　　　jíjẹ̄　　　吃
　　　　　 ││
　　　　　 HM　　　*jíjẹ̄

因此，存在像曲折调简化这样的规则，就需要引入否则没有理据的联结规则。

另外，需要曲折调简化规则**删除** M 调，也会产生问题。请看（48）

中的例子，它们是从上文（12）和（43）那里（但增加了 M 调）复制而来。

（48）a. ri aṣọ b. ọmọ lọ
　　　　　｜ V　　　　 V ｜
　　　　　H M　　　　 M H M

V 删除和新的联结规则应用于（48a），H 调联结（42）应用于（48b），将推导出如下形式：

（49）a. r aṣọ b. ọmọ lọ
　　　　　 V　　　　　 V
　　　　　H M　　　　 M H M

由于曲折调简化一定要删除多重联结的 M 调，它的应用将会产生（50）中的这种形式。

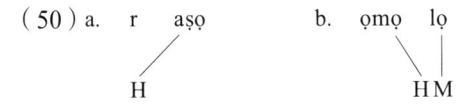

（50）a. r aṣọ b. ọmọ lọ
　　　　　｜　　　　　 V
　　　　　H　　　　　 H M

由于接受曲折调简化假设的原因是排除对缺省规则的需要，这就意味着（50）那样的例子因而有由应用（自动）延展完成并产生不符合语法的形式 *ráṣọ́ 和 *ọ́mọ́ lọ̄ 的推导。假若因为这个 M 调与不止一个元音相联结，就要假定在此情况下需要阻断曲折调简化，那么这将会在此情况下错误地预测到曲折调 H͡M 和 M͡H。因此，不能如（48）那样在词库中对 āṣọ 和 ọ̄mọ̄ 进行表征。

人们于是不得不持有的观点是提出不止一个词库 M 调的表达式：

（51）a. aṣọ b. ọmọ
　　　　　｜｜　　　　 ｜｜
　　　　　M M　　　　 M M

按照简单化标准尺度的任何版本，这种表达式都是比较复杂的，因此没有很高价值，因为它们需要**两个声调音段**和**两条联结线**，以此与（48）所假定的表达式需要的**单个声调音段**（和**两条联结线**）形成对照。

141

最后，如果M调在约鲁巴语里是词库设定的，有人一定就会交代它们若不被删除为何从不在规则描写中出现。也就是说，M调从未构成规则的触发语境，也从未成为延展这类非删除规则中的焦点。全赋值方法无法对此做出解释。

在结束约鲁巴语的讨论转而探讨缺省规则性质之前，还有几个问题应当澄清。上述对约鲁巴语和雅拉语的分析，关键取决于允许某些载调单位在底层声调赋值。这个观点本身并不是创新之举。一种可能的底层表达式是一个无声调赋值的词条，这一点对于自主音段理论来说，至关重要。这里与之前大多数观点的不同之处在于，声调赋值可以由缺省规则实施，而非只由联结和延展规则实现。在本章余下部分，我将考察本研究主张的一些缺省规则的性质问题，尤其要探讨下面这一说法的意义所在：普遍语法理论为缺省值的指派提供规则。采纳这一观点，做出的预测是：缺省规则将表现出很明显的跨语言的相似性；也有人预测：缺省规则性质之间的差异将仅限于某些具体参数。显然，这是发展缺省规则理论最应采纳的强硬立场，也是本研究将要采纳的立场。

5. 缺省规则的值

第一个我在探讨缺省规则性质时要谈的实质性问题是，声调缺省规则指派的具体的值。首先，请看本章已讨论过的约鲁巴语和雅拉语的情况。在两种语言里，我们都看到了缺省调为中调的三声调系统。有人提出，表层体现为中调的元音应当底层声调是不赋值的，只有当它们在推导过程中未与非中调自主音段相联结时，表层才体现为中调。这一研究方法从底层声调性自主音段存在与否的角度看，既说明了H与L之间的不对称性，也解释了与M的不对称性。如下面约鲁巴语的例子所示：

(52) a.　mọ　　　=　　mó
　　　　 |　　　　　　是干净的
　　　　 H

　　b.　mọ　→　　mọ　　=　　mọ̄
　　　　　　　　　 |　　　　　是受限制的
　　　　　　　　　 M

　　c.　mọ　　　=　　mọ̀
　　　　 |　　　　　　知道
　　　　 L

约鲁巴语里的 V 槽位有三种可能的声调词库表达式，它们都得到了不同的特征赋值。

　　M 在三声调系统中是个缺省值，该观点得到了汉语和非洲语言的支持。赖特（Wright 1983）提出：在潮州话和厦门话里，中调构成了缺省例证。至于四声调系统，凯耶和库普曼（Kaye and Koopman 1982）指出 M 是贝特语（科特迪瓦的克鲁语之一）的缺省声调。

　　然而，在我们转到像蒂弗语和马尔吉语这样的两声调系统时，情况截然不同。例如，在马尔吉语里，我们在第三章中看到词干和后缀均可以带 H 或 L 调，如下所示：[21]

(53) a.　ta + ba　　　→　　tábá
　　　　 H　H　　　　　　　
　　　　 烹饪　　　　　　　全都烹饪

　　b.　na + ɗa　　　→　　ná ɗà
　　　　 H　L
　　　　 给　我　　　　　　给我

　　c.　mbu + ŋgəri　→　　mbùŋgérí
　　　　　　 L　H
　　　　 缝纫　上到　　　　缝上去

```
     d.  ptsa + 'ya       →        ptsà'yà
         L     L
         烘烤  我们                  给我们烘烤
```

此外，词干可以是无调的——在此情况下，它们的声调是由后缀声调决定的。

```
（54）a.  məl + ia        →        máliá
              H
         做                        做（准备）
     b.  hər + ɗa        →        hər ɗà
                  L
         带来  我                   给我带来
```

与此类似，如果后缀是无调的，那么它就要从词干获得声调赋值。

```
（55）a.  tsa + ri        →        tsárí
         H
         击打                      敲打在
     b.  nə + ri         →        nə̀rì
             L
         说                        告诉一个人
```

第三章已论证了在马尔吉语里某些前缀结果获得的缺省调是 L。当我们把无调词干与无调后缀组合起来看到所发生的事情时，这一点得到了印证。在此情况下，组合形式自始至终一直表层体现为 L 调。

```
（56）a.  hya + ani       →        hyàni
         升起                      起来！醒一醒！
     b.  fa + ri         →        fàrì
         拿走（许多）               拿走（许多）！
```

如在马尔吉语里那样，我们在第三章中已看到蒂弗语的缺省声调是 L。因此，蒂弗语和马尔吉语里的无调元音结果是缺省 L 调，而约鲁巴语和雅拉语里的无调元音结果是缺省 M 调。

这产生了很多问题：我们能否对何时出现与缺省 M 调形成对照的缺省 L 调做出预测？何为 H、M 和 L 的区别特征表达式？底层对立的 H、L 与 0 是否构成偶值特征的三元使用？

5.1 声调特征与缺省值

迄今为止，我们已讨论了缺省规则，它们指派缺省声调，仿佛指派的声调是某种不可分隔单位的一部分。当然，事实不是这样：声调跟其他音段一样，都是由区别特征赋值组成的。所以，在我就缺省声调音段性质提出确切建议之前，有必要对我所假定的组成这些声调的特征进行一番讨论。

叶琳娜（Yip 1980）和克莱门茨（Clements 1981a）提出了声调特征的层级体系。叶琳娜提出：特征 [上部（调域）]（upper）的作用是将音高域分为两个调域，她的第二个特征 [高调] 再将每个调域分为两个次调域。根据莫里斯·哈勒的建议，我对她的第二个特征 [提升]（raised）进行重新命名，以此将它与音段特征 [高]（high）区别清楚，同时也可以避免出现 [+ 高调] 意味着自主音段 H 的任何示意。

叶琳娜的声调系统确认有四个基本音高层级，如下（57）所示。

（57）

	+ 提升	H
+ 上部	− 提升	HM
− 上部	+ 提升	M
	− 提升	L

克莱门茨的观点与叶琳娜的极为相似，不同之处在于：叶琳娜提出的是两个特征，而克莱门茨则认为只有一个特征，并多次使用这个特征来创建声调层级体系。有关层级性声调特征体系的基本论点，读者可参见叶琳娜（Yip 1980）和克莱门茨（Clements 1981a）。

假定特征体系如（57）所示，那么缺省值应当如何表述？有几个重点需要考虑:(1)有关缺省规则的最强假设是,它们是由普遍语法提供的。(2)如果缺省规则是由普遍语法提供的,那么我们如何让 L 和 M 作为声调的缺省值出现?(3)就已知的一门语言而言,我们能否就缺省声调是 M 还是 L 做出预测?

M 和 L 都是以 [−上部] 赋值的。因此,就特征 [上部] 而言,我提出普遍提供的缺省规则如下(58)所示。

(58) Ⓥ → V
                |
              [−提升]

至于 [提升],我认为:当三四个声调得到体现时,由普遍语法指派的缺省值是 M;因此,[提升] 将由(59)中的规则指派适当的值。如何为像马尔吉语和蒂弗语那样的语言推导出缺省 L 调的问题,将稍后回来再议。

(59) Ⓥ → V
                |
              [+提升]

(58)和(59)中所给出的两个缺省规则组合起来,可让 M 变成无标记的声调。要获得(57)中所呈现的四个声调,所需要的最低限度赋值和缺省规则所填的特征的作用,如(60)所示。

(60) a. V   V   V
         | | |
        [+提升] →   ⎡+上部⎤   =   H   规则(59)
                      ⎣+提升⎦

     b.   V   V
            | |
          ⎡+上部⎤   =   MH
          ⎣−提升⎦

c.
$$\underset{\text{Ⓥ}}{} \to \overset{V}{\underset{\begin{bmatrix}-\text{上部}\\+\text{提升}\end{bmatrix}}{|}} = \overset{V}{\underset{M}{|}} \quad 规则（58）和（59）$$

d.
$$\overset{V}{\underset{[-\text{提升}]}{|}} \to \overset{V}{\underset{\begin{bmatrix}-\text{上部}\\-\text{提升}\end{bmatrix}}{|}} = \overset{V}{\underset{L}{|}} \quad 规则（58）$$

5.2 缺省 L 与缺省 M

既然已有前一节所概述的声调特征研究方法，那么现在就可以更为准确地认定出现在蒂弗语、约鲁巴语和雅拉语中的声调了。

首先看一看约鲁巴语和雅拉语的三声调系统，（5）中标示为 H、M 和 L 的声调与本章讨论中所确认为 H、M 和 L 之间存在着明确的对应关系。也就是说，在讨论约鲁巴语时所称之为 H 的声调，其词库形式为 [+上部]，L 的词库形式是 [-提升]。应用缺省规则，把这些赋值扩充为 [+上部，+提升]（H）和 [-上部，-提升]（L），并将 [-上部，+提升]（M）赋值指派给任何没有声调赋值的元音。

在诸如蒂弗语和马尔吉语的两声调体系中，情况并不是很清楚。回想一下，在应用缺省规则之前，蒂弗语或马尔吉语里的元音可能带 H 或 L 调，也可以不带调。问题是：如果我们假定蒂弗语和马尔吉语里的 H 和 L 与约鲁巴语和雅拉语里的 H 和 L 具有相同的特征构成，还假定两类语言具有相同的缺省规则，那么我们将错误地做出预测：在蒂弗语和马吉尔语里是缺省 M 调而非缺省 L 调。现有两种基本方法解决这个问题：第一种是假设两套语言在 H 和 L 调的表征各不相同（但缺省规则则是一样的）；第二种是假设两套语言具有相同的词库层面赋值的声调表达式，但缺省规则应用方式则不同。

下面几节将开始对第一种方法进行考察，并对它予以否定，然后提出应用第二种方法的一种解决方案。

5.2.1 偶值与三值特征

对于像约鲁巴语之类的三调体系，就需要特征 [提升] 来表达出两个非高声调之间的差别；对于像蒂弗语之类的两调体系，可能的设想是，因只有一个非高调故而就无须特征 [提升]。在此设想下，有人就可能将词库赋值的 L 和 H 调表征如下：

（61） [+ 上部] = H
　　　 [− 上部] = L

应用（58）中的缺省规则，将 [− 上部] 指派给任何未赋值的元音。注意：在此设想下，推导出正确结果取决于 [提升] 的缺省规则也是否应用。如果不应用，那么 H 和 L 的最终赋值将如（61）所示；如果应用，那么 H 和 L 的最终赋值分别是 [+ 上部，+ 提升] 和 [− 上部，+ 提升]。

然而，该研究方法在我们实际是否推导出三值特征体系方面产生了许多问题。也就是说，通过允许 [+ 上部]、[− 上部] 以及无 [上部] 的词库赋值，我们是否正推导出莱特纳（Lightner 1963）和斯坦利（Stanley 1967）**反对不充分赋值特征矩阵提出来的那类批评意见所针对的体系**？为了确认是否属实，我在此简要回顾一下反对特征不充分赋值理论的立场。[22]

凯巴斯基（Kiparsky 1982a：60—61）已对基本论据做了很好的总结：

（62）莱特纳（Lightner 1963）和斯坦利（Stanley 1967）提出：如果允许规则应用于含有不赋值特征的矩阵，那么区别性的标准概念就变得不合逻辑，结果实际上面对三值特征系统。假如我们有 A、B 和 C 三个音段，它们词库赋值为 F_1、F_2 和 F_3 三个特征，如下所示：

[2]　　　　　　　/A/　　/B/　　/C/
　　　F_1　　　 +　　　0　　　 −
　　　F_2　　　 −　　　−　　　 −
　　　F_3　　　 −　　　−　　　 −

在偶值特征体系中，两个音段 P 和 Q 若在某个特征上具有相反的值 + 和 −，那么它们就是有区别的。这一点将使（2）中的 A 与 C 不同，B

与其他两个无区别。然而，如果允许规则应用于（2）中的矩阵，那么这些规则不可避免地能够使三个都有所不同。假设我们有下列规则：

[3]　a.　　$[+F_1]$　　→　　$[+F_2]$
　　　b.　　$[-F_1]$　　→　　$[+F_3]$

如果我们假定 [0F] 不能分析为 [+F] 和 [-F]，那么 [3] 应用于 [2]，得出[23]

[4]　　　/A/　　/B/　　/C/
F_1　　+　　　0　　　−
F_2　　+　　　−　　　−
F_3　　−　　　−　　　+

如果我们假定 [0F] 能分析为 [+F] 和 [-F]，那么 [3] 应用于 [2]，得出

[5]　　　/A/　　/B/　　/C/
F_1　　+　　　0　　　−
F_2　　+　　　+　　　−
F_3　　−　　　+　　　+

在 [4] 和 [5] 中，三个音段在技术上都是彼此不同的。但是，不能允许规则以把非区别性表达式变成区别性的方式应用。那么，我们就要把"0"确认为第三个特征值，这样 B 就有别于（2）中的 A 和 C。但这并不令人满意，因为我们在音系组件的操作中不使用额外的特征值"0"。那个形式中的理论拥有语法中不使用的表达力，结果损失了解释上的充分性。（见 60~61 页）

注意：莱特纳和斯坦利提出的问题同样应用于自主音段表达式。请再看一下凯巴斯基引文中如 [2] 所给出的特征赋值。如果 F_1 位于一个音层，F_2 和 F_3 是在另外的音层上表征的，那么就可能有一个类似于 [2] 的自主音段表达式，如下所示：

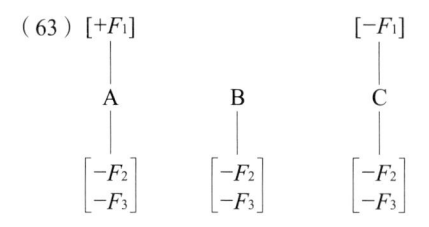

（63）　$[+F_1]$　　　　　　　$[-F_1]$
　　　　　|　　　　　　　　　　|
　　　　　A　　　　B　　　　　C
　　　　　|　　　　|　　　　　|
　　　　$[-F_2]$　$[-F_2]$　　$[-F_2]$
　　　　$[-F_3]$　$[-F_3]$　　$[-F_3]$

（64）中给出了两条类似于 [3a] 和 [3b] 的自主音段规则。

（64）a.　[−F$_2$]　→　[+F$_2$]　/　＿＿＿
　　　　　　　　　　　　　　　　　　|
　　　　　　　　　　　　　　　　　　X
　　　　　　　　　　　　　　　　　　|
　　　　　　　　　　　　　　　　　[+F$_1$]

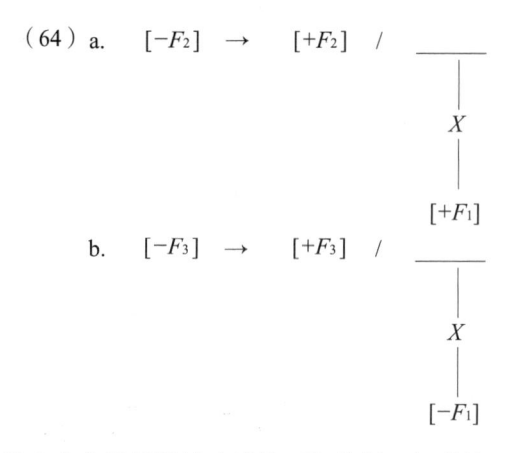

　　　b.　[−F$_3$]　→　[+F$_3$]　/　＿＿＿
　　　　　　　　　　　　　　　　　　|
　　　　　　　　　　　　　　　　　　X
　　　　　　　　　　　　　　　　　　|
　　　　　　　　　　　　　　　　　[−F$_1$]

正常自主音段规约认为槽位不与特征 F 相联结。如果该规约不能作为 [+F] 或 [−F] 进行分析，那么（64）应用于（63）将产生：

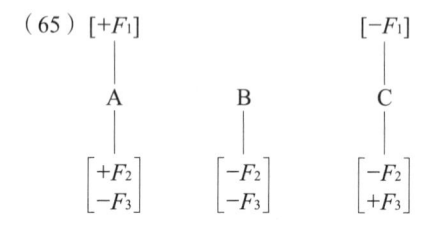

（65）[+F$_1$]　　　　　　　　　　[−F$_1$]
　　　　|　　　　　　　　　　　　　|
　　　　A　　　　　　B　　　　　　C
　　　　|　　　　　　|　　　　　　|
　　　[+F$_2$]　　　[−F$_2$]　　　[−F$_2$]
　　　[−F$_3$]　　　[−F$_3$]　　　[+F$_3$]

无须过度抨击这一点，对（65）的考察就应证明：转变成自主音段表达式，不影响反对不充分赋值的论点。因此，创建与底层非区别性表达式的区别性表达式，这是独立于表达式类型（即音段性与自主音段性）之外的问题。

所以，很清楚，我们正在采用（61）中的观点——即 [+ 上部]、无调和 [− 上部] 三个特征赋值将对应于（63）中的 A、B 和 C 三个音段——来争取三值的可能性。这有两种可能性。一是 [+ 上部]、[− 上部]、无调的主张是不正确的，一是音系学理论必须允许三值力量（ternary power）。如果最后证明三值力量是必要的，那么有人就一定会下结论，提出不要理会莱特纳和斯坦利对不充分赋值的批评，这不是因为存在可避免他们所描述的陷阱的一种方法，而是因为需要三值特征体系的额外力量。但是，让＋和－两个特征词库赋值的方法存在着几个问题。例如，可以预知别的特征应呈现出声调体系中可观察到的同一种三值对立。也就是说，如果声调需要三值力量，那其他特征为什么不需要？该研究方法将会古怪地声称：像蒂弗语这样的语言以三值方式使用[上部]特征，但完全不用[提升]特征。而且该研究方法将预测存在着一种用两个声调特征完成六种方式的声调对立、两个特征完成六种方式的不同元音高度等的语言。

5.2.2 调域属下的缺省规则应用

接受特征的三值使用，将要涉及对音系学理论做一番激进的重新思考。这里，我将采纳一种较为保守的观点，认为特征应是偶值的，蒂弗语或马尔吉语之类语言里所观察到的那类三种方式的声调对立，可以通过更为具体地对缺省规则应用方式的思考来加以解释。具体地说，重要的是看一看特征为什么获得赋值？有两个明显且重要的原因：特征赋值可能是在构建语言的音系规则时所需要的，也可能是语言的语音体现所需要的。我想要在前面句子中强调"可能"这个词的使用。任何一种语言所**需要**给某个已知特征赋值的是那个特定语言的语音和音系事实。例如，不存在任何有关英语音系需要给[吸力（suction）]或[压力（pressure）]这样的特征赋值的东西（Chomsky and Halle 1968: 322—323）。即使在英语语音学中，这些特征也无任何作用。最明显的可以说是，英语所有的发音都是**无吸力、无压力**产生的。极其令人质疑的是：当一种语言甚至不呈现出某个特征的这两个值时，该特征在操那个语言的成年说话人的语法中实际上已得到表征。例如，当说话人 X 不能说出[压力]的＋和－两个值时，认为[压力]这样的某个特征在说话人 X 的英语语法中是活跃的，这似乎是在淡化区别特征在像英语这种语言音系中的作用。

以此为前言，我们回到声调问题上来。再次请看所提出来的约鲁巴语三声调词库表达式：

（66）H　=　[+上部]
　　　　M　=　∅
　　　　L　=　[−提升]

当上面（58）和（59）所给出的缺省规则应用时，（66）的赋值将被填充为：

（67）H　=　$\begin{bmatrix} +上部 \\ +提升 \end{bmatrix}$

　　　　M　=　$\begin{bmatrix} -上部 \\ +提升 \end{bmatrix}$

　　　　L　=　$\begin{bmatrix} -上部 \\ -提升 \end{bmatrix}$

这可以正确地预测到表层已被证实存在 H、M、L 的对立。

现在请看仅当缺省规则（58）应用时，即仅当规则指派 [−上部] 时，会发生什么事情？

（68）H　=　[+上部]
　　　　M　=　[−上部]
　　　　L　=　$\begin{bmatrix} -上部 \\ -提升 \end{bmatrix}$

这个指派有趣之处在于：在（68）中，H 与 M 和 L 都是有区别的，而 M 与 L 是彼此没区别的。当然，这正是我们想让马尔吉语和蒂弗语实现的结果。所以，唯一的真正问题如下：我们能否假定把蒂弗语之类语言的 H 和 L 表征为（66）？能否假定指派 [−上部] 的缺省规则应用于该语言中？

至于将 H 和 L 分别表征为 [+上部] 和 [−提升]，如果我们希望保持偶值特征，那么这还是需要的。此外，既然两个特征很清楚都是有理据的，且该赋值出现在约鲁巴语这样的语言里，那么没有任何明显理由不去假定这样的表达式。

因此，我们能否假定唯一指派缺省值的是特征 [上部]？还是没有明显理由不做出这样的假定。显而易见，有音系和语音组件只需要一个声调特征的语言（第五章将看到例证）。例如，就像 [吸力] 和 [压力] 在英语中不起任何作用一样，像 [提升] 之类特征在汤加语里也不起任何作用。在这种语言里，音高调域在音系层或语音层都不会分解成调域属下成分。因此，似乎没有普遍语音条件要求给音段指派特征 [提升]。马尔吉语和蒂弗语之类语言的音系和语音事实都赞成**不要求音系赋值无标记值 [提升]**。

有两个问题恰逢其时。上述主张是否允许有一种不给缺省值指派 [上部] 或 [提升] 的语言呢？一种语言能否指派 [提升] 缺省值而不指派 [上部] 缺省值且该指派产生（69）中所阐释的结果？

（69）H = $\begin{bmatrix} + 上部 \\ + 提升 \end{bmatrix}$

     M = [+ 提升]

     L = [− 提升]

两个问题的答案都是否定的。倘若无缺省值是指派的，那么无调元音仍将保持无调。但在该语言里，所有元音需要某种声调赋值。因此，如果无声调特征指派给无调元音，那么无调元音就无法得到语音解释。人们可以假定在语音组件中任意将一些音高值指派给无声调赋值的元音，但该主张无非将会产生错误的结果，因为蒂弗语和马尔吉语里的无调元音不是以任意音高形式说出的。因此，蒂弗语和马尔吉语的语音事实要求应当指派声调值。

在蒂弗语和马尔吉语里，恰当的值是 [− 上部]。然而，我们可否有这样一种语言，该语言只把 [+ 提升] 作为缺省值指派，产生如（69）中底层无调（即 M）元音体现为与 H 无区别的结构形式？答案仍然是否定的，因为 [+ 提升] 或 [− 提升] 之类的表达式在语音上都是无法解读的。在没有给元音指派调域的情况下，是不能将该元音指派到调域属下成分的顶部或底部。也就是说，在首先没有做出总体区别的情况下，在音高上是不能

做出细致区分的。因此,凭借特征[上部]与[提升]的层级结构,如果只指派一个特征,那么它一定是[上部]。㉔

总之,这一节提出:在某些只有 H、L 声调区分的语言里所观察到的三种方式的底层对立,不是从单一音系特征的三值使用中产生的,而是从利用**两个**声调特征中产生的。无论怎样用三、四个表层都体现为区别性的对立声调来解释语言,两个声调特征也分别都是需要的。在上述解释中,从层级表达式的角度把声调仅看作是与其他特征有区别的———一种克莱门茨(Clements 1981a)和叶琳娜(Yip 1980)为之而呈现大量证据的立场。通过假定区别特征只是在有正面证据支持该赋值的情况下进行指派的,我们得到上述的逻辑可能性。声调特征[上部]和[提升]都是蒂弗语和马尔吉语的音系事实所需要的,但唯独[上部]是解释声调在这些语言里的语音实现所需要的。

6. 不充分赋值的制约条件

我已阐释要某些声调在底层不充分赋值是有理由的,还阐明了马尔吉语和蒂弗语里所观察到的不充分赋值案例不要求单个声调特征以三值方式使用。余下要讨论的一个问题是,无论是否要争取保持偶值体系,三值体系是否事实上已通过使用不充分赋值获得了呢?

为了保持严格的特征偶值使用,凯巴斯基(Kiparsky 1982a)提出:任何一个特定语境,可以指派的只有特征的标记值。因此,就任何一个语境 Q 而言,底层可能只有一个偶值对立:[αF] 或 ∅。注意标记性一定是语境界定的,因为标记性与非标记性因语境不同而异。例如,[圆唇性]的非标记值就非低的后元音而言是[+圆唇性],而其他元音则是[–圆唇性];[浊音性]在英语阻塞音中的非标记值是:浊阻塞音前[+浊音性],其他位置[–浊音性]。见凯巴斯基(Kiparsky 1982a)。

但语境界定的这种标记性产生了一个问题。请看下列规则:

第四章　不充分赋值

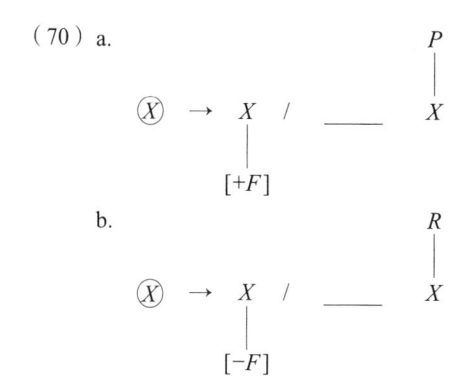

（70）a.
$$\text{\textcircled{X}} \rightarrow X\ /\ \underline{\quad}\ \overset{P}{\underset{X}{|}}$$
$$\underset{[+F]}{|}$$

b.
$$\text{\textcircled{X}} \rightarrow X\ /\ \underline{\quad}\ \overset{R}{\underset{X}{|}}$$
$$\underset{[-F]}{|}$$

在语境 P 中，$[F]$ 的非标记值是 +，但在语境 R 中则是 −。这意味着：在某些底层语境中，$[-F]$ 是 $[F]$ 的一个可接受的**标记性**特征赋值，而在其他语境中，$[+F]$ 是一个可接受的赋值。因此，如果规则能参照一个与 $[+F]$ 相联结的核心槽位，一个与 $[-F]$ 相联结的核心槽位，还有一个在 $[F]$ 方面未赋值的核心槽位，那么我们就已获得了一个三值体系。

所以，即使在已知语境中只有一个值是可能的，如果要避免三值力量，仍旧需要另外一个制约条件。我提出一个规则应用的制约条件。请看（71）：

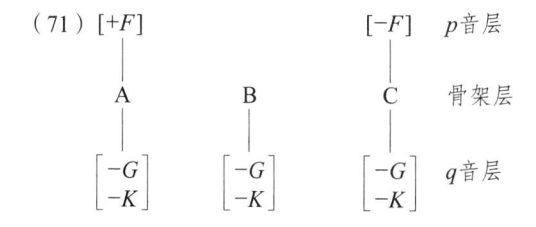

（71）$[+F]$　　　　　　　　$[-F]$　p 音层
　　　　|　　　　　　　　　　|
　　　　A　　　　B　　　　　C　　骨架层
　　　　|　　　　|　　　　　|
　　　$\begin{bmatrix}-G\\-K\end{bmatrix}$　$\begin{bmatrix}-G\\-K\end{bmatrix}$　$\begin{bmatrix}-G\\-K\end{bmatrix}$　q 音层

我们假定不受语境制约的 $[F]$ 缺省规则是（72）。

（72）$\text{\textcircled{X}} \rightarrow X$
　　　　　　　　|
　　　　　　　$[-F]$

有了（71）中的表达式和（72）中的缺省规则，我们就一定能对出现在诸如上面 A 之类音段上的非缺省值 $[F]$ 进行延展。在上面马尔吉语之类语言

155

的例子中，我们已经看到对非缺省声调所做的延展，而且后来在汤加语之类语言里也曾看到。因此，规则应用的制约条件必须允许非缺省声调的延展：

（73）一条规则必须能在指派缺省 [αF] 之前的结构描写中参照 [−αF]。

现在我们假定：在（71）的表达式中，都已指派了所有的 [G] 和 [K]。鉴于这一假设，（74）这样的规则就应当是合乎语法的。

（74）　[−G]　→　[+G]　/　_____
　　　　　　　　　　　　　　　　　|
　　　　　　　　　　　　　　　　　X
　　　　　　　　　　　　　　　　　|
　　　　　　　　　　　　　　　　[+F]

（74）中的规则改变了特征在非缺省自主音段语境中的值——变化和语境本身都不会产生任何问题。但如果（75）两条规则中有一条规则是可能的，那么将有可能产出有别于底层非区别性表达式的区别性表达式。

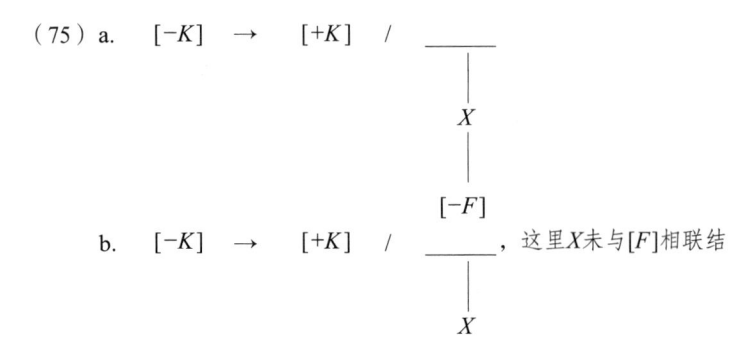

（75）a.　[−K]　→　[+K]　/　_____
　　　　　　　　　　　　　　　　　|
　　　　　　　　　　　　　　　　　X
　　　　　　　　　　　　　　　　　|
　　　　　　　　　　　　　　　　[−F]

　　　b.　[−K]　→　[+K]　/　_____，这里X未与[F]相联结
　　　　　　　　　　　　　　　　　|
　　　　　　　　　　　　　　　　　X

在（71）中，正用一个特征（[F]）来区分都拥有 [−G, −K] 的音段。如果（75a）应用，那么 C 将变成已赋值的 [−G, +K]。所以，在缺省规则将 [−F] 指派给 B 之后，将会有两个由 [K] 值做区分的 [−F] 音段。如果（75b）应用，那么 B 就会变成已赋值的 [−G, +K]。最后结果将会再次有两个由 [K] 值做区分的 [−F] 音段。因此，如果理论允许（75）中两条规则中的任何一条，那么我们就允许三个音段在底层只对立使用唯一一个特

征的表层上都得到区分。因此，一条适宜的规则应用制约条件必须能阻断（75a）和（75b），因为允许其中之一就等于允许三值力量。所需要的阻断效应，可以由如下制约条件推导而得：

（76）a. 一条规则在缺省规则指派 [αF] 之前不可以在结构描写中参照 [αF]。[25]
　　　b. 一条规则不可以参照这样一个事实：为了影响音层 m 上的特征值，不让槽位与音层 n 上的值相联结。

在应用填充 [–F] 值的任何一条缺省规则之前，制约条件（76a）因阿钱格里（Archangeli 1984）之故都一直阻断（75a）这类规则的应用——即规则（72）一定要在规则（75a）之前应用。一旦应用了缺省规则，让（75a）应用就不存在任何问题了，因为（75a）所要作用的音系音丛将被全部赋值。

制约条件（76b）将阻断（75b）这类规则。它阻断任何特别需要缺失某个特征赋值规则才能应用的规则。制约条件所允许的唯一一种例外，是涉及非缺省特征值且槽位未特征赋值的那类规则。[26]

注意：（76b）可作为（76a）的一种子情况推导而得。为了知道一个已知槽位 X 在 [F] 方面是否自由，我们就一定会参照 F 的 + 和 – 两个值。如果指派 [αF] 的缺省规则尚未应用，那么也就只存在自由的 X 槽位。通过（76a）来参照 [F] 的 α 值，指派 α 的缺省规则想必已经应用。这样，我们陷入矛盾之中：要参照一个自由的 X 槽位——跟已与 [αF] 相联结的 X 槽位形成对照，就必须能够参照那个缺省值 [αF]；但通过（76a），要能够参照 [αF]，指派 [αF] 的缺省规则想必已经应用，这样就没有了可参照的自由槽位。所以，假定有 [76a]，那么就不需要对（76b）做规定。

鉴于上述论点，如果一条规则既参照自由骨架槽位，又参照标记性特征赋值，那么参照骨架只能表示"在标记性特征赋值方面是自由的"。因此，如果羡余规则受语境制约，[αF] 和 [–αF] 都不是可能的底层赋值，那么（77）这样的 [–αF] 表示标记值的规则就应能应用于（78a）和（78b）。

（77）　V　　Ⓥ
　　　　｜　╲
　　　[−αF]

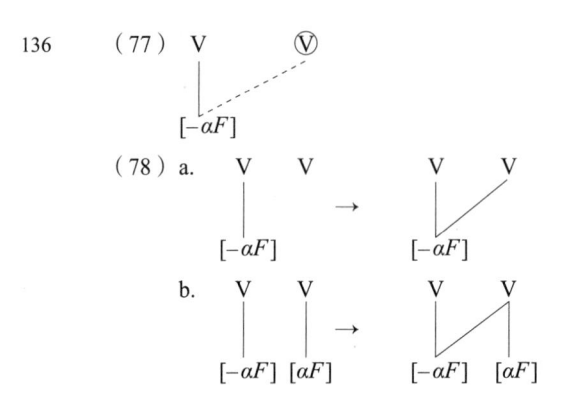

（78）a.　V　V　　　　V　V
　　　　　｜　｜　→　｜╱
　　　　[−αF]　　　　[−αF]

　　　b.　V　V　　　　V　　V
　　　　　｜　｜　→　╲╱╲
　　　　[−αF][αF]　　[−αF][αF]

本书已考察的所有相关情况，均属（78a）中所阐释的类型。这一预测是否正确，有待于今后的进一步研究。

（76a）中所给出的制约条件，其作用是给指派缺省特征赋值的规则施加排序策略。阿钱格里（Archangeli 1984）提出：如果某个缺省规则 Y 应用于语言 X 的语法，那么它将会尽可能晚一些应用于该语法。这一观点将在 7.1 节中做更为详细的讨论。如果这样一条排序原则与（76a）中的制约条件组合起来，那么所有缺省规则将被排列在结构描写中参照缺省值的任何一条规则之前，就目前情况而言，这已足够了。该排序的作用是维持偶值特征体系。到发生缺省赋值那一刻为止，规则一直可以参照标记性特征值或缺少该标记性特征值。在提供缺省值时，规则可以在那一刻参照语符串中出现的 + 和 − 值。所以，无论是在指派缺省赋值之前还是之后，规则可能参照的特征值都是偶值的。

7. 缺省规则的排序

在对涉及让一种并入缺省规则的理论保持偶值状态的问题进行讨论之后，下一步比较适宜的是提出规则能在哪里应用的问题。现在出现两类问题：（1）缺省规则可以分配到哪个组件中？（2）缺省规则在音系规则列表的哪个地方应用？现在先讨论第二个问题，然后再来讨论第一个问题。

7.1 外在化排序

对个别语法中的缺省规则规定越多，普遍语法提供这类规则的可能性就越小。有了这样的认识，我提出如下假设：

（79）不能对缺省规则进行外在化的排序。

该主张提出：所观察到的有关缺省规则的任何排序限制，都源自音系学的理论原则。

请看下面来自汤加语的例子。第五章还将呈现缺省 L 调的插入必须是**在 H 调延展规则之后**进行。

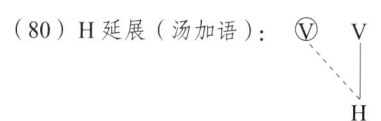

（80）H 延展（汤加语）：

另外，缺省指派 L 调规则必须**先于**产生降阶的规则：

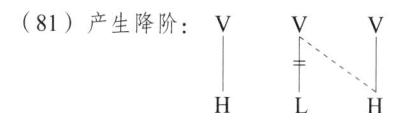

（81）产生降阶：

此外，H 延展和产生降阶在汤加语里是后词库应用的。这个例子表明，缺省规则不能简单地排在组件的开头或末尾应用。

汤加语只使用了一个声调特征：[上部]。词项可能包含 [+ 上部] 的赋值，也可能不包含；缺省规则指派 [– 上部]。知道了这一点，请看（81）中的规则。产生降阶的规则在结构描写中包含了 L 的赋值——即 [– 上部]。因此，阿钱格里的主张（即缺省规则必须先于任何一条参照缺省赋值的规则之前应用）将自动要求 L 调在应用（81）中的规则之前由缺省值指派。已知（76a）中的制约条件，所以人们可能提出如下的排序原则：

（82）缺省规则在其组件中的排序越晚越好。

既然指派缺省 L 调可能排在 H 延展（80）之后，但因（76a）中的制约条件而不能排在产生降阶（81）之后，因此（82）中的原则正确地预测了汤加语所需要的排序。

但请看那条指派缺省值的规则的结构描写：

（83）缺省 L 插入： V̇ → V
                                |
                            [−上部]

缺省 L 插入（83）与 H 延展（80）构成了一种别处条件所支配的关系；[㉗]而缺省 L 插入与产生降阶（73）不构成这种关系。因此，别处条件要求缺省 L 插入位于 H 延展之后，但对适宜缺省 L 插入与产生降阶之间的排序却只字未提。因此，（84）中的排序原则结合别处条件，也将得到汤加语所需的正确的规则排序：

（84）缺省规则在其组件中的排序越早越好。

由于（82）和（84）提出了相互矛盾的要求，比较合理的是假设它们两个都是可操作的，并力求在两者之间做出选择。

有些源自蒂弗语的证据表明（84）比（82）更好。关键的是：在蒂弗语里，缺省 L 插入因不是循环应用的而不在词库中应用。我们曾在第三章中看到：近过去之类的后缀必须在指派缺省声调之前附加——若缺省声调是在词库中指派的（而且是循环性的），那么这个结果是不可能的。第六章将讨论缺省 L 插入与 V 删除规则在后词库中发生的交互作用。V 删除（蒂弗语）删除前面为响音且音质上与前面元音相同的词尾元音：

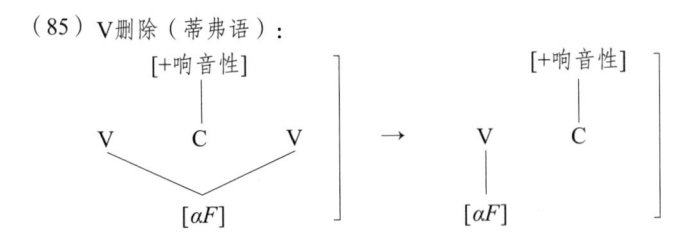

（85）V 删除（蒂弗语）：

[+响音性]   [+响音性]
  | |
V   C   V   →   V   C
      | |
   [αF]   [αF]

有关 V 删除与缺省 L 插入的重要之处在于它们不是别处关系；其中任何一条的结构描写都不被另外一条严格包含。此外，就 V 删除而言，（76a）所给出的缺省规则相关的制约条件是无关的，因为规则参照的所有骨架位置都已赋值了所有的相关特征。因此，如果采纳（82）所给出的排序策略，那么就可以预知缺省值的指派**在 V 删除之后**就会发生；另一方面，如果采纳（84）中的策略，那么预期得到的是相反的结果——即缺省规则应是**在 V 删除之前**指派。事实上，（84）所施加的早期排序给出了正确的结果，请看蒂弗语里 ngòhôr"（最近）接受"这样的近过去时形式。在第一次循环时，规约将词干 L 调联结起来：

(86) a. $\begin{bmatrix} \text{ngohoro} \\ | \\ L \end{bmatrix}$

在第二次循环时，联结了近过去时的 H 调。

b. $\begin{bmatrix} \begin{bmatrix} \text{ngohoro} \\ | \\ L \end{bmatrix} H \end{bmatrix}$

在后词库层面，缺省 L 插入与 V 删除（按那个排序）应用：

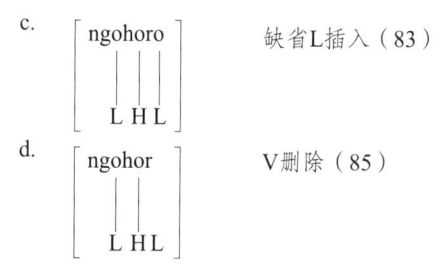

c. $\begin{bmatrix} \text{ngohoro} \\ | | | | \\ L\ H\ L \end{bmatrix}$ 缺省L插入（83）

d. $\begin{bmatrix} \text{ngohor} \\ | | | \\ L\ H\ L \end{bmatrix}$ V删除（85）

V 删除的结果是一个（作为缺省调插入的）浮游 L 调。该浮游调最终与词干的末尾元音相联结，产生已在 ngòhôr 上得到证实的表层降调。

上述推导的关键之处在于 ngòhôr 表层体现的降调仅当 V 删除之前发生缺省声调指派的条件下才被预知。如果 V 删除先于声调缺省规则，那么预期的将是带高平调的 *ngòhór。缺省规则在此情况下的正确排序是由（84）中的原则进行解释的。

作为缺省规则排序的最后一点，我们再来看一看汤加语。除了上述

（80）和（81）中所给出的规则之外，第五章还将论证：在汤加语里有一条后词库规则，它取消多重联结 H 调的右边联结线：

（87）取消联结

这条规则受到（80）中所给出的 H 延展规则的馈给，取消联结又反过来馈给缺省 L 插入（83）。因此，三条规则必须排序如下：

（88）H 延展（80）

取消联结（87）

缺省 L 插入（83）

按照原则（84），缺省规则的排序应当越早越好。然而，别处条件要求缺省 L 插入是在 H 延展之后应用。但是缺省 L 插入为什么是在取消联结之后应用？比较它们的结构描写后发现，它们并未构成别处关系。这种情况很有意思，理由如下：缺省 L 插入必须**在 H 延展和取消联结之后应用**；就取消联结而言，L 插入在与不在取消联结之前应用，并没有什么不同。因此，我把这作为证据，一旦缺省规则开始应用，它们在整个推导过程中只要可能，就一定是能用则用。在汤加语里，这意味着缺省 L 插入是在后词库层面开始应用的；别处条件要求缺省声调的指派应推迟到 H 延展应用之后才进行；但一旦应用了 H 延展，缺省 L 插入就可以随时应用。

7.2 指派规则的组件

缺省规则是在哪个层次应用的？它们是在词库、后词库还是在语音层面应用的？我将一个语言接一个语言地简要总结本研究的成果。

在蒂弗语里，缺省调不可以循环指派。例如，在近过去时之类的时态（已在第三章 3.2.1.1 节讨论过）中，缺省值的循环指派让近过去时的 H 调后缀不可能与 yévèsè 之类形式中的第二个词干元音相联结。由于蒂弗语里的词库规则是循环应用的，蒂弗语里 L 调的缺省指派不可能是词库性的。另一方面，缺省调一定是在 7.1 节讨论过的后词库 V 删除规则应用之前出现的。因此，正如前一节所阐释的那样，缺省 L 插入在蒂弗语里是后词库应用的。

回到约鲁巴语上来，我们发现情况有所差异。如在蒂弗语里，插入缺省调的规则一定不是词库应用的。但不像蒂弗语那样，约鲁巴语里缺省调似乎也不一定是在后词库插入的。例如，本章分析的关键之处是：在约鲁巴语里，V 删除发生在缺省调指派之前。如在蒂弗语里，约鲁巴语的元音删除规则与插入缺省调规则并未构成别处关系。那么，我们如何解释缺省规则在这两个语言里与后词库元音删除规则在排序上的差别？解决方法是：蒂弗语里将缺省调插入规则指派到后词库组件中，而约鲁巴语里则将它指派到语音组件中。此外，还可以做出这样的预测：约鲁巴语不存在可以参照中调值的后词库应用规则。这一预测似乎大体上是正确的。例如，我们在上述 4.1.1 节和 4.1.2 节中已看到：规则将 H 调延展到 L 调上，L 调延展到 H 调上，但没看到：规则或涉及 M 调的延展，或涉及 M 调对延展的限制。现在提出这种说法，即如果规则涉及 M 调，那么它就一定是一条语音组件的规则。

一条可能有的这类规则是巴格博斯（Bamgboṣe 1966a）已讨论过的代词压缩（pronoun contraction）规则。当含有元音的代词紧随一个同音质的元音之后，所产生的长元音将选择性地缩短，如下列所示：[28]

（89）a. ó rí í̄ → ó rí 他看到它
　　　b. mō gbé ē̄ → mō gbē 我举起它
　　　c. kò mú ū → kò mū 他没有拿走它
（90）a. ṣē é → ṣé 做它
　　　b. mō jē é → mō jé 我吃它
　　　c. kò pā à → kò pá 他没有杀它

这种情况下看似要发生的是：第二个莫拉的声调在压缩之后仍被保留下来。在（89）的案例中，第二个莫拉是 M；在（90）的案例中，第二个莫拉是 H。很显然，就这个规则而言，H 与 M 之间不存在不对称性。规则本身可以不参照声调直接构建，它只删除（或缩短）合适的两莫拉序列中的第一个莫拉。假定 M 调在规则应用之前已被指派，未受规则影响保留下来的莫拉与其在规则应用之前所附加的声调一同出现在表层之中。如果代词压缩是一条后词库音系中的规则，那么缺省 M 调在约鲁巴语里的指派就一定任意排列在 V 删除与代词压缩这两条后词库元音删除规则之间。然而，如果 V 删除是一条后词库规则，代词压缩是一条语音规则，那么为了不产生任何缺省规则外在化排序问题，就可以把缺省调指派规则指派到语音组件的开端之处。

虽然还需要做进一步的研究，但已有证据支持将代词压缩指派到语音组件之中。奥耶拉兰（Oyelaran 1971）表示代词压缩的结果在语音上比单个莫拉（尽管认为不足两个整莫拉）要长。他还指出：ró "环绕着包起来" 和 rō "锄地" 这样的非压缩动词，在语音上有别于 ró(rō ó) "锄它" 和 rō(ró ō) "将它包裹在自己身上" 之类的后压缩形式。两项观察结果表明：代词压缩不是一种离散的偶值操作，它似乎涉及梯度性语音解释。所以，我的结论是：缺省调在约鲁巴语的指派发生在语音组件之中。

现在我们来看看汤加语。前一节已说明缺省调的指派在汤加语里一定发生在后词库层次。这是因为后词库 H 延展规则一定发生在缺省调的插入之前，而后词库产生降阶规则则发生在缺省调插入之后。三条规则的排序是通过尽早在后词库中应用缺省 L 插入来处理的，但不受别处条件的限制。

如同在蒂弗语里，马尔吉语里的缺省调肯定不是循环指派的，因此也一定不是词库指派的。至于在马尔吉语里缺省调是否是后词库或语音指派的，不管怎样，我都没有非常强有力的证据。第六章将要呈现的某些事实表明：缺省调一定是在语音层面指派的。但如果缺省调也是后词库指派的，结果就不会产生任何问题。

在上述讨论的所有案例（即蒂弗语、约鲁巴语和马尔吉语）中，至关重要的一直是缺省规则不是词库指派的，它们或是后词库指派，或是语音指派。这个结果特别令人感兴趣，因为人们通常认为羡余规则肯定是在音系规则应用之前填充音段的特征。甚至在凯巴斯基（Kiparsky 1982a）最近所提出的建议中，都假定语言特有的词库规则与普遍缺省规则共同协力作为词库音系学的一部分，填充词项的赋值。本研究所考察的案例，均支持让缺省规则在较晚的时间应用。

但问题出现在声调缺省规则可否总是词库应用方面。这个问题的答案似乎是肯定的，尽管我没有确凿的证据。请看第二章所讨论的德尚语的例子。第二章没有给出德尚语指派缺省调方面的具体实例，不过有许多完全可以预测出现 L 调的例证。例如，所有名词词类前缀都带 L 调。可想象到的是，在德尚语里这种 L 调事实上是底层不赋值的，而是由词库应用的声调缺省规则指派的。

在结束本节之前，我以表格形式给出上述所描述的结果。在这个表格中，+ 表示缺省规则一定是在那个组件中应用的；– 表示缺省规则一定不应用；括号 + 表示缺省规则可以应用，但我对该应用没有确凿的证据。

（91）

	约鲁巴语	马尔吉语	汤加语	蒂弗语	德尚语
词库	–	–	–	–	(+)
后词库	–	(+)	+	+	(+)
语音	+	+	(+)	(+)	(+)

我没有找到强有力的证据支持缺省规则不止在一个层面上应用，但上述事实与如下的主张是一致的：缺省规则的参数涉及标明它们最早可以应用的点，允许在那个点之后的所有点上自由应用。

最后一个有关缺省规则排序的问题是它们被指派到组件中的可预测性。根据（91）所概述的结论，人们仍不清楚能否完全预测到这些规则在哪个组件中应用。看起来有两点需要重点考虑：第一，（76a）所给出的不充分赋值制约条件要求将缺省规则指派给任何一个规则参照缺省规则所指派的特征值的层面。例如，可以在约鲁巴语的语音组件中指派缺省调，因为后词库规则都不参照缺省值。另一方面，在汤加语里必须是后词库指派缺省调，这是因为产生降阶的后词库规则参照缺省值。这样考虑可以界定语法中的哪一点若缺省规则没有应用的话其后的表达式都将是不合乎语法的。另一方面，如果一种语言在词库表达式中给特征只赋值了一个值（即在没有给第二个值底层赋值的语境下），那么词库制约条件就可能会在后词库或更晚层面之前一直阻止缺省值的指派。对此性质所做的思考，将确定语法中哪个点之前缺省规则不能应用。[29]

通过界定语法中缺省规则之前不能应用和缺省规则之后一定应用的那些点，人们就会不单纯地界定缺省规则应用的层面。另一方面，人们就会把这种可能性限定在一小组可能的层面之内。

总之，缺省规则不能外在化排序。一般原则决定：缺省规则在其所指派的组件中应用的越早越好。此外，别处条件可以从更为具体的语言特有的规则方面施加缺省规则的部分排序。看来不可能对缺省规则如何指派到具体组件做出完整的预测，但一般原则确实有助于确定这种指派。

8. 参照自由骨架位置

在对（58）和（59）这类缺省规则进行形式表述时，已有规定：指派缺省值的骨架位置在现指派的特征方面一定是未赋值的。符号上，这一属性是通过给规则结构描写中的骨架槽位画圈儿来表示的。缺省规则并非旨在取代现有的特征赋值，而是给缺乏赋值的地方赋值。所以，根据观察，上述所规定的缺省规则的属性是相当简单明确的。

这一属性可否通过一般原则推导而得，还是一定要在缺省规则的构建时规定，不是那么容易决定的。基本问题如下所示，请看（92）中所构建的规则。

（92） V　→　V
　　　　　　　|
　　　　　　　M

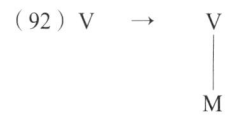

如果不采用某种方式加以限制，（92）将会给**所有**元音指派 M 调，即（92）将拭除现存的所有声调赋值，并用 M 取而代之。

一种阻止该结果的可能方法是触发别处条件。假定把词项解释为一种特殊类型的音系规则（Kiparsky 1982a）。也就是说，把词项解释为一条将声调（在此情况下）指派给某些元音的特殊规则。词项规则比（92）中的规则更具体，它优先于（92），并阻断其在元音已有声调赋值的所有场合的应用。但这种方法有问题，因为已证明声调缺省规则在许多情况下是后词库或语音应用的。既然别处条件只在单独一个组件中支配规则应用，那么它就不可能用**词库**"相同"规则来解释对一条**后词库**或**语音**缺省规则的阻断。

为了对（92）这类规则的应用加以限制，本研究在形式上承认已联结槽位与自由骨架槽位之间所存在的差异，并将缺省规则的应用限制在自由骨架槽位上。这样，将（92）重新表述为（93）。[30]

（93） Ⓥ　→　V
　　　　　　　|
　　　　　　　M

缺省规则所认为存在的差异，非缺省音系规则也同样需要。例如，声调延展规则通常将声调延展到自由的 V 槽位上，但不延展到已联结声调的 V 槽位上。这样的一个例子是汤加语的 H 延展规则，该规则在上面（80）中已提过，下一章将对它进行讨论。但在不只是填充特征的规则中，已看到了参照自由骨架位置的必要性。例子是蒂弗语里的 ˈ 删除规则。请看下面一组将来时形式：

（94）将来时（蒂弗语）

	H 词干		L 词干	
单音节：	ˈá vá	ˈHˈH	ˈá dzà	ˈHL
	将要来		将要走	

双音节： ˈá úngwà　　ˈHHL　　ˈá vèndè　　ˈHLL
　　　　 将要听见　　　　　　将要拒绝

三音节： ˈá yévèsè　　ˈHHLL　　ˈá ngòhòrò　　ˈHLLL[31]
　　　　 将要逃走　　　　　　将要接受

研究单音节形式 ˈáˈ vá 后表明前缀的形式一定是：

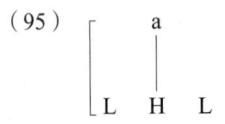

（95）　　　　　a
　　　　　　 ⎡ ⎤
　　　　　　 ⎣L H L⎦

起始 L 调致使与 a- 联结的 H 调发生降阶，第二个 L 调致使动词 vá 的 H 调发生降阶。此外，第二个 L 调说明在诸如（97）的 L 词干形式推导过程中不应用 H 延展（见下面 96 所示）的情况。

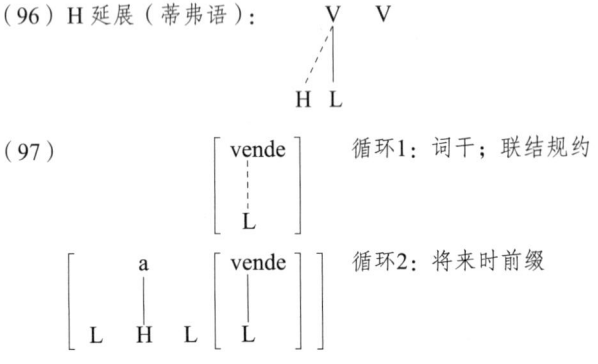

（96）H 延展（蒂弗语）：　V　V
　　　　　　　　　　　　　 ＼ ｜
　　　　　　　　　　　　　 H L

（97）　　　　　⎡vende⎤　　循环1：词干；联结规约
　　　　　　　　⎣ L ⎦

　　　　⎡a ⎡vende⎤⎤　　循环2：将来时前缀
　　　　⎣L H⎣ L ⎦⎦

如在一般过去时之类的时态中，H 延展是不应用的，因为它只将 H 延展到紧邻的已联结的 L 上。[32]

就参照自由骨架槽位问题而言，将来时的有趣之处是出现在 a- 与词干之间的降阶在双音节和三音节形式中消失了。我认为：这些情况可以用降阶删除规则来解释，但我要把构建该规则之事推迟到对第二类有关 H 延展的作用问题研究之后。

我们在第二章 4.2 节中看到：主语前缀的 H 因 H 延展而延展到 L 词干动词的第一个元音上，如近过去时态的 vende：

(98)

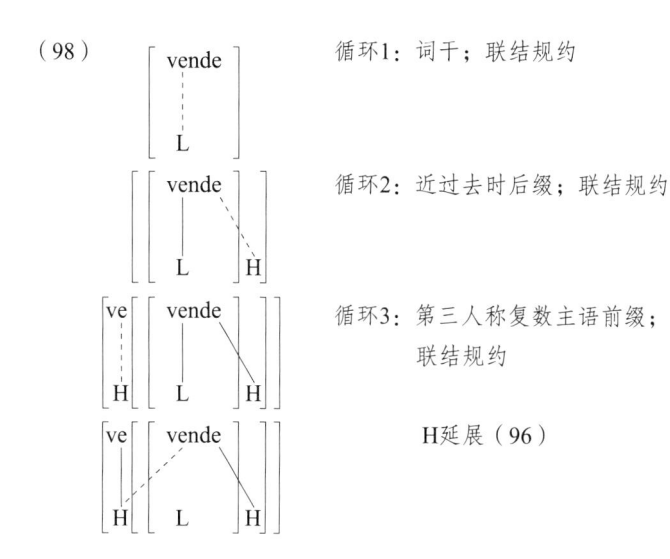

$\begin{bmatrix} \text{vende} \\ | \\ \text{L} \end{bmatrix}$ 循环1：词干；联结规约

$\begin{bmatrix} \begin{bmatrix} \text{vende} \\ | \\ \text{L} \end{bmatrix} \text{H} \end{bmatrix}$ 循环2：近过去时后缀；联结规约

$\begin{bmatrix} \text{ve} \\ | \\ \text{H} \end{bmatrix} \begin{bmatrix} \begin{bmatrix} \text{vende} \\ | \\ \text{L} \end{bmatrix} \text{H} \end{bmatrix}$ 循环3：第三人称复数主语前缀；联结规约

$\begin{bmatrix} \text{ve} \\ | \\ \text{H} \end{bmatrix} \begin{bmatrix} \begin{bmatrix} \text{vende} \\ | \\ \text{L} \end{bmatrix} \text{H} \end{bmatrix}$ H延展（96）

读者可能已注意到这一特定类别的延展例子总是用双音节动词词干来诠释的。这有两点原因：（1）H延展不能应用于单音节的、无后缀的动词词干，因为它只将H延展到非末尾的L调上。[33]（2）三音节形式比较复杂，我现在转到这个问题上来。

请看近过去时形式 vé ngóhôr "他们（最近）接受了"：

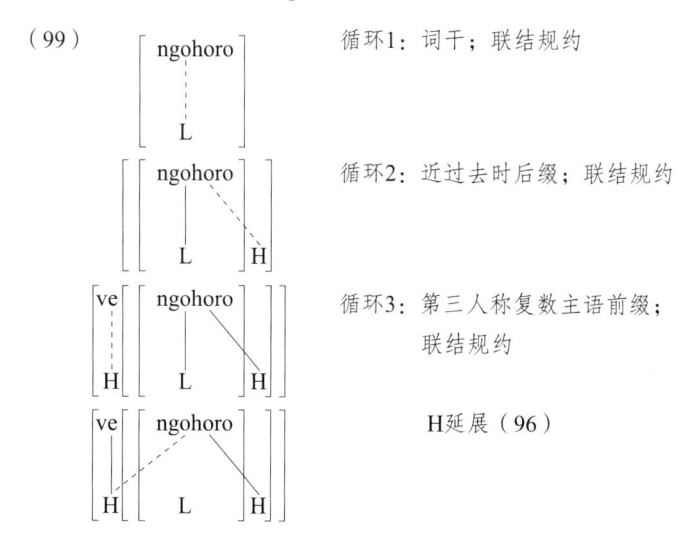

(99)

$\begin{bmatrix} \text{ngohoro} \\ | \\ \text{L} \end{bmatrix}$ 循环1：词干；联结规约

$\begin{bmatrix} \begin{bmatrix} \text{ngohoro} \\ | \\ \text{L} \end{bmatrix} \text{H} \end{bmatrix}$ 循环2：近过去时后缀；联结规约

$\begin{bmatrix} \text{ve} \\ | \\ \text{H} \end{bmatrix} \begin{bmatrix} \begin{bmatrix} \text{ngohoro} \\ | \\ \text{L} \end{bmatrix} \text{H} \end{bmatrix}$ 循环3：第三人称复数主语前缀；联结规约

$\begin{bmatrix} \text{ve} \\ | \\ \text{H} \end{bmatrix} \begin{bmatrix} \begin{bmatrix} \text{ngohoro} \\ | \\ \text{L} \end{bmatrix} \text{H} \end{bmatrix}$ H延展（96）

鉴于（99）中的表达式，我们可以推测：在应用 V 删除（85）和附加所产生的自由（缺省）L 调之后，我们将得到表层形式 *vé ngóꜜhôr，而不是正确的 vé ngóhôr。

这个例子很有意思，原因有两点：(1) ngohoro 的起始词干元音（L 词干动词）是 H，这个事实清楚地表明发生了 H 延展。(2) 不像 vé véꜜndé 那样没有降阶，这一事实表明规则想必在此情况下已把浮游 L 删除了。

通过比较触发降阶删除与不触发变化的形式，我们看到如下形式：

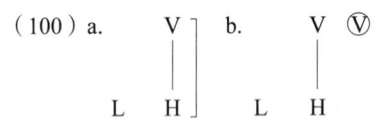

（100）a.　　　V　　　b.　　　V　Ⓥ
　　　　　　　│　　　　　　　　│
　　　　　L　H　　　　　L　H

不触发降阶删除（vé véꜜndé（98）和 véꜜáꜜvá（94））的形式有（100a）所给出的结构；确实触发降阶删除（vé ngóhôr（99）和 véꜜá úngwà, véꜜá yévèsè（94））的形式有（100b）所给出的结构。（100b）中的圆圈表示这个 V 槽位没有与之联结的声调。

我提出将降阶删除规则构建成如（101）所示的形式。

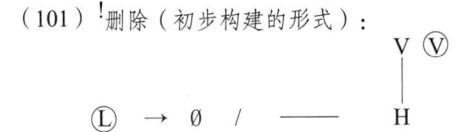

（101）ꜜ 删除（初步构建的形式）：

　　　　　　　　　　　　　V　Ⓥ
　　　　　　　　　　　　　　│
　Ⓛ　→　∅　/　────　H

该规则接受诸如（102a）的这种结构形式，并生成出（102b）中的形式：

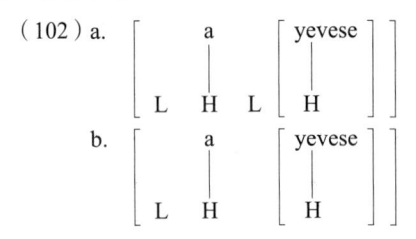

（102）a.　　　　[　　a　　　[　yevese　　]
　　　　　　　　　│　│　│　　│
　　　　　　　　　L　H　L　　H　　]

　　　　 b.　　　[　　a　　　[　yevese　　]
　　　　　　　　　　│　│　　　│
　　　　　　　　　L　H　　　　H　　]

然后，缺省 L 插入应用，产生正确的表层形式。

对 ꜜ 删除具有音系性质的支持，来自于前面未予解释的有关惯常体 1 的事实。先前（第三章 3.2.1.3 节）曾注意到：在惯常体 1 中，那个时态

的前缀浮游 [L 在三音节 H 词干动词前消失。这里，我不给出具体的推导过程，但在（103）中，对在 ! 删除规则之前惯常体 1 所具有的各种 H 词干形式做了诠释。

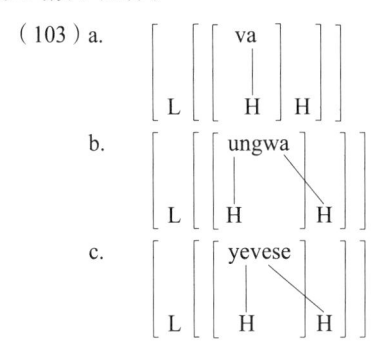

（103）a. $\begin{bmatrix} & \begin{bmatrix} & \text{va} & \\ & | & \\ & \text{H} & \end{bmatrix} & \\ \text{L} & & \text{H} \end{bmatrix}$

b. $\begin{bmatrix} & \begin{bmatrix} & \text{ungwa} & \\ & | \quad | & \\ & \text{H} & \end{bmatrix} & \\ \text{L} & & \text{H} \end{bmatrix}$

c. $\begin{bmatrix} & \begin{bmatrix} & \text{yevese} & \\ & | \quad | & \\ & \text{H} & \end{bmatrix} & \\ \text{L} & & \text{H} \end{bmatrix}$

让（101）推而广之，可能要对 ! 删除进行重新调整，以使它删除（103c）中的降阶，同时还保留下（103a）和（103b）中的降阶：

（104）! 删除：

$$\text{Ⓛ} \rightarrow \emptyset \ / \ \underline{\quad} \ \begin{bmatrix} \text{V} \\ | \\ \text{H} \end{bmatrix} \begin{bmatrix} \text{V} \\ | \\ \text{H} \end{bmatrix} \text{Ⓥ}$$

注意作为最后的至关重要的一点：如果 ! 删除规则结构描写的那个自由元音与一个声调相联结，那么该规则不应用——即"自由"元音一定确确实实是自由的。例如，第三章 3.2.1.3 节中所见到的过去惯常体时态与（103）中惯常体 1 形式的差异很小。这种差异是过去惯常体除了有惯常体 1 中所见到的 H 调后缀外，还有一个 L 调 -n] 的后缀。L 调前缀可能受制于 ! 删除，在添加这个 L 调前缀的循环中，这种时态中的典型形式如下所示：

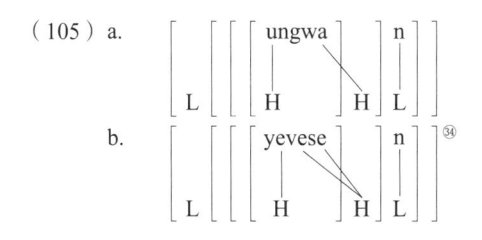

（105）a. $\begin{bmatrix} & \begin{bmatrix} & \begin{bmatrix} & \text{ungwa} & \\ & | \quad | & \\ & \text{H} & \end{bmatrix} & \text{n} & \\ & & | & \\ \text{L} & & & \text{L} \end{bmatrix} \end{bmatrix}$

b. $\begin{bmatrix} & \begin{bmatrix} & \begin{bmatrix} & \text{yevese} & \\ & | \quad | & \\ & \text{H} & \end{bmatrix} & \text{n} & \\ & & | & \\ \text{L} & & & \text{L} \end{bmatrix} \end{bmatrix}$ [34]

'删除规则不应用于这些场合,因为声调所联结的元音是在已与 H 调联结的元音之后。

总之,'删除解释了许多形态上无关的降阶消失的案例。[35]至关重要的是,要让'删除发挥作用,就一定要对赋值非缺省声调值的骨架槽位与没有声调赋值的骨架槽位进行区分。这正是通常要想让缺省规则应用于适当的音段时一定要认定的同一类差异。但要注意骨架在这一方面很特殊。也就是说,规则可以参照自由骨架位置,但不能参照 [0F]。通过考察骨架槽位,人们可以确定这些槽位是否与特征 F 的值相联结;规则可以参照这种联结与不联结。但如果特征在某个音层上尚未赋值,那么它无非不存在。例如,如果一个词完全是无调的,那么就不存在声调规则应用的声调。因此,(106)这种规则是不可能的。

(106) $[+F]$ → $[+G]$ / _____ $[0F]$

结束之时,我应该强调的是:自由骨架槽位是一个相对概念。一个槽位若没有与特征 G 的值相联结的话,那么它在特征 G 上就是自由的;它当然可以与其他某些特征相联结。

9. 核心值与自主音段

第一章曾简要讨论了把缺省调视为自主音段的一种替代方法。在哈勒和维格诺德(Halle and Vergnaud 1982)的研究方法中,缺省调是由一个核心赋值组成的,如果不指派声调自主音段,那么这个核心赋值只会表层体现。

在蒂弗语、汤加语和约鲁巴语里,有证据否定这种核心赋值说,支持本研究提出的自主音段分析方法。请看蒂弗语的近过去时形式如 ngòhôr "(最近)接受":

（107）

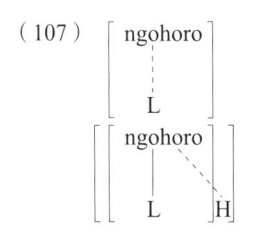

$$\begin{bmatrix} \text{ngohoro} \\ | \\ L \end{bmatrix}$$ 循环1：词干；联结规约

$$\begin{bmatrix} \begin{bmatrix} \text{ngohoro} \\ | \\ L \end{bmatrix} H \end{bmatrix}$$ 循环2：近过去时后缀；联结规约

（108a）中的形式说明：如果我们假定缺省 L 是一个核心赋值，那么什么将是 V 删除的输入项；（108b）说明指派缺省自主音段将要导致的形式。

（108）a. $\begin{bmatrix} \text{ngoho ro} \\ | \\ [+L] \\ | | \\ L\ H \end{bmatrix}$ b. 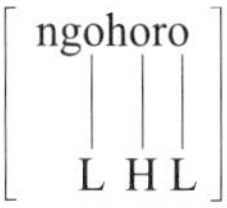 $\begin{bmatrix} \text{ngohoro} \\ ||| \\ L\ H\ L \end{bmatrix}$

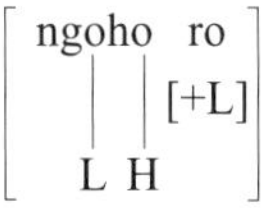

在（108a）中，删除末尾元音就需要删除核心声调赋值；另一方面，在（108b）中，删除末尾元音就会直接产生一个浮游 L 调。很清楚，（108b）正确地预测到（在附加自由 L 调之后）导致 ngòhôr 最后音节上出现降曲调的结构形式；同样很清楚的是，（108a）预测到 V 删除之后的高平调。

上面曾提到，在汤加语里缺省 L 调馈给降阶产生规则（81）。至关重要的是，缺省规则引入的 L 调自主音段在应用降阶产生规则变成浮游状态时触发 H 调的降阶。倘若缺省赋值是非自主音段性的，就没有理由期望降阶产生规则之类的延展规则会产生浮游调降阶算子。

最后，约鲁巴语降阶 M 调的例子也构成了很强解释力的论据，支持把缺省调视为自主音段。在 ró¹bẹ̄（28）之类的例子中，降阶可以轻松地从 M 调是自主音段的表达式那里推导而来：

（109） [=28]   r   ọbẹ
                \ /\ |
                H L M

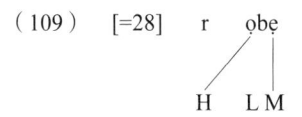

在（109）的表述中，自由 L 调与末尾音节 M 调之间存在着一种形式关系。在声调音层上，L 调与 M 调毗邻并先于它。这种情况下的降阶仅是一个声调（浮游 L 调）对紧邻的声调（已联结的 M 调）所产生的语音上的作用。

然而，如果 M 调是作为核心值指派的（如 110 所示），那么怎么能推导出语音降阶就不很清晰了。

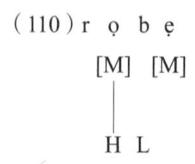

（110） r o̧ bẹ
      [M] [M]
       |
      H L

在（110）表达式中，自由 L 调与 M 的核心赋值之间不存在任何形式关系。由于没有将浮游 L 联结到核心上去的联结线，L 既不先于核心 M，也不在它之后。一个音层与另一个音层交流信息的方式是通过联结线；由于此例中没有联结线，那么也就没有将核心 M 调语音解释与另一个音层出现的 L 调直接联结的方式。

由这些案例可以得出如下结论：以自主音段形式表征的特征，其缺省值本身也是自主音段。如果所有特征实际上都是自主音段性的（如第一章所提出的那样），那么所有的缺省特征值本质上都是自主音段性的。

10. 结论

本章对某些需要特征不充分赋值的声调现象进行了考察，指出：在许多案例中，不充分赋值的骨架位置通过应用缺省规则获得它们的特征值。声调方面，提出：调域的缺省值是 [– 上部]，而调域属下成分的特征缺省值是 [+ 提升]。至关重要的是，这里采用的研究方法需要一组联结规约，它们严格地以一对一的方式将声调与载调单位相联结。此外，先前的联结因缺省赋值而在某些语言的语法中将会发挥更大的作用。尽管有可能将缺省规则指派给后词库或语音**组件**，但也曾指出：这些规则在音系规则列表中不能进行外在化的排序。并且还曾指出：缺省规则普遍都是自主音段性的（起码如果所涉及的特征是自主音段性的）。最后还对偶值特征的三值使用问题进行了考察，结论是：就本研究已考察的语言而言，声调不需要三值力量——所提出的体系不能推导出三值力量。

注释

① 最后一章（例17）讨论了源自声调延展规则（马尔吉语）应用的延展。
② 相关一些讨论，见第一、二章。
③ 见凯巴斯基（Kiparsky 1982a）。
④ H 本身被复制，H 调词干因而表现有所不同。复制部分与动词词干之间出现了一个降阶：òjé ˈjé "知道"、òréˈré "吃"。
⑤ 非本族语词汇（如源自英语的 tísà "教师"、源自豪萨语的 tákàdá "纸"）和派生的 C 起首词汇（如由 dùn "变甜"派生而来的 dídùn "甜"）中存在着 H 调起始的名词。除声调的标记更为全面外，所有约鲁巴语的例子都是以传统的约鲁巴语正字法方式给出的，因为它们是讨论的主题。（一般来说，M 调和曲折调都不是正字法表征的。）在约鲁巴语的正字法中，ṣ = ʃ，ọ = ɔ，ẹ = ɛ，p = kp，Vn = Ṽ（当是同音节词时）。
⑥ 如见巴格博斯（Bamgboṣe 1965, 1966a）、奥耶拉兰（Oyelaran 1971）、巴德霍（Badejo 1979）。
⑦ 例词源自沃德（Ward 1952）、巴格博斯（Bamgboṣe 1966a）以及与艾金·艾金拉比（Akin Akinlabi）的个人交流。
⑧ 我假定联结规约在推导的**所有**阶段都是可应用的（Goldsmith 1976）。因此，它们在约鲁巴语里不是在后词库阶层**开始**应用的——它们**连续**应用。
⑨ 早期研究约鲁巴语声调的作者都承认：这是一条自主音段规则。沃德（Ward 1952）注意到"低调之后的高调需要一个滑音才能到达高调"。
⑩ 巴格博斯在脚注中指出：降与不降的差别可能在于方言差异。艾金拉比（Akinlabi 即出）支持这一观点，并提出：在标准约鲁巴语里，这种情况下没有降，而在某些方言里，存在系统上的降。
⑪ （24）中的末尾低调可能体现为一个降调（尽管不如（17）中那么陡），这是因为无论前面有无声调，约鲁巴语都有一条末尾 L 调下飘的语音规则。见杭伯特（Hombert 1974）和拉·维利（La Velle 1974）。
⑫ 这种可能性是莫里斯·哈勒向我提出来的，艾金拉比（Akinlabi 即出）正在对此进行探讨。
⑬ 这个建议是保罗·凯巴斯基给我提出来的。
⑭ 注意：在这个案例中，如果名词的第一个元音被 V 删除规则删除了，（第六章讨论的）L 延展规则推导出与（33）中完全相同的表层声调模式。
⑮ 这些例子源自艾沃布鲁伊（Awobuluyi 1977）。
⑯ 我假定这个构形成分是在先于动词短语的曲折结构成分中被引入的，尽管这里不

需要那个假设来决定什么。

⑰ 艾金拉比（Akinlabi 即出）把这个构形成分分析为一个没有 V 槽位的浮游 H 调。

⑱ 艾金拉比（Akinlabi 即出）探讨了 H 调标记出现在所有时态之中（甚至包括无表层体现形式的情况）的可能性。

⑲ 注意：别处条件将确保 H 调联结（42）先于通常的联结规约发生（见第三章 3.2.4 节）。这样，可阻止浮游 H 与任何元音相联结，而不是在 H 调联结的结构描写中赋值。

⑳ 把 Délé "德莱" 表征为两个 H 调，而非一个，这是因为该词形态复杂，每一个 H 调来源于不同的语素。

㉑ 有关对（53~55）中如何确切地完成声调联结的讨论，见第三章 2.2 节。

㉒ 本节并不是要回顾**支持**不充分赋值词项的各种论据。有些支持不充分赋值的声调论据，本书已经给出，其他一些将随后给出。凯巴斯基（Kiparsky 1982a）对内含不充分赋值的音系学理论所固有的大量优点做过讨论——他不是第一个讨论这种优点的人。见乔姆斯基和哈勒（Chomsky and Halle 1968）所给的例子。

㉓ 在（4）中，我已改正了我认为凯巴斯基（Kiparsky 1982a）中出现的印刷错误：[4] 与 [5] 完全相同。

㉔ 克莱门茨（Clements 1981a）和叶琳娜（Yip 1980）都认为：在某些语言里声调可以以单独一个声调特征方式进行指派。在克莱门茨的体系中，如果只指派了一个特征，那么它自然是做出了与 [上部] 的区分相同的区分。此外，克莱门茨允许语言将一个调域在没有细分其他调域的情况下分成调域属下成分。但如果本论文的这个观点是正确的——即指派给两个声调特征不同的缺省值，那么这对叶琳娜将声调层级分析为由**两个**特征组成而不是由一个特征多次指派的主张形成了强有力的论据。

㉕ 这个制约条件的构建有点不同于阿钱格里（Archangeli 1984）提出的羡余规则排序制约条件。另见乔姆斯基和哈勒（Chomsky and Halle 1968：384）。注意：该制约条件必须是相对于界定相关特征的载 P 单位集合而言的。也就是说，如果声调在词库中只指派给 [+ 音节性] 音段，那么缺省规则只要应用于 [+ 音节性] 音段，就可以满足（76a）。也就是说，应将（76a）重新构建为：

　　　一条规则禁止在缺省规则将 [αF] 指派给所有载 [F] 单位之前参照其
　　构造描写中的 [αF]。

某个语言的载 P 单位可能在词库和后词库方面有所不同。因此，如果缺省规则是词库应用的，它将 [αF] 的值指派给所有词库界定的载 [F] 单位，那么一条规则就有可能在词库中应用，并参照 [αF]。在后词库层面，如果扩大了那类载 [F] 单位，那么某些后词库的载 [F] 单位仍可能在 [F] 上不赋值，尽管缺省规则是词

第四章 不充分赋值

库应用的。

有关缺省规则的载 P 单位概念的关联性，是保罗·凯巴斯基给我指出来的。他指出上述所描写的情况（词库和后词库对载 P 单位的界定是不同的）适用于俄语浊音同化。

㉖ 见下文第 8 节。

㉗ 见第三章 3.2.4 节和第六章 4.3 节。缺省规则被别处条件支配的这条建议，是保罗·凯巴斯基向我提出来的。

㉘ 例子源自巴格博斯（Bamgboṣe 1966a）。有关对代词压缩结构类型的限制条件，这里不做讨论。请参照巴格博斯（Bamgboṣe 1966a）、奥耶拉兰（Oyelaran 1971）。

㉙ 有关讨论，见第六章 4.1 节。这条建议是保罗·凯巴斯基向我提出来的。

㉚ 实际上，(93) 是 (58) 和 (59) 的简写形式。

㉛ 应用 V 删除 (85) 之后，这个形式表层体现为 ˈá ngòhòr。

㉜ 见第二章 4.2 节。

㉝ 如果语境性 L 调出现在末尾音节，那么 H 延展不应用，如 vé ˈúngwáǹ "它们过去常听到"（过去惯常体）这个例子所示。这一案例的相关方面涉及如下所示的前三个循环：

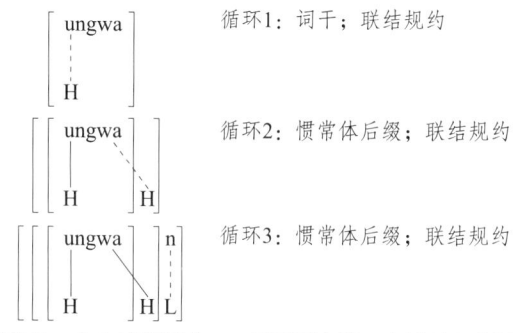

$$\begin{bmatrix} \text{ungwa} \\ | \\ H \end{bmatrix} \quad \text{循环1：词干；联结规约}$$

$$\begin{bmatrix} \text{ungwa} \\ | \quad | \\ H \quad H \end{bmatrix} \quad \text{循环2：惯常体后缀；联结规约}$$

$$\begin{bmatrix} \begin{bmatrix} \text{ungwa} \\ | \quad | \\ H \quad H \end{bmatrix} \text{n} \\ | \\ L \end{bmatrix} \quad \text{循环3：惯常体后缀；联结规约}$$

至关重要的是：在上述例子中，H 延展不在第三个循环上应用以取代惯常体后缀 L。如果确实应用了的话，我们就会对停顿前 -n 上的降曲调和非停顿前的 H 调型做出错误的预测。

㉞ H 延展应用于前面的循环，以说明 (105b) 中双联结的 H 调问题。注意：允许由 V 槽位触发 ˈ 删除，但不允许与 L 联结的 V 槽位触发 ˈ 删除，这些并不构成偶值特征的三值使用，因为蒂弗语里的 L 事实上是 [–提升]，而 H 则是 [+上部]。见上文第 5 节。

㉟ ˈ 删除的一个例外是一般过去时。注意：假如 ˈ 删除应用，那么它将删除一般过去时的整个形态标记。

第五章

重调

1. 引言

戈德史密斯（Goldsmith 1976）提出，语言在将自主音段引入音系表达式的方式上各不相同。在本书到目前为止已讨论过的语言类型中，自主音段（至少**某些**自主音段）存在于底层表达式中；规约和规则应用于自主音段表达式，最后产生表层形式。与此相反，还有一些语言，其底层是没有自主音段的，它们是在推导过程的非初始阶段中获得的。戈德史密斯提出了一种特定的机制来解释这些情况，即将带附加符号的重调引入到词汇表达式之中，将自主音段调式（melody）指派给这些重调。将自主音段存在于底层的这一主张用于分析各种现象，看一看其所覆盖的范围，便可以测算出它的影响程度。除用于处理声调问题外，自主音段理论还可用于鼻音和谐、元音和谐、非连续式构词学（non-concatenative morphology）、"音段性"同化等各种现象。就第二类（即重调与自主音段调式共同使用的）自主音段观点而言，情况略有不同。声调的重调研究方法相当普遍（尤其是在班图语里），但重调理论尚未被广泛应用于非声调现象之中。人们自然会问道，为什么应当如此？本章将试图回答这个问题。我认为重调理论不适用于非声调现象，因为它也不适用于声调现象——即原则上不允许重调与声调调式共同使用。这一基本结论与最近对不设立带附加符号重调的"重调"现象所做的大量分析相一致（Kisseberth 1982, Hyman and

第五章　重调

Byarushengo 1983, Hyman 1983）。[①] 不过，本研究不同于上述所列举的那些研究，这里是禁用重调分析的。

这里是以如下形式呈现论点的。首先，我要说明"重调观"存在着概念问题。其次，我要证明重调/调式手段实际上已被乔姆斯基和哈勒（Chomsky and Halle 1968）提出的音系规则普遍制约原则排除在外。最后，我将讨论一种已被证明需要重调分析的语言（如汤加语）里的一个典型案例，并证明该语言中的声调范式可以通过采用能独立证明的、非重调理论框架中已有的手段来加以解释。

在开始论证之前，我将简要对比一下"重调"与"非重调"框架在描述声调现象时所采用的类型方法。请看如卢干达语名词 àbàpákàsì "行李搬运工"的声调形式。要想推导出其表层声调模式，就仅仅需要一条信息——即以某种方式给音节 pa 加上标记。一种直截了当加标记的方式是预先将 pa 与 H 调相联结（Hyman 1983）。

（1）　[a [ba [[pakas] i]]]
              |
              H

如果我们采纳第三章（即声调不能自动扩展）和第四章（即在两声调的语言里 L 调由缺省规则赋值）的主张，那么在将缺省规则应用于（1）中的表达式之后，就能推导出 àbàpákàsì 的正确表层形式。

但是，如果我们的理论假设声调是自动延展的，那么（1）中的表达式就会产生 *HHHHH 这样的一种结果。这样，我们因自动延展的这一假设而不得不在（1）中 H 的两边引入 L 调。但引入这样的 L 调掩盖了一条核心通则，即只要将 pa 确认为带标记的而上述词中的其余音节不带标记的，就可以决定 àbàpákàsì 的正确声调推导方式。也就是说，引入 L 调将使声调触发器的整体性质变得模糊不清。因此，要表达这样一种触发器的整体性质，就需要把附加重调符号引入自主音段理论（Goldsmith 1976）之中，并可以将此处的复杂 LHL 调式作为对附加重调符号的解读方式进行指派。根据这一分析方法，àbàpákàsì有如下的底层表达式，其中带星号的元音是标记要与 H 联结的那个元音。

（2） a. a + ba + pa*kas + i

指派调式后推导而得：

   b. a + ba + pa*kas + i
       L H* L

联结和延展规约而后将会给出：

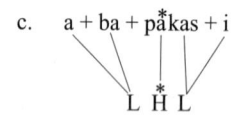

   c. a + ba + pa*kas + i
      L H* L

156 完成了这些初始介绍工作之后，现在将要开始讨论重调研究方法的优缺点了。

2. 附加符号

首先，我们来看一看重调研究方法（即带附加符号的重调）的基本词汇标记问题。有人可能提出带附加符号的重调是重音系统中一个有很好理据的特征，所以它们在声调系统中的使用得到非声调现象的证实。然而，我认为并非如此。

至于重音（stress），业已（如被 Hayes 1980）证明音节重量在触发构建节律树（metrical tree）或栅（grid）中起着重要作用，而且还证明单个音节结构表达式是不足以确定重音的。例如，海耶斯（Hayes 1980）证明阿克兰语（Aklan）里的某些轻音节在重音指派方面表现得像是重音节，他提议用附加符号把这类音节标记为可以以重音节触发节律规则一样的通常方式触发节律规则的应用。有关声调重调系统的问题如下：我们可否考虑一下把重音系统中附加符号的证据作为将附加符号引入声调系统的理据？这个问题的答案似乎是否定的。

第五章 重调

在重音语言里，凸显关系是从节律树或栅中读出的。② 这种节律结构是由决定音步类型、音步指派方向等一般性规则创建的。多数情况下，触发产生新的音步的那类元素，完全是由元素的音系构成决定的。比如，重音节常常触发产生新的音步。但在某些场合，音步的构建不是完全都能预知的。因此，带着特定的目标将附加符号引进来——以触发产生音步。因此，节律附加符号的属性主要是在如下这个意义上将音节标记为"中心成分（head）"的：该音节不可以由隐性（recessive）节律节点统制，一般性音步指派规则将从那一时起开启新的音步。③

很明显，附件符号在重音体系中的这个中心成分标记功能与上述（2）这类案例中所使用的附加符号毫不相关。在（2）中，附加符号不触发形成任何类型的节律结构，它们决定声调与骨架槽位的对应，因为（2）这种案例中的联结不是由从左到右的联结规约完成的。

这方面有几点很有意思。首先，在重音语言里，人们一般可以从语符串的音节结构中预测节律结构的指派；使用附加符号只是为了不可预测的案例而已。但在汤加语这类重调语言里，音节结构在指派声调方面通常不起作用。其次，我们在声调工具库中有确定声调与载调单位相联结的工具，但它们与联结规约（即预先联结）并不一致。例如，我们在约鲁巴语里（第四章）看到这个词在词库表征中必须有预先联结的 L 调：obe.
　　　　　　　　　　　　　　　　　　　　　　　　　　　　　　　　|
　　　　　　　　　　　　　　　　　　　　　　　　　　　　　　　　L

在声调中，将声调指派给载调单位的通常方法是采用从左到右的规约。当遇到这种调型的例外现象时，可采用预先联结方式解释这种例外现象。在重音方面，我们使用触发音步的附加符号来标记例外；在声调方面，我们使用预先指派联结线来标记例外。那么我们在声调体系中是否需要另外一个例外特征（即重调附加符号）？

2.1 限制性

考虑以上问题时，注意附加符号是一种本质上比预先联结更强大的手段，这一点很重要。结果是，限制性更强的理论将选择预先联结，而不是附加符号，除非这样做是不可能的。附加符号法更强大，原因很多。例如，采用预先联结方法，人们只能在语素内部指派例外联结线。如果 AB 序列是在形态结构中推导而来的，那么就不可能预先将语素 A 中的声调指派给语素 B 中的载调单位。另一方面，使用重调，很容易推导出那类例外联结。

$$(3) \begin{bmatrix} ...\overset{*}{T}... \\ A \end{bmatrix} \begin{bmatrix} ...\overset{*}{\sigma}... \\ B \end{bmatrix}$$

在重调研究方法中，该情况可以通过规约加以排除，但若只采用预先联结，本质上说是不可能的。

此外，附加符号方法允许有更多的规则类型，如规则在结构描写和结构变化中至少有可能参照附加符号。这种方法允许有三类规则：(1) 在声调指派之前操纵附加符号的重调规则，(2) 声调规则，(3) 参照声调和重调附加符号的规则。该理论中的**声调**规则与非重调理论中的声调规则具有同样的可能性，所以不是为了对比这些研究方法。但移动、删除和插入附加符号的重调规则与在某些重调构式中对声调起操控作用的混合规则，本质上在不允许附加符号重调的理论中已被排除在外。因此，无重调研究方法提供了一种限制性更强的规则类型理论。

2.2 赞同附加符号？

在提出一种将重调现象附加符号方法确实排除在外的制约条件之前，我们先来看一看三种支持将纯粹的"声调"系统与"重调"系统区分开来的潜在论据。我将提出：即使这种论据很有说服力，但它们不会成为支持附加符号的证据。也就是说，声调系统之间的相关差别可以用非重调方式来加以说明。

2.2.1 "主峰性"功能与重调"附属性"

在"纯声调语言"里，通常有与语素中所具有的载调单位一样多（或更多）的声调；另一方面，在重音语言里，每个重调单位一般只有一个主重调（Hyman 1978 及其参考文献）。因此，有人可能提出：如果某种语言展示出每个声调单位只有一个声调对立，那么这就成为了将这种语言与"纯声调语言"类别区分开来并把它置于"重调语言"类别之中的证据。

无论该论据的力度如何，它都无法成为一种支持附加符号的论据。在重音系统中，"每个重调单位一个重调"的属性直接来自于表达式。在节律理论中，当把音步聚集起来构成一个单词树（Liberman and Prince 1977）时，那么就有一个由单词树界定为单词的韵律中心的单个节点。因此，节律方法正确地预测出这种主峰性属性是重音系统的典型。音步中心成分的相对凸显自然也因单词树中的位置而有所不同。因此，节律方法可预测重调的从属关系。

然而，我们可以想象到：某个语言 X 具有每个重调单位一个重调的属性，但它经不起节律分析。可否把这种语言视为支持重调附加符号的证据？答案是否定的。在重调附加符号的研究方法中，不要期待形式上存在每个重调单位一个附加符号的理由。语法需要某种大致如此的规定。[4]

此外要注意的是：不要把这种规定看作是一种反对声调分析方法的论据，因为该规定在非重调声调语言里并不罕见。例如，我们在第六章中将要看到：约鲁巴语规定每个载调单位底层最多一个声调。正如我们在第三章中曾看到的那样，蒂弗语规定每个动词一个声调。因此，找出可以指派给某个韵律单位的重调或声调数量限制，不能成为一种支持重调分析的论据。

同样，与典型的重音系统形成对比，声调重调系统一般不展现出重调的从属关系。也就是说，重调的声调实现不依靠重调是否首重、次重、三级重音等发生变化。在重音系统中，常规情况是产生不同重音等级的变项解释；在声调重调系统中，一般给所有的重调都指派一种一致性的声调解释。[5] 采用自主音段声调解释（带或不带附加符号重调），可预知缺少重调的从属关系，因为声调并不是在先前创建层级结构的基础上指派的。

2.2.2 分布性制约条件

另一个区分"重调"与"声调"语言的潜在论据是用于韵律长度单位 n 的可能有的韵律模式的数量（Hyman 1978）。在声调语言里，若有两个声调，那么就可以期待有 2^n 种单词长度为 n 的可能性，而在三声调的语言里则可以期待产生 3^n 种单词长度为 n 的可能性。另一方面，我们期待重调语言产生 n 种单词长度为 n 的可能性，或者，如果单词底层无重调，那么就是 $n+1$ 种可能性。

然而，如海曼所指出的那样，语言很少那么直截了当。例如，约鲁巴语把出现在双音节名词第一个音节上的声调限定为 M 和 L，尽管第二个音节可以承载 H、M 或 L。因此，就一种有三个声调的约鲁巴语而言，双音节名词只有六种可能的韵律模式。如上所述，蒂弗语允许每个动词只带一个调；因此，即使是三音节动词，也只有两种韵律模式。

另一方面，已有人提出可以给费苏语（Fasu）（May and Loeweke 1964）和伊博语（Clark 1982）这类语言里的重调指派可能不止一个的声调调式，因此大幅增加了该重调体系中可能有的韵律模式数量。

请看如下的这个虚拟语言，它有 H 和 L 两个表层声调，LL、LH 和 HL 可以出现在单语素的双音节名词上，但 *HH 不可以。这个分布可能通过如下假定从重调上加以解释，即假定三个可能的模式是 VV、V$\acute{\text{V}}$ 和 $\acute{\text{V}}$V，而且一个语素不可以承载两个重调。同样的分布可以通过如下假定从声调上加以解释，即假定将可能有的模式表现为：VV、VV 和 VV；L
                                                              $\vert$ $\vert$
                                                              H   H
调是缺省指派的，一个单词不可能承载两个词库声调。

因此，没有人能做出如下结论：某一已知的语言通过确定单词长度为 n 的韵律模式数量来要求重调的概念。

2.2.3 对称性

海曼（Hyman 1978）注意到：作为最后一个形式上划分声调与重调

系统的潜在原因，声调在声调语言里呈现相对对称的状态，而在重调语言里，某个声调（通常是 H 调）具有某种特殊地位。有两点与此观察结果相关：第一，我认为：声调的不对称性不限于"重调"系统。例如，本书前面曾对约鲁巴语、蒂弗语和马尔吉语等声调系统中的不对称性做过讨论。在约鲁巴语里，H 和 L 就 M 而言拥有特殊地位；在蒂弗语和马尔吉语里，L 调的地位有别于 H 调。第二，我要提出的是：重调系统中出现不对称性的原因与声调系统中出现不对称性的原因基本上是一样的，即某些载调单位声调赋值，某些未赋值，从而出现不对称性。对比赋值音段与非赋值音段（或赋值 [+F] 和赋值 [–F] 的音段）的表征属性不是语言类型所具有的属性；不如说，表征上的差异反映了音系推导过程中的不同阶段而已。对比赋值音段与未赋值音段的阶段，是出现在相关缺省规则应用之前的推导阶段；对比 [+F] 与 [–F] 的推导阶段，是继应用相关缺省规则之后的推导阶段。当规则在相关缺省规则之前应用（即在第一阶段）时，出现声调不对称性；当作为应用缺省规则的结果所有声调全部赋值（即在第二阶段）时，声调表现为对称性。

我的建议是：约鲁巴语、蒂弗语和马尔吉语等语言里所观察到的不对称性与卢干达语（Hyman 1983）、日语（Archangeli and Pulleyblank 1984）和汤加语（见下文）等重调语言里所观察到的不对称性是有重要区别的，这种区别是有关用于所涉及语言里的声调特征数量。在约鲁巴语这类语言里，使用的声调特征不止一个；而在汤加语这类语言里，则只使用一个声调特征。所以，我提出把汤加语这类语言看作是重调语言，因为只有 H 调在底层得到表征——即元音要么与 H 调相联结，要么无调。既然影响 H 调的规则可以在指派 L 调之前应用，而影响 L 调的规则可以只应用于全部赋值的语符列，那么延展规则等将采用不同的方式来处理 H 调与 L 调，这样就产生了不对称性。

总之，声调不对称性的存在，似乎很清楚不需要引入特别的附加符号，那么，不对称性的表现可以通过把一组规则设定为应用于带附加符号的表达式，把另一组规则设定为用于声调全部赋值的表达式的方式来加以"解释"。证实存在的这类不对称，很可能是通过采用第四章中所讨论过的不充分赋值理论来解释的。

3. 调式

上一节指出："声调"与"重调"语言之间所观察到的差异类型，不能成为引入附加符号重调音系学理论的有力论据。当然，可能有人反对，该论据无法排除在标记案例中使用附加符号重调。因此，本节将审视另一半附加符号重调/声调调式（即数个调式）的提议，指出原则上存在摈除声调调式的有力理由。

已有人提出：设立声调调式可取得一条重要的普遍原则，即在重调语言的推导过程中有这么一个阶段，其中声调表达式"完全是由语言特有的、数个固定基本声调调式复制份数组成的"（Goldsmith 1982）。例如，在汤加语里，戈德史密斯（Goldsmith 1981）、哈勒和维格诺德（Halle and Vergnaud 1982）提出基本声调调式是 $\overset{*}{\text{HL}}$。因此，在汤加语的语符列推导过程中有这么一个阶段，声调音层是由数个基本声调调式的复制形式（即 [HL HL HL……]）组成的。假定存在这样的一个阶段，它不与任何一个特定的表征层面相对应，因此很难看出它为何会有那么重要。也就是说，它不是底层表达式（很重要，因为它对词项怎样储存进行了表征），不是词库表达式——一个已完成词库推导过程的词的表达式（Mohanan 1982）；这是因为词库音系规则的操作将遮住重复的 HL(HL)……模式。[6] 据我所知，尚未有语言学方面的证据证明该表达式层面的重要性。因此，我建议：如果出现该表达式，那么它只能是将规则和规约应用于含有预先联结声调的底层表达式所产生的结果。

请看如上文（2）中所看到的卢干达语里的例子。被视为 $\overset{*}{\text{LHL}}$ 重调调式的形式，是由某个预先联结的 H 调与第四章中所讨论过的缺省 L 插入规则发生交互作用而推导出来的。所以，LHL 序列并无重要地位，它只是规则应用于底层语符列所产出的副产品而已。

此外，还有一个不需要基本声调调式的原因。乔姆斯基和哈勒（Chomsky and Halle 1968）指出，在构建语法中不应允许（4）中所呈现的那类音系规则。

（4）　$A \to BC / P \_\_\_ Q$

由于指派声调调式的规则恰恰属于此类规则，这种制约条件在声调的重调分析中就被悄悄地绕过。声调调式指派的结构描写是个重调单位，结构变化主要是将声调**序列**指派给这样的一个单位。

（5）　$\overset{*}{V} \to \underset{\underset{\overset{*}{H\ L}}{|}}{\overset{*}{V}}$

因此，这类规则应当只有在能够展现出声调序列成为某类**单个单位**的情况下才在语法中获得允准。当然，这是声调重调研究方法的主张，但在我看来，没有证据支持这一主张。⑦

声调序列**能**构成一个单位。例如，一个或多个声调可以构成某个语言里一个语素的全部（或部分）。但在汤加语这类语言里，相关声调序列**没有**构成语素。不考虑相关单位的形态构成，我们都会把一个这样的序列指派给每次出现的重调。

声调序列构成某种"声调调式"，因此要允许将这类声调序列指派给一个单独成分。这样做，各种规则有可能违反禁用（4）中所呈现的那类规则的条件。例如，插音规则可插入"核心调式"，如（6）所示：

（6）　$\emptyset \to VC / C \_\_\_ V]$

它们也可以插入"和谐调式"，如（7）所示：

（7）　$\overset{*}{C} \to \underset{\underset{[+后位性]\ [-后位性]\ [+后位性]}{|}}{\overset{*}{C}}$

若不对那些能够合法构成"韵律调式"的序列类型加以严格限制，那么该举措就会导致对音系理论的极度弱化。

当然，应用非（4）中所属类型的音系规则，也有可能**推导出**调式。通过规定这是唯一产生调式的方法，对韵律调式的可能构成施加内在的限制。例如，在（8）中展现的调式类型，可以通过预先联结声调和采用插音规则指派第二个声调推导出来（假定无特殊插音规则，缺省规则等无法推导出该调式）。

（8） a. [α$\overset{*}{F}$]
b. [βG] [α$\overset{*}{F}$]
c. [α$\overset{*}{F}$] [βG]
d. [βG] [α$\overset{*}{F}$] [γH]

例如，（9）中的 [αF] 表示预先联结值，用这条规则可以推导出（8c）中的模式。

（9） ∅ →   [βG] / [αF] _____

另一方面，只用一条插音规则是不能推导出（10）中的这类调式，除非该规则是（4）中所呈现的那类禁用的类型。

（10） a. [α$\overset{*}{F}$] [βG] [γH] ...
b. ... [βG] [γH] [α$\overset{*}{F}$]
c. ... [βG] [γH] [α$\overset{*}{F}$] [δI] [ψJ] ...

通过假定复杂调式必须由规则推导出来，我们预测：与（8）相比，（10）中的调式将是高度标记性的，因为（10）中的调式在推导中需要不止一条规则。从戈德史密斯（Goldsmith 1981, 1982）、克拉克（Clark 1982）、哈勒和维格诺德（Halle and Vergnaud 1982）、奥登（Odden 1982）等著作中所讨论的案例看，该预测看来是正确的，因为**没有**该研究所提出的与（10）的情况相对应的调式。因此，即使某种语言的语法拥有声调调式是必需的，限制性理论应当要求这些调式是由插音规则推导而来，而不允许它们作为某类"调式单位"无成本地出现。

总而言之，我建议：非声调分析中没有采取重调附加符号与韵律调式相结合的方法，原因是它们甚至对声调都是不适宜的。可以用预先联结声调取代重调附加符号，声调调式可由常规的音系规则推导而得。

本章的剩余部分将对汤加语（赞比亚的一种班图语）"重调"系统中的某些属性进行考察，并将说明不需要重调附加符号的力量来对那种语言声调音变过程给出解释性的说明。相反，还将证明：某种重调框架中必须规定的某些事实，可在严格声调研究方法中直接得到解释。

4. 汤加语

梅森（Meeussen 1963）论证了汤加语的元音属于两种声调类别（我可以暂且把它们简单地标示为"标记"类别和"非标记"类别）之一。一旦将元音指派到适当的类别之中，就有可能推导出语言中所观察到的名词和动词形式。自主音段理论的争议点是如何概述这两种声调类别的特征。是否应当用指派附加符号重调来认定标记类别？是否应当由预先联结声调的出现来认定它？如果有预先联结的声调，那么它是 H 还是 L？应当强调的一点是：只需要两种类别。戈德史密斯（Goldsmith 1981）通过把标记类别描述为有重调（即附加符号标记的）类别、把非标记类别描述为无重调类别来对这一点进行解释。还有，附加符号重调方法的关键之处是将复杂声调调式（HL）指派给每个重调。在本书论证的自主音段理论版本中，没有这种可能性，因为它违反了反对（4）中所给出的规则形式的禁令。

既然已把附加符号重调的研究方法排除在外，那么这个理论预测标记类别的标记性应涉及的是对预先联结声调的指派问题。这一预先联结的声调至少有可能是 H 或 L。这个问题对于汤加语来说特别有趣，原因如下：不同于所假定的跨语言通用模式（"重调"一般是 H 调），汤加语的"标记"元音常常是与 L 调相联结的。尤其是在戈德史密斯（Goldsmith 1981）、哈勒和维格诺德（Halle and Vergnaud 1982）所做的重调分析中，正是 HL 调式中的 L 与附加符号重调相联结。因此，如果是预先联结声调，而不是给重调指派声调调式，那么最为明显的举措似乎应是作为标记元音的指示语预先联结 L 调。不过，在本书所提出的理论框架内，人们在选择预先联结的声调上没有自由选择权。具体地说，最小词库羡余的规定使得有必要预先指派音段的值不同于缺省指派的值。因此，要假定预先联结 L 调，就要求缺省指派的声调是 H；而如果缺省指派的声调是 L，那么预先联结的声调只能是 H。在汤加语里，有明确的证据说明 L 是缺省调（Halle and Vergnaud 1982）；当一个元音不是另外指派的声调，那么它表层将体现在 L 调上。既然有不充分赋值理论，这就意味着 H 一定是声调特征的非缺省值，因此，H 是那个唯一预先联结的候选项。

换言之，本节一开始，就提请注意有三种可能的研究诸如汤加语重调系统的自主音段研究方法：(1) 附加符号/声调调式，(2) 预先联结的 L 调，(3) 预先联结的 H 调。按照这里所发展的理论，前两种可能性必须排除在外。因此，本书的理论所具有的令人满意的结果是限定对已知一组数据的可能分析的范围。在下面各节中，我将说明这种限制性的研究方法明确了汤加语里的许多声调事实。

4.1 缺省值

如上所述，汤加语里的元音要么属于标记类别，要么属于非标记类别。当两种类别的元音同时出现时，非标记元音将依据与标记元音相关的位置表层体现为 H 或 L。但当一个词中的**所有**元音都是非标记类别时，它们表层都将体现为 L 调：

（11）a. ì mù ntù　　　　人
　　　b. ì dà　　　　　　胃
　　　c. ì bà sànkwà　　男孩，男人

采用哈勒和维格诺德（Halle and Vergnaud 1982）所提出的建议，我认为（11）中的 L 调是缺省值。但在认为缺省值是由（12）中的规则引入的自

主音段而不是核心赋值上，我跟哈勒和维格诺德的观点有所不同。[8]

（12）缺省 L 插入： Ⓥ → V
　　　　　　　　　　　　 |
　　　　　　　　　　　　 L

这条规则应用于（13a）这类形式，而后得到（13b）：

（13）a.　i mu ntu　　　b.　i mu ntu　　　[=11a]
　　　　　　　　　　　　　 | | |
　　　　　　　　　　　　　 L L L

4.2 重调名词

当词干元音得到重调时，我们就会得到以下的声调模式（这里，重调元音已用黑体标出）：

（14）a.　í bú sì　　　　烟
　　　b.　í cí tòngà　　汤加风俗，语言
　　　c.　í má kànì　　新闻，事务
（15）a.　í mú símbì　　女孩
　　　b.　í mú súnè　　牛
　　　c.　í mú lálà　　树眼镜蛇

由 í+bú+sì "烟" 与 ì+bù+sù "面粉" 这一对词可以清楚地看出，某种情况下出现在名词前缀上的 H 调是作为一种词干的属性功能出现的，它们不是固有的。假设一个重调就是一个预先联结的 H 调，那么这就意味着（14c）和（15a）这样的例子一定有如下的表达式：

（16）a.　[i [ma [kani]]]　　　　[=14c]
　　　　　　　　　　 |
　　　　　　　　　　 H

　　　b.　[i [mu [simbi]]]　　　 [=15a]
　　　　　　　　　　　 |
　　　　　　　　　　　 H

要给该案例推导出正确的表层形式，就必须应用两条规则。首先，H 调必须延展到它左侧所有无调元音上：

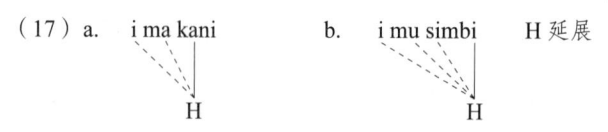

（17）a.　i ma kani　　　b.　i mu simbi　　H 延展
　　　　　　　＼｜　　　　　　　　＼＼｜
　　　　　　　　H　　　　　　　　　　H

其次，一定要删除最右边的联结线：

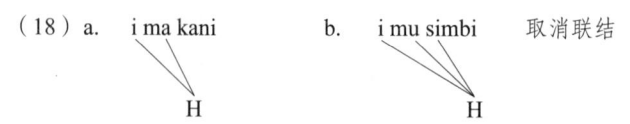

（18）a.　i ma kani　　　b.　i mu simbi　　取消联结
　　　　　　＼＼｜　　　　　　　＼＼＼｜
　　　　　　　　H　　　　　　　　　　H

然后，缺省 L 插入（12）将把 L 调指派给余下的所有元音，正确推导出表层形式 ímákànì 和 ímúsímbì：

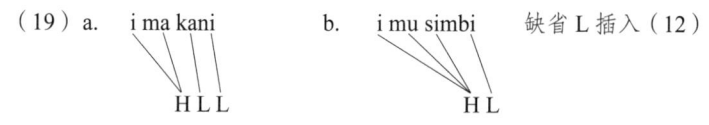

（19）a.　i ma kani　　　b.　i mu simbi　　缺省 L 插入（12）
　　　　　　＼＼｜　　　　　　　＼＼＼｜
　　　　　　H L L　　　　　　　　H L

上述推导中所需的两条规则可形式化如下：

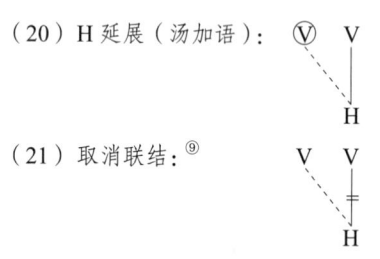

（20）H 延展（汤加语）：Ⓥ　V
　　　　　　　　　　　　　＼｜
　　　　　　　　　　　　　　H

（21）取消联结：⑨　V　V
　　　　　　　　　　＼｜
　　　　　　　　　　　H

H 延展规则所获得的延展在戈德史密斯（Goldsmith 1981）和哈勒与维格诺德（Halle and Vergnaud 1982）的分析中被认为是自动的。已知声调（甚至浮游调）不自动延展（第三章），而且汤加语也没有延展，这表明汤加语需要一条延展规则。H 延展在这方面最为简单，它只是简单地说"向左延展 H 调"。

另一方面，需要取消联结**推导出**与戈德史密斯（Goldsmith 1981）和哈勒与维格诺德（Halle and Vergnaud 1982）的"调式"相对应的 HL 模式。回想一下：应用规则不能推导出调式，表明存在着大量未经证实的调式（第三节）。此外，包括取消联结规则在内的分析，在某种情况下做出了与直接生成调式的分析不同的预测。既然取消联结的结构描写要求 H

调至少与两个元音相联结,包括取消联结在内的分析做出的预测是:在预先联结的 H 调不能延展的结构中,就不能取消与它的联结;因此,重调元音在此结构中将表层体现为底层承载的 H 调。下文将阐释这个预测确实得到了证实。

在如下的讨论中,我将关注三类情况:(1)戈德史密斯(Goldsmith 1981)赞同重调规则的情况,(2)规则看来参照声调和重调的情况,(3)重调元音表层体现为 H 调的情况。我将阐释:纯声调分析在所有情况下起码都会跟重调分析一样令人满意,而且很清楚在某些情况下应是首选的。由于讨论主要关注动词,我将首先对汤加语里的两类动词词基做简要分析。

4.3 动词词基:浮动 H 调

汤加语里的动词词基分为两类:(1)词库"重调"类,(2)"无重调"类。"重调"类引人注目的地方是"重调"总是落在动词词基的第一个元音上。

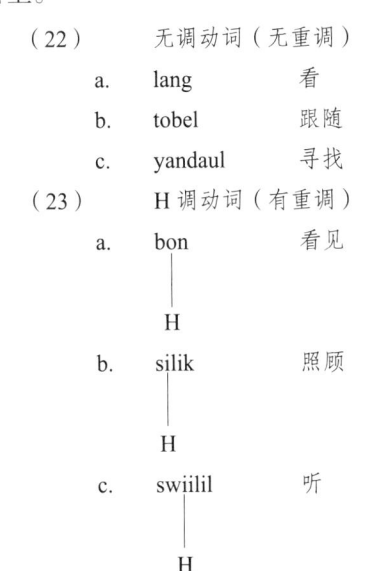

(22)　　　无调动词(无重调)
　　a.　lang　　　　看
　　b.　tobel　　　　跟随
　　c.　yandaul　　　寻找

(23)　　　H 调动词(有重调)
　　a.　bon　　　　看见
　　　　|
　　　　H
　　b.　silik　　　　照顾
　　　　|
　　　　H
　　c.　swiilil　　　听
　　　　|
　　　　H

重调分析按规定只能解释 H 调的位置;例如,设定语素结构制约条件,要求动词中任何一个词库的 H 都要与第一个元音相联结。这个规定不合需要，因为它只是重复了普遍联结规约的作用。凯巴斯基（Kiparsky 1982a）提出语素结构制约条件一般都是可以摈弃的——可由在词库第一循环时应用填充值、（至少可能）在随后循环时的派生环境中应用改变值的规则取代。在此特定情况下，可让声调联结规约在词库应用来淘汰语素结构制约条件。与重调研究方法形成对比，汤加语的声调分析因而可以对动词的底层表达式做出可能性最小的假设——即动词可以有多达 3 个带或不带词库 H 调的元音。如果有 H 调，那么它将以从左到右的方式与词干的第一个元音相联结。因此，汤加语里动词词干的基本表达式构成了一个支持声调而非附加符号研究重调方法的论据。

4.4 起始 H 删除

在讨论另外的反对汤加语附加符号重调研究方法的论据之前，我将简要讨论一下一条理解稍后例证所必需的规则。在讨论限定动词形式时，戈德史密斯说明有一条删除起始 H 调的规则。

（24）起始 H 删除： H → Ø / [动词 ____

例如，H 调词干与无调词干之间的不同在以下情况下被中和化：

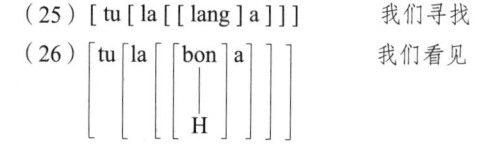

（25）[tu [la [[lang] a]]]　　我们寻找
（26）[tu [la [bon] a]]　　　　我们看见
　　　　　　　　　｜
　　　　　　　　　H

在（25）中，动词词干 lang 是无调的，而在（26）中，词干 bon 带个 H 调。但 bon 的 H 调被起始 H 删除规则删除，所以两种情况的表层形式是自始至终都带 L 调：tùlàlàngà、tùlàbònà。这条规则将在下文讨论的许多例子中出现。

4.5 梅森规则

我要考察的戈德史密斯分析中的第一条重调规则是梅森规则

（Meeussen's rule）。依照戈德史密斯的说法，这条规则在插入声调调式之前将两个重调序列中的第二个重调删除。通过使用 $\overset{*}{V}$ 表示重调元音、$\overset{\circ}{V}$ 表示无重调元音，这条规则可以形式化表述如下：

（27）梅森规则： $\overset{*}{V}$ → $\overset{\circ}{V} / \overset{*}{V}C$。

与该重调形式化表述相同的是纯声调规则，如下所示：

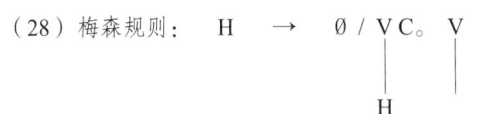

（28）梅森规则： H → Ø / V C。 V
　　　　　　　　　　　　｜
　　　　　　　　　　　　H

在重调研究方法中，必须把梅森规则排在指派声调调式之前应用。在声调研究方法中，这条规则必须在 H 延展（20）和取消联结（21）之前应用。

为了说明这一规则，我将谈一下陈述式现在肯定性强势时态（时态8）。在（30）的形式中，涉及如下的形态结构：

（29）[主语 [时态标记 [（宾语）][动词词干] 末尾元音]]]]

下面（30）中的这个例子产生于各种可能的组合，而这些组合又产生于 H 调和无调主语前缀（tu"我们"，ba（H）"他们"）、H 调和无调宾语前缀（mu"他，她"，ba（H）"他们"）以及 H 调和无调动词词干（lang"看"，bon（H）"看见"）的组合。

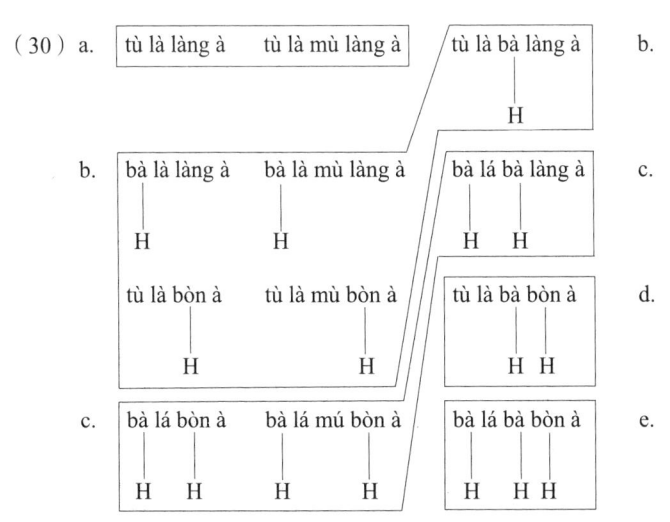

（30）a.　tù là làng à　　tù là mù làng à　　tù là bà làng à　　b.
　　　　　　　　　　　　　　　　　　　　　　　　　　｜
　　　　　　　　　　　　　　　　　　　　　　　　　　H

　　　b.　bà là làng à　　bà là mù làng à　　bà lá bà làng à　　c.
　　　　　　　　｜　　　　　　　｜　　　　　　｜　　｜
　　　　　　　　H　　　　　　　H　　　　　　H　　H

　　　　　tù là bòn à　　tù là mù bòn à　　tù là bà bòn à　　d.
　　　　　　　　　｜　　　　　　　｜　　　　　　　｜　　｜
　　　　　　　　　H　　　　　　　H　　　　　　　H　　H

　　　c.　bà lá bòn à　　bà lá mú bòn à　　bà lá bà bòn à　　e.
　　　　　｜　　｜　　　｜　　｜　　｜　　　｜　　｜　　｜
　　　　　H　　H　　　H　　H　　H　　　H　　H　　H

（30）中的表层声调形式是由上面元音的声调附加符号表示的；词库表达式是用下面元音的声调自主音段呈现的。标示方框表示声调推导是可比较的序列。

首先请看标示（a）的方框中的情况。这里没有词库声调，因此，该单词中的所有元音作为缺省 L 插入（12）的结果均表层体现为带一系列的 L 调。

方框（b）中的案例是每个带一个单独的 H 调。这个 H 调被起始 H 删除（25）规则删除，所以所有案例结果都是一个 L 调的模式。

方框（c）、（d）和（e）中的例子均由上述讨论的规则直接推导而得。请看下面具有代表性的例子：

（31） c. ba la bon a　　d. tu la ba bon a　　e. ba la ba bon a
　　　　　　| |　　　　　　　　| |　　　　　　　　| | |
　　　　　　H H　　　　　　　　H H　　　　　　　　H H H

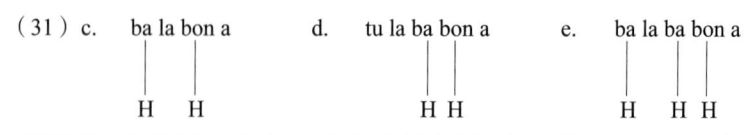

梅森规则（27）应用于（d）和（e）中的案例，但不能应用于例子（c）：

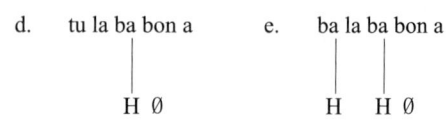

　　　　　　　　　　d. tu la ba bon a　　e. ba la ba bon a
　　　　　　　　　　　　　　| |　　　　　　　　　| |
　　　　　　　　　　　　　　H Ø　　　　　　　　　H Ø

H 延展（20）应用于所有三类例子：

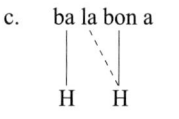

c. ba la bon a　　d. tu la ba bon a　　e. ba la ba bon a
　　| ⸍　　　　　　　　|⸍⸍　　　　　　　　|　⸍
　　H　　　　　　　　　　H　　　　　　　　　　H

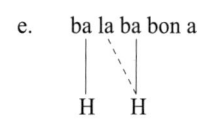

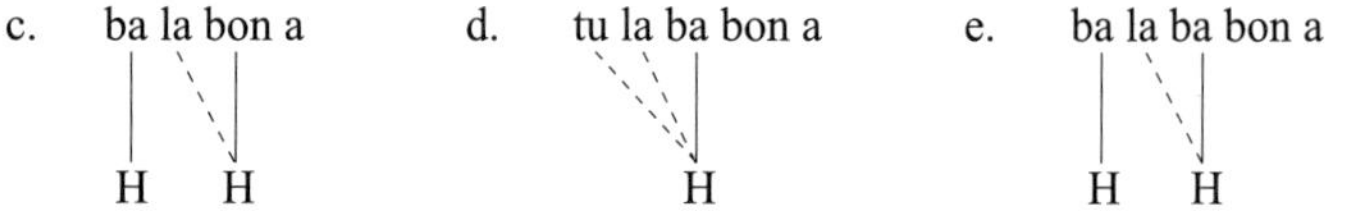

应用取消联结（21）：

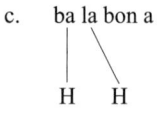

c. ba la bon a　　d. tu la ba bon a　　e. ba la ba bon a
　　| |　　　　　　　　　⸍|⸍　　　　　　　　|　|
　　H　　　　　　　　　　　H　　　　　　　　　　H

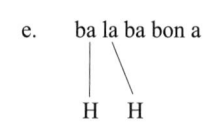

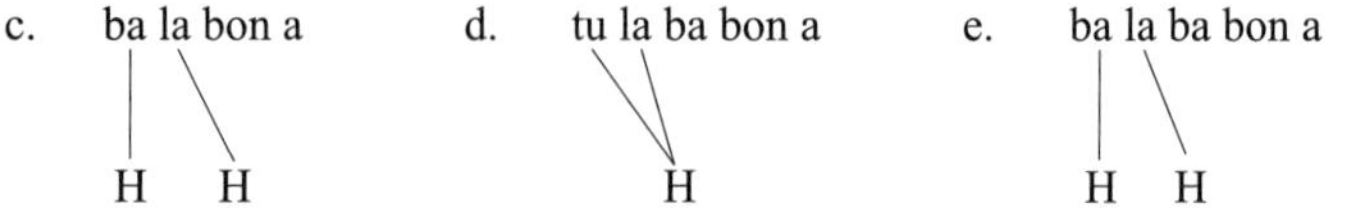

最后，起始 H 删除（25）删除（c）和（e）例子中的第一个 H 调，以及（d）例子中唯一的 H 调。

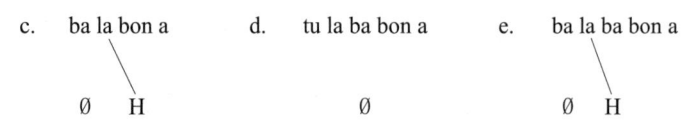

c. ba la bon a　　d. tu la ba bon a　　e. ba la ba bon a
　　　　　|　　　　　　　　　　　　　　　　　　　　　|
　　Ø　　H　　　　　　　　　Ø　　　　　　　　Ø　　　H

应用缺省声调规则后产生正确的结果：bàlábònà、tùlàbàbònà 和 bàlábàbònà。

就上述这些案例而言，有三点应当需要强调：第一，如上所述，这类案例没有要求我们把梅森规则视为重调规则的特别之处。声调删除规则在声调语言里很普遍。第二，上述分析不要求预先联结（30）中的词库 H 调。正如第三章（2.3 节）所呈现的那样，该例子中的各种联结完全源自普遍联结规约与音系规则循环应用的共同协力。下文将看到，重调附加符号不仅不是汤加语所必要的，而且大多数声调联结线是完全可以预知的。最后，（31）中的声调推导与戈德史密斯（Goldsmith 1981）之类分析中所采用的重调推导之间的唯一主要差别是：（31）中的延展是由规则实施的，而且推导而得的是 HL 调式。

4.6 自由调的联结

上文已提出"重调"是个不当的名称，因为（a）不需要附加符号重调，（b）词库声调不必预先联结（预先联结恐怕是"重调"行为的证据）：它们可通过规约进行联结，很像许多"声调"语言里的声调那样。本节将通过考察一类由远依存肯定句（时态 6）例示的时态来为（6）提供额外的证据。通过从声调角度解释该时态，我们可以将一类复杂的重调移动规则删除。在远依存肯定句（remote dependent affirmative）中，无调词干的表层体现形式是词干的第一个元音带个 H 调，而 H 调词干的表层形式是那个所期待的 H 调模式。请看下面的形式：

（32） a.　tù ká láng è
　　　b.　tù ká tóbèl è
　　　c.　tù ká yándàùl è

（33） a.　tù ká bòn è
　　　b.　tù ká sìlìk è
　　　c.　tù ká swìilìl è

为了在重调框架内解释该事实，戈德史密斯（Goldsmith 1981）假定这个时态的末尾元音（fv）上有个重调，这个重调向左移至词干的第二个元音上。要说明重调移至第二个而非第一个词干元音上，戈德史密斯假定移动音变实际上是一种转入后重调的变化，其中后重调由规约直接将右侧毗邻元音变成重调（V̑ 表示后重调元音）。

（34）[词干 V̑ X + [fv V̑]

在本章的分析中，这个时态可通过假定存在一个形态引入到末尾元音上的自由 H 调来直接加以解释。其后，这个自由声调将由一般联结规约联结起来。请先看一下 H 调词干的情况。第一次循环时，词干的 H 调将发生联结。第二次循环时，后缀的自由 H 调将由从左至右的联结规约联结起来，如（35a）所示：

（35）a. [[silik] e]
          [|]
          [H   H]

随后加前缀后得到：

b. [[tu ka [silik] e]]
   [| |]
   [H   H   H]

接着，梅森规则（28）与其他上述讨论的规则相结合，推导出正确的形式 tùkásìlìkè。[⑩]

作为无声调词干的例子，请看 tùkátóbèlè（32b）的推导过程。在词干循环时，没有声调联结：

（36）a. [tobel]

添加 H 调的末尾元音后就有了一个问题：自由 H 调应当按照从左到右的规约联结到 tobel 的**第一个**元音上，但实际没有。

b. * [[tobel] e]
      [   ]
      [H]

它联结到了第二个元音上。如果（36）词干中的第一个元音不能用于声调联结，那么这个事实就可以得到解释。下一章将提出确实存在一种具有这样结果的可用于声调语法分析的方法。在重音体系中，我们可以把某些外围结构成分标记为"节律外的（extrametrical）"，因而可以把它们置于重音规则的应用对象之外；在声调系统中，也可以把某些外围结构成分标记为"声调外的（extratonal）"，因而可以把它们置于声调规则的应用对象之外。

因此，从左到右联结到**第二个词干元音**上的结果是无调词干的一个特殊属性，即第一个词干元音是声调外的。声调联结之前，tobel 这类词干的正确表达式，如（37）所示。

（37）a. $\begin{bmatrix} \begin{bmatrix} \text{to} & \text{bel} \\ [+\text{ex}] & \end{bmatrix} e \\ \quad\quad\quad\quad\quad H \end{bmatrix}$

联结规约在第二次循环时应用，由于第一个元音不能用于声调联结，因而它将 H 与 tobel 的第二个元音相联结。

b. $\begin{bmatrix} \begin{bmatrix} \text{to} & \text{bel} \\ [+\text{ex}] & \end{bmatrix} e \\ \quad\quad\quad\quad\quad H \end{bmatrix}$

第三次循环时，音节 to 已不是其外围成分。只有外围单位才可以是声调外的，[11] 它因而自动失去了它的声调外属性。

c. $\begin{bmatrix} \text{ka} \begin{bmatrix} \text{tobel} & e \\ \quad\quad H \end{bmatrix} \end{bmatrix}$

随后加前缀，应用联结规约后推导出如下形式：

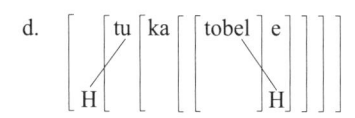

d. $\begin{bmatrix} \text{tu} \begin{bmatrix} \text{ka} \begin{bmatrix} \text{tobel} & e \\ \quad H \end{bmatrix} \end{bmatrix} \\ H \end{bmatrix}$

常规应用规则，结果就会产生正确的表层形式 tùkátóbèlè。

这种类型的时态有几点很重要。第一，没有理由设立特殊的重调规则。远依存肯定句的关键之处是，声调时态标记是在后缀上引入的，但出现在词干之上。由于标记语的自主音段表征和从左到右的规约都是自主音段理论的基础部分，这种左向移动恰恰是人们所期望的。但如果把时态标记语视为重调附加符号，它本质上不是自主音段性的，因而就必须给语法引入一条特殊的临时性移动规则。声调分析中的这种情况所必需的唯一规则是一条将第一个词干元音置之度外的规则。此外，不妨假定这种声调外的规则一般应用于汤加语里的无调动词词干，因而也就不需要为远依存肯定句做出什么特殊规定。还有一点，请注意：这里采用的研究方法只在本研究所采纳的这类循环框架内才有可能。为了让后缀的 H 恰当联结，就必须在 tobel 的第一个音节仍是外围性的这个循环时进行联结。一旦加上前缀，tobel 的第一个音节可能就不再是外围性的。因此，声调联结在汤加语里一定是循环性的。⑫

4.7 近（强）过去时

近过去时（recent past）是一种特别有趣的时态，原因如下。戈德史密斯（Goldsmith 1981）在分析时认为这个时态需要一条重调规则，哈勒和维格诺德（Halle and Vergnaud 1982）在分析时则认为这个时态需要一条参照声调和重调的规则。本节将说明：无须参照重调，直接应用声调插入规则就可以解释这些已证实存在的事实。此外，这个时态还表明：如果 H 调"重调"不受取消联结（21）的影响，那么它在汤加语里将表层体现为 H 调。

（38）和（39）给出了具有代表性的近（强）过去时的表层形式。

（38） ndàbónà   ndàkúbònà   ndàbábònà
         ndàlàngà   ndàkùlàngà   ndàbálàngà

（39） wábònà   wándíbònà   wábàbònà
         wàlàngà   wàndìlàngà   wábàlàngà

（38）和（39）中的所有例子把表示近过去时的前缀 [a- 作为第二个构形成分纳入其中。在（38）和（39）中，第一列里没有宾格前缀，第二列里有无调宾格前缀（[ku-"你"或 [ndi-"我"），第三列里有带 H 调的宾格前缀（[ba(H)-"他们"）。（38）之类例子中的主语前缀是无调的（[ndi-"我"），而（39）例子中的主语前缀是带 H 调的前缀（[u(H)-"他/她/

第五章　重调

它")。

　　首先，请看一下（39）中三个具有代表性的例子的推导过程。假定 [a- 是无调的，那么 wábònà、wábàbònà 和 wàndìlàngà 这些例词的音系规则输入项分别是：

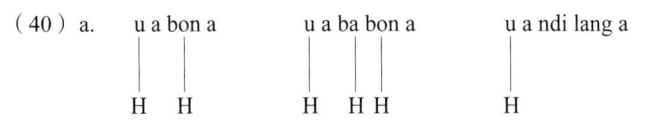

（40）a.　　u a bon a　　　　u a ba bon a　　　　u a ndi lang a
　　　　　　　| |　|　　　　　| |　|　 |　　　　　| |　 |　　|
　　　　　　　H H　　　　　　H H H　　　　　　 H

梅森规则（28）适用于第二个例子：

　　　　b.　　　　　　　　　u a ba bon a
　　　　　　　　　　　　　　| |　　　|
　　　　　　　　　　　　　　H H　 Ø

H 延展（20）和取消联结（21）适用于前两个例子：

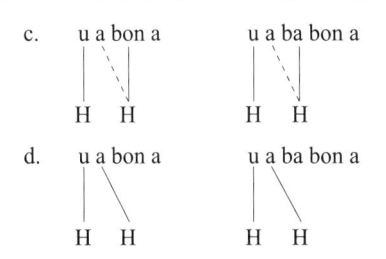

　　　　c.　　u a bon a　　　u a ba bon a
　　　　　　　| |　　|　　　　| |　　　|
　　　　　　　H H　　　　　　H H

　　　　d.　　u a bon a　　　u a ba bon a
　　　　　　　| |＼|　　　　　| |　＼|
　　　　　　　H H　　　　　　H H

起始 H 删除（25）适用于所有例子：

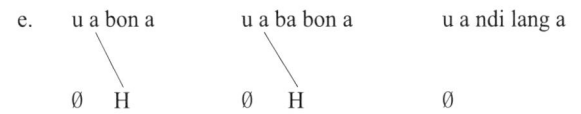

　　　　e.　　u a bon a　　　u a ba bon a　　　u a ndi lang a
　　　　　　　　＼|　　　　　　　＼|　　　　　　　|
　　　　　　　Ø H　　　　　　Ø H　　　　　　　Ø

滑音形成规则将元音前 [u] 变成 [w]，缺省 L 插入（12）将 L 调指派给所有余下的元音，由此得到正确的结果：wábònà、wábàbònà 和 wàndìlàngà。正如这些例子所示，如果我们假定前缀 [a- 是底层无调的，那么涉及 H 调主语前缀的近过去形式推导过程就没有问题。另外需要注意的是：不那样假定，就会产生很多问题。例如，我们在（40b）中看到：梅森规则应用于 wábàbònà 的推导过程。如果前缀 [a- 是在 H 调上，那么我们就会期望梅森规则不仅删除该例子中的词干 H 调，而且还删除前缀 [ba- 和 [a-

175

201

的 H 调：

（41） u a ba bon a
　　　　|
　　　　H Ø Ø Ø

在其后应用起始 H 删除之后，该研究方法因此就会做出错误的预测 *wàbàbònà。

明白了这一点，现在让我们来看一看（38）中的形式。请看比如 ndàbónà 的推导过程。表层 H 调出现在这个形式中，这表明在该词的推导过程中至少两个元音上都应该有个 H 调；倘若只有一个 H 调，那么它就会被起始 H 删除规则所删除。此外，ndàbónà 上的表层 H 出现在 bon 上，这个事实表明 a- 的紧前面有个 H 调；如果 H 调是在 ndi- 上，a- 上没有调，那么 H 延展和取消联结将错误地推导出 bon 上的 L 调。因此，在 ndàbónà 推导过程的这一点上，声调表达式一定是如（42）所示。

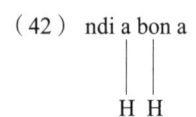

（42） ndi a bon a
　　　　| |
　　　　H H

上述表达式有两个问题。首先，我们在（39）例子中看到：设立无调的 [a-，可以用一个 H 调主语前缀推导出所有正确的近过去形式，但（38）中的形式似乎需要 [a- 带个 H 调。其次，（42）中的 H 调不可以触发梅森规则，即不可以触发对 bon 上 H 调的删除。

这两个问题的解决方案就在于梅森规则应用之后的形态条件规则在这个时态中所需要的指派 H 调上。[13]

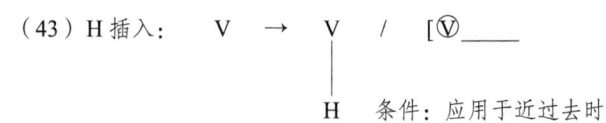

（43）H 插入：　V → V / [Ⓥ____
　　　　　　　　　　　|
　　　　　　　　　　　H　条件：应用于近过去时

因为它要求第一个元音的声调不赋值，所以 H 插入仅适用于主语前缀在底层是无调的这类情况。H 插入将应用于 ndàbónà 的推导过程，如下所示：

（44）a.　ndi a bon a
　　　　　　　　|
　　　　　　　　H

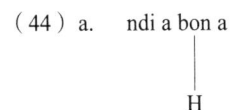

梅森规则无法应用，H 插入应用。

　　　b.　ndi a bon a
　　　　　　　| |
　　　　　　　H H

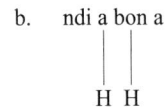

H 延展（20）和取消联结（21）与第一个 H 调有关，但它们的作用因应用起始 H 删除（25）而被取消。

　　　c.　ndi a bon a
　　　　　　　　|
　　　　　　　Ø H

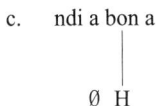

滑音形成规则与声调缺省规则可以产生正确的形式 ndàbónà。

转到余下的（38）中的例子后，我们看到 H 插入（43）能够毫无问题地解释所有情况。请看 ndàkúbònà、ndàbábònà 和 ndàlàngà 的推导：

（45）a.　ndi a ku bon a　　　ndi a ba bon a　　　ndi a lang a
　　　　　　　　|　　　　　　　　| |
　　　　　　　　H　　　　　　　　H H

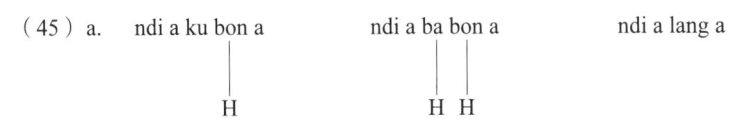

梅森规则（28）适用于第二个例子。

　　　b.　　　　　　　　　　　ndi a ba bon a
　　　　　　　　　　　　　　　　　|
　　　　　　　　　　　　　　　　　H Ø

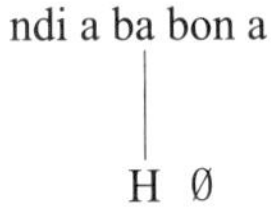

H 插入（43）适用于所有三个例子。

　　　c.　ndi a ku bon a　　　ndi a ba bon a　　　ndi a lang a
　　　　　　　| |　　　　　　　| |　　　　　　　　　|
　　　　　　　H   H　　　　　　　H H　　　　　　　　　H

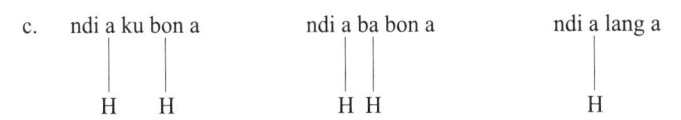

H 延展（20）、取消联结（21）和起始 H 删除（25）均适用于所有三个例子。

　　　d.　ndi a ku bon a　　　ndi a ba bon a　　　ndi a lang a
　　　　　　　| |　　　　　　　| |　　　　　　　　　|
　　　　　　　H   H　　　　　　　H H　　　　　　　　　H

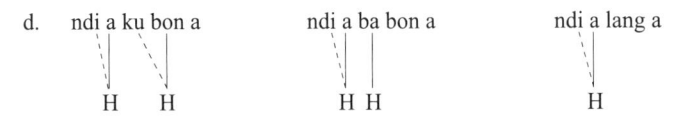

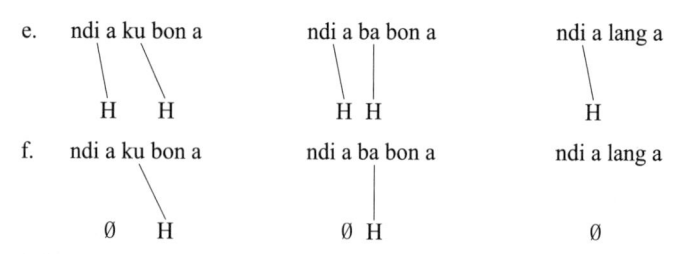

```
e.  ndi a ku bon a           ndi a ba bon a          ndi a lang a
         |  |                      |  |                     |
         H  H                      H  H                     H

f.  ndi a ku bon a           ndi a ba bon a          ndi a lang a
         |  |                      |  |                     |
         Ø  H                      Ø  H                     Ø
```

在所有三类例子中，滑音的形成和缺省 L 插入的应用将产生正确的表层形式：ndàkúbònà、ndàbábònà 和 ndàlàngà。

概而言之，近过去时的声调形式在本分析中是通过如下假定得到解释的：假设（a）底层无调的前缀 [a-,（b）H 插入规则（43）。没有提及重调，也没有给音系学理论中引入任何特殊的原则。我们在将这里提出的声调研究方法与在近来文献中出现的重调研究方法进行比较时，深感这个结果有些意义。戈德史密斯（Goldsmith 1981）、哈勒和维格诺德（Halle and Vergnaud 1982）的两个分析都要求设定参照附加符号重调的关键性规则。此外，规则在每个案例中的性质都要求对音系学理论进行某种弱化。戈德史密斯（Goldsmith 1981）的情况是：采用一种特殊的重调移动规则来解释近过去时的声调形式，但要产生所设定的近过去时重调移动规则与梅森规则之间正确的交互作用，戈德史密斯被迫对别处条件进行某种影响深远的修改。这里不对戈德史密斯提出的修改做详细讨论，哈勒和维格诺德（Halle and Vergnaud 1982）中已有过详尽的讨论，其中指出：即使在重调研究方法中，对别处条件的这些修改都是不需要的。然而，重要的是，甚至哈勒和维格诺德提出的取代戈德史密斯研究方法的方法也需要对重调理论进行某些弱化。因此，在他们为近过去时提出的替代方法中，至关重要的是规则应能够同时参照声调和重调。也就是说，人们必须采纳的观点是，重调不仅有助于声调与载调单位排列起来，而且还需要在后面的推导过程中继续发挥作用，触发或阻断某类规则。所以，本分析的理想结果是：不需要对音系学理论进行普遍弱化，或是对别处条件进行重新解读，或是增强重调附加符号。就近过去时而言，本分析确确实实根本不需要附加符号。

在离开这个话题之前，重要的是要考虑：就近过去时而言，声调研究方法与重调研究方法究竟为何不同。原因最终是涉及声调调式地位的不同假设。汤加语的 HL 调式是初始单位，是作为一个**单位**指派给重调元音的，因此调式中的 L 必须与重调元音相联结。另一方面，HL 调式是通过取消联结（21）与缺省 L 插入（12）（如在本分析中）之间的交互作用产生的，因此一个起初指派 H 的元音在取消联结可适用的语境中表层体现为 L。也就是说，正如上文 4.2 节已提到的，把声调调式视为初始单位的研究方法，从一种规则交互作用推导出声调调式所要求的视角做出实证上截然不同的预测。如下文所示，不给调式指派单独地位的理论做出了那个正确的预测。

首先，请看近过去时的重调研究方法。很明显，至少在某种场合必须给前缀 [a- 指派重调，而 [a- 上的重调不可以触发梅森规则对随后重调的删除。[14] 为了避免这个迫使戈德史密斯（Goldsmith 1981）设定对别处条件修改的问题，我将在本研究中假定重调在适当场合是由一条相当于 H 插入（43）的规则指派的。因此，问题如下：在一个像 ndàbónà 这类的例子中，在不应用梅森规则而应用 * 插入（近过去时）之后产生如下结构形式：

（46）ndi ǎ bǒn a

有了这样一个构式，bon 只能体现为一个 L 调，因为在汤加语里单独调式研究方法将给重调元音指派 L 调。要说明 bon 实际上表层体现为 H 这样一个事实，就需要引入一条特殊规则。请将（46）与（又一次在不应用梅森规则而应用 H 插入（近过去时）后）导致纯声调分析方法的表达式相比较：[15]

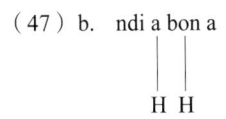

（47）b.　ndi a bon a
　　　　　　|　|
　　　　　　H　H

在派生调式研究方法中，H 调元音在 H 不是多重联结的情况下表层体现为 H，所以无须做任何特别之事就可以推导出 bon 的表层 H 调。因此，重调研究方法所必须的一条特殊规则是：通过假定调式中的 L 与重调元音相联结的单一声调调式所产生的直接结果；通过假定限制性更强的调式推导研究方法，这个时态不需要任何一条特殊规则。

4.8 稳定的末尾元音重调

前一节讨论了重调分析方法因假定将 HL 调式的 L 指派给重调元音而需要一条特殊规则的情况，还说明了声调研究方法不需要任何这样一条特殊规则。本节将讨论一个类似情况，但这个情况产生于某个有所不同的构式。

我将要考察的情况是"稳定的末尾元音重调"现象。该重调出现在诸多时态中，其不同之处有两点：（1）重调落在末尾元音上，（2）末尾重调不受制于梅森规则。请看如下的激励肯定句（hortative affirmative）（时态 2）的形式：

（48） kàmùbónà　　　　kàmùndíʹbóná　　　　kàmùbábónà
　　　 kàmùsílíkà　　　　kàmùndíʹsílíkà　　　　kàmùbásílíkà
　　　 kàmùswííIílà　　　 kàmùndíʹswííIílà　　　kàmùbáswííIílà
（49） kàmùlángà　　　　kàmùndílángà　　　　 kàmùbálángà
　　　 kàmùtóbélà　　　 kàmùndítóbélà　　　　kàmùbátóbélà
　　　 kàmùyándáúlà　　kàmùndíyándáúlà　　　kàmùbáyándáúlà

（48）中的形式涉及 H 调动词词干，而（49）中的形式涉及无调词干。第一列中没有宾格标记语，而第二、三列分别表示无调的和 H 调的宾格标记语。

在开始解释这个时态的各种属性之前，我将首先对出现在（48）第二列中的降阶现象做简要讨论。卡特（Carter 1971）指出汤加语里的 HLH 序列体现为 HʹHH。戈德史密斯（Goldsmith 1981）把卡特这一称之为"口误规则"的音变现象形式化，基本形式如下所示：[16]

第五章 重调

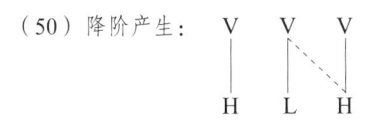

（50）降阶产生：

```
     V   V   V
     |   |  /
     H   L  H
```

为阐释这条规则，请对例子 íkúmúbònà"看见他"与 íkúꜜtámúbònà"没有看见他"的推导过程进行比较。在应用声调规则之前，这两个例子表征如下：

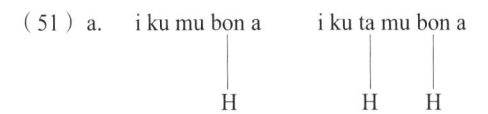

（51）a.　i ku mu bon a　　i ku ta mu bon a

梅森规则（28）不适用。H 延展（20）和取消联结（21）均应用。

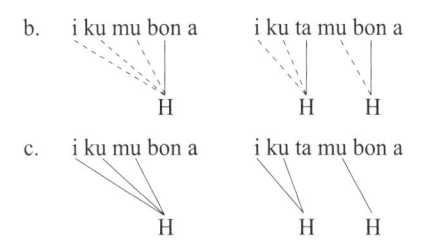

b.　i ku mu bon a　　i ku ta mu bon a

c.　i ku mu bon a　　i ku ta mu bon a

起始 H 删除（25）不适用，因为我们不是处理有限动词形式。缺省 L 插入（12）应用，见如下所示：

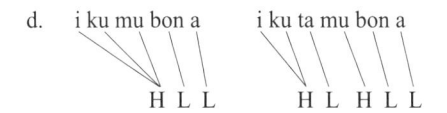

d.　i ku mu bon a　　i ku ta mu bon a
　　　H L L　　　　　H L H L L

虽然（51d）中的表达式正确说明了 íkúmúbònà 的表层形式，但它却错误地预测了 *íkútàmúbònà。要推导出正确的结果，就必须应用降阶产生（50）：

（52）　　　　　　i ku ta mu bon a
　　　　　　　　H L　H L L

这样就可以正确地推导出在 íkúꜜtámúbònà 中已证实存在的降阶。

回到激励肯定句上来，我将首先通过分析无调动词词干案例来阐释稳定的末尾元音重调。请看下例：

（53）a.　ka mu yandaul a　　ka mu ndi tobel a
　　　　　　│　│　　│　　　│　│　　│
　　　　　　H　H　　H　　　H　H　　H

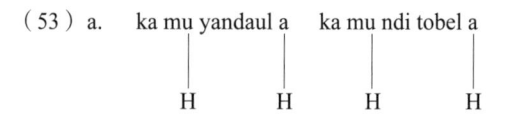

H 延展（20）应用于这两个例子中的 H 调。特别需要注意的是：它应用于末尾元音的 H 调。

　　　b.　ka mu yandaul a　　ka mu ndi tobel a
　　　　　　　　　　│　　　　　　　　　　│
　　　　　　　　　　H　　　　　　　　　　H

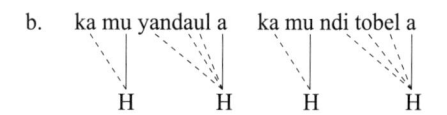

最后，取消联结（20）和起始 H 删除（25）将应用，推导出：

　　　c.　ka mu yandaul a　　ka mu ndi tobel a
　　　　　　│　　│　　　　　　│　　│
　　　　　　Ø　　H　　　　　　Ø　　H

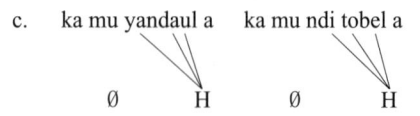

缺省规则推导出正确的表层形式 kàmùyándáúlà 和 kàmùndítóbélà。至关重要的是，表层体现在词干元音和宾格前缀（如果有的话）上的 H 调源于末尾元音上 H 调的延展。

回到 H 调词干的例子。只要动词词干含有不止一个元音，就可以完全直接进行推导。例如，请看 kàmùsílíkà、kàmùndísílíkà 和 kàmùbáswíílílà：

（54）a.　ka mu silik a　　ka mu ndi silik a　　ka mu ba swiilil a
　　　　　　│　│　│　　　│　│　　│　│　　　│　│　│　　│
　　　　　　H　H　H　　　H　H　　H　H　　　H　H　H　　H

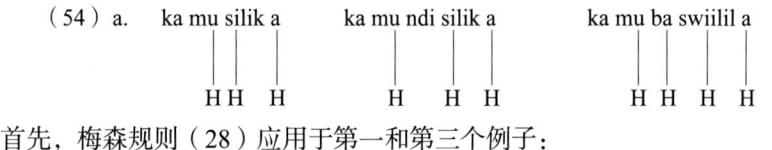

首先，梅森规则（28）应用于第一和第三个例子：

　　　b.　ka mu silik a　　　　　　　　　　　　ka mu ba swiilil a
　　　　　　　　　│　│　　　　　　　　　　　　　　　│　│　　│
　　　　　　　　　H Ø　　　　　　　　　　　　　　　H Ø　　H

H 延展（20）、取消联结（21）和起始 H 删除（25）应用于所有这三个例子：

　　　c.　ka mu silik a　　ka mu ndi silik a　　ka mu ba swiilil a
　　　　　　　　│　　　　　　　　│　　　　　　　　　│
　　　　　　　　Ø　H　　　　　　Ø　H　　　　　　　Ø　　H

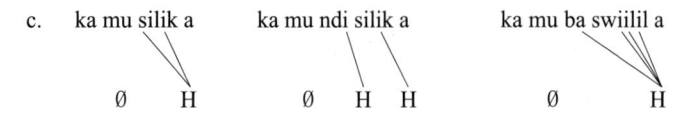

第五章 重调

缺省 L 插入（12）应用：

    d. ka mu silik a   ka mu ndi silik a   ka mu ba swiilil a
         L L H L   L L H L H L   L L   H L

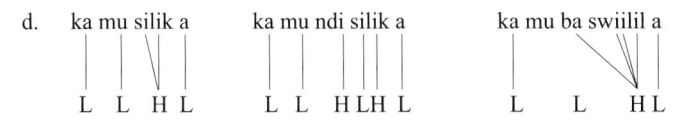

然后，降阶产生（50）应用于第二个例子：

    e.   ka mu ndi silik a
                   L L H L H L

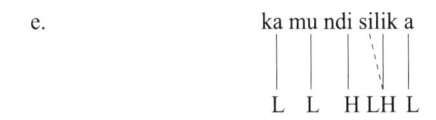

三个例子毫无疑问都推导出正确的表层形式：kàmùsílíkà、kàmùndísílíkà 和 kàmùbáswíílílà。

但结果有一类例子重调和声调研究方法都有问题。当 H 调动词词干是单音节时，我们就会期望末尾元音的 H 调被梅森规则（28）删除。（就重调而言，因相邻词干的重调而再次期望梅森规则删除末尾元音的重调。）请看比如 kàmùbábónà 的表达式。

（55）ka mu ba bon a
        H H H H

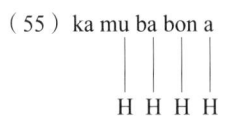

与汤加语里现有的规则一起，期望梅森规则（28）应用于这一表达式，删除起始 H 调以外的所有声调：

（56）ka mu ba bon a
        H Ø Ø Ø

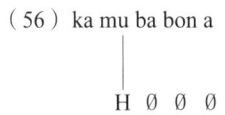

起始 H 调因最终也会被起始 H 删除（25）所删除，所以就会预测出错误的模式 *kàmùbàbònà。

要推导出正确的表层形式，梅森规则就不可以删除末尾元音的 H 调。为获得这个结果，我提议用一条梅森规则之后应用的规则来插入那个末尾元音上的 H——这方面可以与 4.7 节中所讨论的近过去时相比较。

209

(57) 末尾元音 H 插入： V → V / ____]
　　　　　　　　　　　　　　　　|
　　　　　　　　　　　　　　　　H
　　　　　　　　　条件：激励肯定句

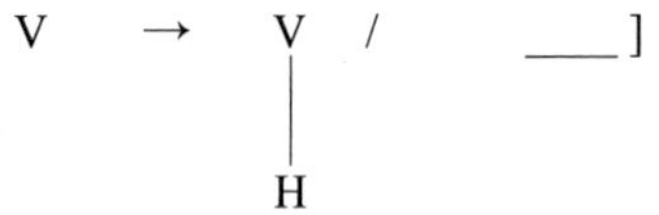

注意：(57) 中的规则不只适用于激励肯定句，实际上它的应用更为广泛，它适用于任何表示"稳定的末尾元音重调"的时态。

由于末尾元音 H 插入是在梅森规则之后应用的，所以，kàmùbábónà 的适宜词库表达式见如下（58）所示。

(58) a.　ka mu ba bon a
　　　　　 |　|　|
　　　　　 H　H　H

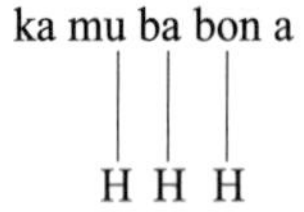

梅森规则（28）应用：

b.　ka mu ba bon a
　　 |
　　 H　Ø　Ø

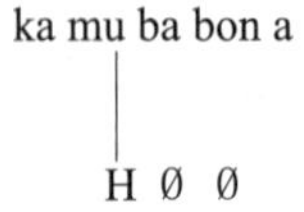

然后，末尾元音 H 插入（55）应用：

c.　ka mu ba bon a
　　 |　　 |
　　 H　　 H

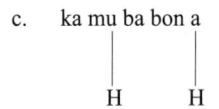

应用其他所有规则，直接推导出 kàmùbábónà。

现在请看 kàmùndíbóná 这个例子。梅森规则应用之前，这个例子表征如下：

(59) a.　ka mu ndi bon a
　　　　 |　　|
　　　　 H　　H

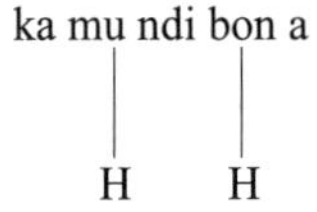

梅森规则（28）不适用，末尾元音 H 插入（57）应用：

b.　ka mu ndi bon a
　　 |　　|　　|
　　 H　　H　　H

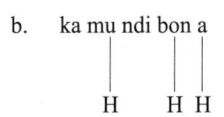

H 延展（20）、取消联结（21）和起始 H 删除（25）推导出如下的表达式。

　　　　c.　ka mu ndi bon a
　　　　　　　｜　　｜　｜
　　　　　　　Ø　　H　H

然后应用缺省 L 插入（12）：

　　　　d.　ka mu ndi bon a
　　　　　　｜　｜　｜　｜
　　　　　　L　L　H L H

最后降阶产生（50）可以应用：

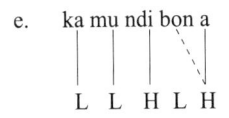

　　　　e.　ka mu ndi bon a
　　　　　　｜　｜　｜　｜
　　　　　　L　L　H L H

这个推导过程产生了正确的形式 kàmùndíʹbóná。

　　重要的是要强调：这里呈现的稳定末尾元音重调对汤加语声调分析所构成的唯一问题是它们不受梅森规则的影响——任何对汤加语的说法都遇到的一个问题。一旦梅森规则的不可应用性得到解释，就可以推导出所有正确的词干类型。特别需要注意的是：(59) 这类例子否决了在汤加语分析中把声调调式设定为一种初始单位的做法。哪里取消联结不适用（就像(59b)末尾 H 调元音那样），哪里就没有与重调 H 调相配对的 L 调。也就是说，声调构式在哪里阻断 H 延展（20）的应用，取消联结就在哪里不能应用；所以，重调分析中认为已获重调的元音，因声调语境表层体现为 H 而不是 L。

　　正如 4.7 节中所讨论的构式类型那样，重调方法将不得不采用一条临时性规则来解释这样的情况。首先，重调研究方法必须（就像声调研究方法那样）解释梅森规则的不可应用性问题。在这一方面，两种方法旗鼓相当、不分伯仲，这里我将假定重调研究方法仅仅是对末尾元音 H 插入（57）换了一种说法而已。但要正确推导出 kàmùndíʹbóná（59）这类例子，重调研究方法另外还需要一条修补规则。戈德史密斯（Goldsmith 1981）提出如下规则：[17]

（60）双重调落下：

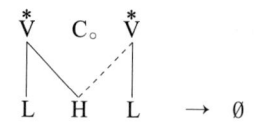

$$\overset{*}{V}\ C\ \overset{*}{V}$$
$$L\ H\ L \quad \rightarrow \quad \emptyset$$

这条规则将以下列方式应用于 kàmùndíꜜbóná 这类形式的推导过程。这个动词的重调表达式已在（61a）中给出。

（61） a. ka mǔ ndi bǒn ǎ

指派声调调式：

b. ka mǔ ndi bǒn ǎ

H L̥   H L̥ H L

应用联结和延展规约，将声调调式联结起来：

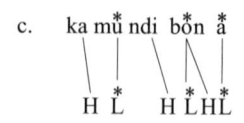

c. ka mǔ ndi bǒn ǎ

H L̥   H L̥ H L

应用双重调落下：

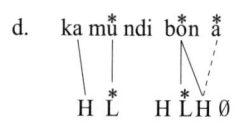

d. ka mǔ ndi bǒn ǎ

H L̥   H L H ∅

最后，起始 H 删除和延展规约（以及将单个元音上的 LH 序列转换成 ꜜH）将应用，推导出 kàmùndíꜜbóná。

在结束稳定末尾元音重调的讨论之时，应当强调的是：重调附加符号不仅不是这个时态所必需的，而且特殊修补规则也不是必要的。本研究通过声调调式推导规则之间的交互作用预测声调在此情况下的表现。

4.9 祈使句

作为反对汤加语附加符号重调/声调调式研究方法的最后一个论据，我将论证祈使句是另外一个单个调式研究方法对"重调"元音的声调体现做出错误预测的例子。请看（62）中给出的祈使句（时态 1）形式。

（62） bónà　　 sílíkà　　 swíílílà
　　　 lángà　　 tóbélà　　 yándáúlà

第一眼看到无调动词词干，就很清楚地明白这个时态涉及末尾元音上的 H 调：

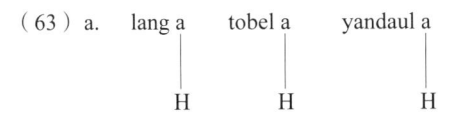

（63）a.　 lang a　　tobel a　　yandaul a
　　　　　　 |　　　　　 |　　　　　　 |
　　　　　　 H　　　　　 H　　　　　　 H

应用 H 延展（20）和取消联结（21）就可以得到：

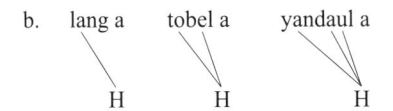

　　　 b.　 lang a　　tobel a　　yandaul a
　　　　　　 \\|　　　　 \\|　　　　　 \\\\|
　　　　　　 H　　　　　 H　　　　　　 H

起始 H 删除（25）不适用于祈使句，[18] 所以，在指派缺省值之后推导出正确的表层形式：lángà、tóbélà 和 yándáúlà。

回到涉及 H 调动词词干的例子上来，我们看到如下情况：

（64）a.　 bon a　　silik a　　swiilil a
　　　　　 | |　　　　| |　　　　 | |
　　　　　 H H　　　 H H　　　　H H

梅森规则（28）适用于第一个例子：

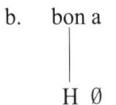

　　　 b.　 bon a
　　　　　　 |
　　　　　　 H Ø

H 延展（20）和取消联结（21）适用于第二和第三个例子：

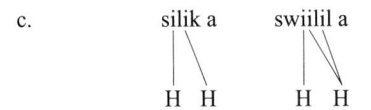

　　　 c.　　　　　 silik a　　swiilil a
　　　　　　　　　　 |\\|　　　　 |\\\\|
　　　　　　　　　　 H H　　　　 H H

起始 H 删除（25）不适用于此时态，因而缺省 L 插入正确地推导出 bónà、sílíkà 和 swíílílà。

所以，声调研究方法仅仅通过设立一个末尾元音上的 H 调，不需要任何特殊规则，就可以比较顺利地推导出祈使句的表层形式。重调解释就不是这样的情况。如不启用某条特殊规则，（如 64 中）重调动词词干的第一个元音就会表层体现为 L 调，因为它在所提出的重调解释中是那个与重调元音相联结的 HL 调式中的 L。无论是重调解释近过去时态中设定的重调移动规则（或与此相当的规则），还是重调解释激励肯定句中设立的双重调落下规则，都不适用于祈使句这类构式。因此，重调解释需要另外一条修补规则。

注意：重调研究方法在祈使句中所遇到的问题完全类似于近过去时和激励肯定句所遇到的问题（即重调指派的元音表层没有体现为单一声调调式假说所预测的 L 调）。此外，由于单一调式假说，三类例子之间的基本相似性并不显著；结果是不得不采纳各种修补规则。在某种不允许指派复杂声调调式的研究方法中，三类例子的共同之处显而易见。每类例子都涉及不能往左延展的 H 调，要么因为这个 H 调是词首的（祈使句），要么因为紧靠它的左边还有一个声调（近过去时和激励肯定句）。因此，我的结论是：附加符号重调和复杂自主音段调式的理论不能解释这种情况，尽管这样一种理论本质上比不用这种手段的理论更强大。

5. 结论

建议可以从 H 与 Ø 底层对立角度来处理被称之为"重调"的语言，但这一建议并不新颖。例如，斯蒂维克（Stevick 1969）提出应当将原始班图语重构为一种底层为单声调的语言，而且底层调在表层体现为一个高音高；无调元音若底层调延展其上将体现为 H，否则体现为 L。最近，有很多分析将重调语言处理为底层表现为 H/Ø 的不同，如基斯伯斯（Kisseberth 1982）、海曼与拜厄拉申戈（Hyman and Byarushengo 1983）、海曼（Hyman 1983）和海曼与瓦林南德（Hyman and Valinande 即出）。

还有，不允许音系规则引入音位语符列的提议也不新颖。如上所述，这一制约条件已在乔姆斯基和哈勒（Chomsky and Halle 1968）中提出。

本章只是提出，因为存在不允许引入音位语符列的制约条件，就**必**

须以附加符号/声调调式研究方法之外的方法来解释重调语言。这主要是说，必须把重调语音分析为涉及声调存在与否或从节律理论概念角度（尽管这种可能性尚未在此探讨过）词库对立的语言。

假定重调语言利用了 H/∅ 的底层对立，就等于是假定该语言基本利用了特征的不充分赋值理论。结果是：第四章提出的不充分性制约条件就自动成为了利用 H/∅ 之间差别形成对语言重调音变过程的制约条件。例如，这意味着重调语言里没有一条规则在通常引入 L 调之前可以参照 L 调；[19] 重调语言都不会对一条用 L 填充底层 ∅ 赋值的规则进行外在化的排序[20]。

上文已说明，在将这种研究方法应用到汤加语（一种通常被分析为重调的语言）时，未充分赋值的声调研究方法可以解释许多在重调研究方法中必须采用临时性规则来解释的现象。任何场合都没找到一条需要重点参照附加符号标记的规则；我们在某些例证中发现，将附加符号指派给单一声调调式的假设迫使人们面对某种错误的结果，因而使修补规则成为重调附加符号研究方法的必需之物。最后，我们还阐释了声调重调位置在很多情况下都可以通过简单假定由声调自主音段规约的联结来进行解释，这类例子在附加符号研究方法中则需要特定条款或移动规则。

注释

① 就所持的立场而言，提到的这个分析与本章的所有提议都是不一致的。差别主要是由于本书采用了词库音系学和不充分赋值理论。
② 我在阐述时通常假定的是节律树。但就此刻所阐述的观点而言，没有什么取决于这一假设的东西。
③ 附加符号标记中心成分的这一属性，是莫里斯·哈勒给我指出来的。
④ 无论如何要注意：重调附加符号分析方法有时需要每个重调单位不止一个重调，如戈德史密斯（Goldsmith 1981）在分析汤加语时。
⑤ 正如拉里·海曼（Larry Hyman）向我指出的那样，有一个已在声调重调系统中普

遍证实的极端的从属关系形式——即删音。这类的一个例子是本章讨论汤加语时所用的梅森规则。但要注意：删音在纯声调系统中是有可能的（而且已被证实）。因此，删除某个实体 X，并不能把 X 分析为"重调的"或"声调性"的方法提供一种明确的论据。另一方面，在重音系统中已被普遍证实的梯度性从属关系，却似乎成为了一种支持节律结构的明确论据。

⑥ 有关词库层面在心理学上重要性的讨论，见莫汉南（Mohanan 1982）。

⑦ 尼克·克莱门茨曾向我指出：基本声调调式不是由规则而是由**规约**引入的，因此不违反不允许（4）所给出的规则形式的禁令。为了让这一点成为有效的建议，当然必须有某种原则性的方法来决定是规则还是规约。如果没有这样的原则，那么人们就可以随意设立禁止此类的规则，并简单地把它们标示为"规约"。就基本声调调式而言，我还不很清楚为什么把它们可以看作是规约。显然，它们的组成是由语言特有的规定而非任何一条普遍原则决定的。它们不是在推导的所有阶段应用的（比如联结规约亦是如此），而只在推导的某个特定阶段（即在"重调"规则应用之后、"声调"规则应用之前）应用一次，也可以以不同方式应用于不同的词库范畴（Clark 1982）。

⑧ 对有关核心赋值与自主音段赋值之间差异的讨论，见第四章第 9 节。注意：(12) 中的 L 实际上是对 [− 上部] 的赋值，而汤加语讨论中的 H 是个 [+ 上部] 赋值。

⑨ 注意取消联结只能删除最右边的联结线。请看 ímúsímbì 这样的例子：最左边的联结线未能满足规则的结构描写，其他所有联结线都满足了结构描写。但想一想：如果规则应用于除最右边之外的任何一条联结线，会发生什么事情？

```
    i mu simbi           i mu simbi
      \ | /                \ \ |
        H                    H
```

我认为这些例子是被一条阻断自主音段跨过合格载 P 单位的普遍规约淘汰的，比如：

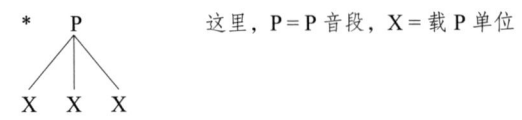

```
    *  P
      /|\
     X X X
```

这里，P = P 音段，X = 载 P 单位

⑩ 注意：主语前缀这个时态中总是 H 调，因此（35b）中是个起始 H 调前缀。

⑪ 有关对声调外成分的讨论，见第六章。

⑫ 有关声调规则循环应用的讨论，见第三章第 2 节。

⑬ 如果认为 ndi- 这类无调主语前缀在底层是声调外成分——即范域边缘上的声调规

则是看不到的，那么，H 插入可以简化为：

$$V \rightarrow \underset{H}{V} / [\underline{\quad}\quad 条件：近过去时$$

⑭ 有关讨论，见戈德史密斯 (Goldsmith 1981)。
⑮ 注意：起始 H 删除（25）在重调分析（46）和声调分析（47）中都删除了起始 H 调。
⑯ 我认为 L 调是自动取消联结的。有关讨论，见第六章。
⑰ 戈德史密斯指出该规则可以以下列两种中任何一种方式获得充分赋值：

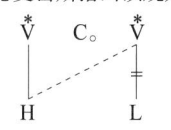

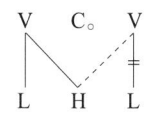

$$\underset{H}{\overset{*}{V}}\quad C.\underset{L}{\overset{*}{V}} \qquad 或 \qquad \underset{L}{V}\quad C.\underset{H}{V}\quad \underset{L}{V}$$

首元音上的升调将被一般曲折调简化规则简化。为便于讨论，我假定的是规则的完全赋值版本。
⑱ 起始 H 删除所应用的动词形式子集，大致可以概括为一种具有有限/无限之分的特点。
⑲ 见第四章第 6 节。
⑳ 见第四章 7.1 节。

第六章
规则属性

1. 引言

本研究是在词库音系学框架内对声调现象的一种研究。基本主张是：以一种形态成分结构所支配的方式，应用自主音段规约推导出声调表达式。应用于该表达式的规则可以被指派到词库、后词库和/或语音等不同的范域。我还提出对底层声调表达式加以限制，让它只包含非羡余信息，即非羡余特征值和不可预知的联结线。

最后这一章将做两件事。第一，对本书迄今为止所提出来的一些说法提出某些质疑，并对某些案例（在这些案例中，我的某些假设从其他一些假设上说似乎产生不令人满意的结果）进行检验和分析。但经过充分具体的研讨之后，将表明这些表面上的质疑之处都不复存在。第二，我将对某类声调属性常见到与其他一类属性齐聚出现的案例进行研讨，说明我们所看到的属性齐聚出现的现象是与词库理论模式的基本主张相一致的。

2. 预先联结

通常认为，普遍（或语言特有的）联结规约所预测的自主音段联结的某些例外现象可以通过预先将某个（或某些）特定自主音段与某个（或某些）特定载 P 单位相联结的方式加以解释。预先联结（prelinking）作为一种手段在和谐体系分析时格外常见。(例见 Clements 1981b。)在一种将羡余信息从底层表达式排除出去的研究方法中,预先联结自主音段相当于一种不由规则或规约指派所涉及的联结线的主张。也就是说,预先联结是一种例外现象的标志。

例如,请看下列蒂弗语的情况。第三章曾说明,蒂弗语动词系统中的声调联结遵循从左到右联结的通用模式。但请看将来时这种时态,它的时态标记语是一个带 LHL 声调模式的前缀 [a-。想不到的是,LHL 模式中的起始 L 没有与元音 [a] 相联结,而联结的是 H,结果为(1a)这类表达式产生了(1b)所给出的这个表层形式。

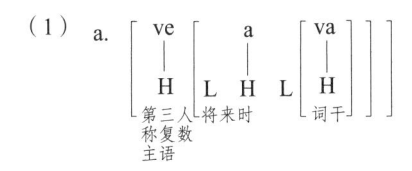

(1) a. [ve   a   va]
        | | | | |
        H L H L   H
        第三人 将来时   词干
        称复数
        主语

   b. vé ˈá ˈvá   他们将要来

显而易见,(1a)所呈现的联结不可能是**规约**所产生的结果。所以,我提议将来语素的词库表达式如(2)所示。

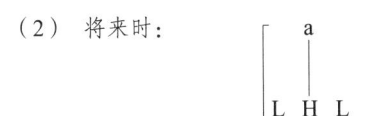

(2) 将来时: a
              |
           L H L

在这个例子中,预先联结很清楚是用于表示声调联结在将来时态中的例外性质。

然而,在研究如下两个预先联结假设的作用时,潜在问题就出现了:(1)缺省声调不出现在底层表达式中,(2)声调延展不是自动的。这两个假设所引发的问题如下:

A. 请看下列(虚拟的三声调语言的)声调模式:

(3) CÝCV̌CÝ   CÝCV̄CÝ   CV̄CV̌CV́   CV̄CV̄CV́   CÝCV̌CV̄

假定是全赋值的,(3)中所呈现的五种声调模式就可以通过将下列声调调式(HLH、HMH、MLH、MMH 和 HLM)指派给这些语素的方式加以解释。[①] 既然声调是全赋值的，那么就没有必须预先联结例（3）中的任何声调；所有的联结都可以由规约来完成。但如果秉持不充分赋值的观点，认为 M 是不充分赋值的声调，那么仅给声调调式赋值就不足以推导出（3）中的模式。虽然 HLH 模式正确推导出第一个例子，HL 模式（与指派缺省 M 相结合）正确推导出最后一个模式，但第二、三和四个例子就无法正确地推导而得，如果假定它们只是非羡余性赋值的调式：

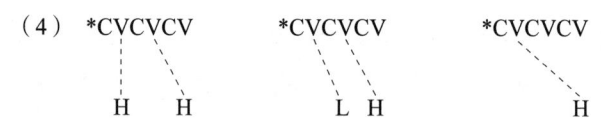

（4） *CVCVCV　　　*CVCVCV　　　*CVCVCV
          H   H   L H   H

对于这里的每一个例子，要想推导出正确的表层模式，我们都不得不假定至少存在某种程度的预先联结：

（5） CVCVCV　　　CVCVCV　　　CVCVCV
          H   H   L H   H

所以，（5）中的预先联结及其所隐含的例外性似乎都是假定底层表达式是最低限度赋值的所产生的直接结果。

B. 类似问题也是由提出声调延展不是自动的这一假设产生的。例如，请看 HH 模式语素可能有的底层自主音段表达式：

（6） a. [CVCV / H]　　b. [CVCV / H]　　c. [CVCV / H]　　d. [CVCV / H]

　　　 e. [CVCV / H H]　f. [CVCV / H H]　g. [CVCV / H H]　h. [CVCV / H H]

显然，如果没有某种将不同的值指派给（6）中各种表达式的方式，自主音段理论就会过于强大。有一种认为自主延展可以把可能性降低到一种（即（6a））的方法，即通过做出如下的直接假设：(1) 当规约的联结将产生错误的结果时，只有进行预先联结自主音段；(2) 禁止出现相同的自主音段序列（如：莱本（Leben 1973）的强制性曲折原则）。第一个假设将排除掉（6b、c、d、f、g、h）中的表达式，第二个假设将排除掉（6e、f、g、h）中的表达式。这似乎是最好的结果，因为（6a）是这个模式的最低限度表达式。

但在一种不持自动延展的理论中，（6a）不被认为是源于 HH 模式，因为联结规约和缺省声调指派就会产生 HL 表层模式。在没有自动延展的情况下，一种理论似乎一定要把 HH 模式表征为如（6d）那样（即底层已完全联结），或如（6e）那样（设立两个自主音段）。与（6a）表达式（在秉持自动延展的研究方法中是可能的）相比，两种方法至少在初探阶段似乎过于复杂，超出我们的期望。

但我想要说的是，刚刚涉及的问题只是一种表象。例如，请看约鲁巴语的例子。在 M 调自主音段不是占位符的情况下，要阻止末尾声调与倒数第二个元音相联结（在这些特定的例子里），下列例子都（最低限度地）需要末尾声调联结到末尾元音上：

（7） a.　ĭlé　　　　　　房子
　　　 b.　ǭbę̀　　　　　　汤
　　　 c.　àlāpà　　　　　食物类别
　　　 d.　tíōtó　　　　　格雷·霍恩比尔
　　　 e.　ìgbōlé　　　　 植物类型

在 M 调可用作占位符的情况下，就可以假定 tíōtó 这类例子是由从左到右的规约（8a）来联结声调的；但在不充分赋值的情况下，同一个例子就需要预先联结（8b）。

（8） a.　 tioto　　　　　b.　 tioto
　　　　　 ⋮⋮⋮　　　　　　　　 |||
　　　　　HMH　　　　　　　　 H H

所以，现在的一个重要问题是：这种预先联结是否造成无法做出概括。两类证据与此问题的答案有关。第一，约鲁巴语里是否有证据支持设定独立于词干音段组织之外的声调调式？② 第二，假定约鲁巴语里声调与载调单位所建立的基本联结是由规约实施的，那么我们会得到什么？或者会失去什么？

　　为了说明这些问题，我将给出某些有关约鲁巴语里单语素词项上可能有的声调模式方面的数据。首先，请看**单音节**词干的例子，如下列动词所示：

（9）　a.　kò　　　　　　拒绝　　　　　　L
　　　b.　kō　　　　　　写作　　　　　　M
　　　c.　kó　　　　　　建设　　　　　　H

未经证实存在带不止一个声调的单音节动词。例如，没有 *kǒ 或 *kô 这样的动词。③现在来看看双音节词干（以名词为例）的例子，现已证实有9种声调模式，即 3^2 个模式：

（10）a.　ìgbà　　　　　时间　　　　　　LL
　　　b.　òbē　　　　　小刀　　　　　　LM
　　　c.　ìgbá　　　　　茄子　　　　　　LH
　　　d.　īgbà　　　　　爬绳　　　　　　ML
　　　e.　īgbā　　　　　二百　　　　　　MM
　　　f.　īgbá　　　　　葫芦　　　　　　MH
　　　g.　tíṣà　　　　　教师　　　　　　HL
　　　h.　pádī　　　　　一束　　　　　　HM
　　　i.　pápá　　　　　平原　　　　　　HH

193　未被证实带两个以上声调的双音节词干——即没有带 LHL、MLH 等模式的词干。④请看最后一组（11）中三音节单语素词干的例子，它们诠释了 3^3 种声调可能性。

（11）a.　àgùtàn　　　　羊　　　　　　　LLL
　　　b.　àgbàdō　　　　玉米　　　　　　LLM
　　　c.　èlùbọ́　　　　山药粉　　　　　LLH
　　　d.　àlāpà　　　　食物类别　　　　LML
　　　e.　ògīrī　　　　　墙　　　　　　　LMM
　　　f.　ìgbōlé　　　　植物类型　　　　LMH
　　　g.　àbúrò　　　　弟弟妹妹　　　　LHL
　　　h.　òkútā　　　　石头　　　　　　LHM

i.	àpótí	箱、盒	LHH
j.	ērùpẹ̀	地球	MLL
k.	ārèrē	非洲枫树	MLM
l.	Yōrùbá	约鲁巴	MLH
m.	ābẹ̄sẹ̀	有名无实的办公室	MML
n.	ērūkū	尘土	MMM
o.	ōrōgún	平妻	MMH
p.	ẹ̄lédẹ̀	猪	MHL
q.	ōrígūn	角落	MHM
r.	ābúlé	村庄	MHH
s.	páànù	平底锅	HLL
t.	dánpàrā	足雅司病	HLM⑤
u.	tákàdá	纸	HLH
v.	Kájọ̄là	地名	HML
w.	bọ́lūgī̄	吉普	HMM
x.	kátābá	浓郁烟草	HMH
y.	pátákò	蹄	HHL
z.	pépẹ́yẹ̄	鸭子	HHM
aa.	páálí	硬纸板	HHH

至此，应当明确的是：约鲁巴语单语素词干的声调可能性是 3^n，这里 $n =$ 词干载调单位的数量。进行这一概括的必要性直接影响到声调是否底层或由规约联结这个问题。

首先来看一看在约鲁巴语里声调底层是自由的而且是由联结规约联结的这一假说。在此假说下，没有任何方式从底层词项来确定某个已知词干拥有多于、少于或与载调单位一样多的声调数量。也就是说，形式上没有办法做出这种没有能力简单清点声调数量、清点载调单位数量和比较声调总数的决定。很显然，让语法拥有这种清点能力是不可取的。因此，这种方法一定要以如下的方式获得 3^n 个概括能力：（1）应用（一对一的）联结规约，（2）删除任何一个浮游调。组合起来，（1）和（2）将会有不止一个单独的声调落在一个单独的载调单位上的效果。然而，要注意的是：约鲁巴语通常删除浮游调的提法存在问题。例如，在从 ōní + ìlú "[前缀]+城镇"到 ōnílǔ "乡村业主，城市首领"的推导过程中，ōní 中的元音 [i] 被删除，而 ōní 中的 H **没有**被删除。至关重要的是，ōní 中的 H 按照规则重新联结，最终推导出表现模式 ōnílǔ。⑥ 这个例子表明，可能不存在删除约鲁巴语里自由声调的词库**规约**；只可能存在一条删除自由声调的排序**规则**。要给 ōnílǔ 这类例子推导出正确的结果，这个规则就一定要排在删除 ōní 中的 [i] 之前。因此，做出在约鲁巴语里声调是通过**规约**与词干相联结的假定所要付出的代价是引入一条删除浮游调的排序规则。

请看约鲁巴语里声调是预先联结的这个假设。在这一假设下，只要假定词干中的**所有**声调在底层都是联结的，任何一个载调单位都只能指派一个声调，这样就可能很容易获得 3^n 个概括。这种方法无须删除自由声调的临时性规则。

总之，约鲁巴语里的声调调式显然都**没有**独立于词干音段组织之外的地位。例如，知道词干拥有 LH 调式，就等于知道它至少具有两个载调单位；知道词干拥有 LHL 调式，就等于知道它至少具有三个载调单位。也就是说，有 n 个调的调式只能隶属于至少有 n 个载调单位的词干。结果是：假定在约鲁巴语里所有声调底层都是与词干相联结的，并不会失去任何的概括。正相反，这一假定可以让我们对约鲁巴语 m 长度的词干可能最多只有 m 个调这个事实做出简单的描述。缺省指派 M 调很明显使约鲁巴语的声调预先联结成为必需，回到原先这个问题上来，我们看到确实有不与缺省赋值研究相关的证据支持预先联结。没有不充分赋值，tióto "格雷·霍恩比尔"这类词的底层形式因而将如（12a）所示；采用不充分赋值的方法，它的表达式将如（12b）所示。

（12） a.   tioto   b.   tioto
　　　　　　 ｜｜｜ 　　　　　　　　 ｜ ｜
　　　　　　 HMH　　　　　　　　　 H H

因此，在约鲁巴语分析中采纳不充分赋值方法可以使底层词项简单化，而且还不会使表达式复杂化。

此外，需要注意的是：不存在由假定底层词条已联结所引发的不确定性。若假定预先联结，那么就 bàtà"鞋"这种名词而言，任何一个简单性标准版本都将认为（13a）比（13b）中的表达式价值更高。

（13）a.　bata　　　　b.　bata
　　　　　　|　　　　　　　|　|
　　　　　　L　　　　　　　L　L

（13a）中的表达式需要**一个声调**、**两条**联结线，（13b）中的表达式需要**两个声调**、**两条**联结线。因此，（13a）是 bàtà 专有的底层表达式。从更普遍的方面来说，具有相同声调属性的相邻音节将与底层表达式中单独的一个声调相联结。

下文将约鲁巴语里有关预先联结的讨论总结为赞成派与反对派，赞成与反对认为联结是由规约实施的，而且联结在底层是存在的。如果联结是由规约实施的，那么既然约鲁巴语里没有独立于音节结构之外的声调调式，也就不存在特有的语法简化问题。与此相反，规约联结有两点好处：（1）它促使设立一条临时性的自由声调删除规则，以此获得 3^n 个概括，（2）它使得约鲁巴语不能假定声调是不充分赋值的（比较（4）与（8）），因而无法对第四章第 4 节中所讨论的现象做出解释。另一方面，预先联结可以轻松表达 3^n 个概括，能够假定不充分赋值，而且还不会造成概括上的明显缺失。因此，我的结论是：不要把预先联结普遍限定在对例外联结现象的表述上。然而，这一主张引发了一个显而易见的问题：如果语法不花很大力气就可以让像约鲁巴这类语言里的预先联结成为可能，那么其他很多语言又是用什么来阻止（特例之外的）预先联结的呢？

在回答这个问题之前，有一点需要强调：我们假定声调在约鲁巴语里是预先联结的，但并**不是**要提出联结规约在那个语言里不应用，而只是要提出词干声调与词干骨架位置之间的基础联结不是由一条从左到右的规约完成的。普遍联结规约适用于推导语境。有关例证，请参见第四章 4.1 节。

再回到如何阻止约鲁巴语之外的其他类型语言里的预先联结这个问题上来，我将简要阐释马尔吉语里由规约实施的预先联结与联结这个问题。例如，请看马尔吉语动词 dzà'ùbá "重击" 这个例子。正如在第三章中所看到的，要推导出这样的动词，声调联结以及某些声调规则在马尔吉语里都必须是循环应用的。第一次循环时，联结规约应用后产出如下形式：

（14）a. $\begin{bmatrix} dza'u \\ \mid \\ L \end{bmatrix}$

也还是在第一次循环时，必须应用一条规则，将词干 L 调延展到第二个元音之上：

b. $\begin{bmatrix} dza'u \\ \mid \\ L \end{bmatrix}$

第二次循环时，联结规约将再次应用：

c. $\begin{bmatrix} \begin{bmatrix} dza'u \\ \mid \\ L \end{bmatrix} & \begin{bmatrix} ba \\ \mid \\ H \end{bmatrix} \end{bmatrix}$

（14）中的循环推导可推导出正确的 LLH 模式。如果联结和延展在马尔吉语里是非循环性的，那么就会产生错误的 LHH 模式，如（15）所示：

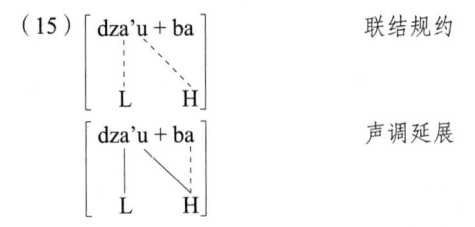

（15） $\begin{bmatrix} dza'u + ba \\ \mid \quad \quad \mid \\ L \quad \quad H \end{bmatrix}$ 联结规约

$\begin{bmatrix} dza'u + ba \\ \mid \quad \quad \mid \\ L \quad \quad H \end{bmatrix}$ 声调延展

然而，有人可能会提议：既然有预先联结手段，就可以通过预先联结词干 dza'u 的 L 调以非循环方式推导出 dzà'ùbá，如下（16）所示。[7]

（16） $\begin{bmatrix} dza'u \\ \mid \\ L \end{bmatrix}$

但这种预先联结的表达式不能捕捉到这样一个事实：马尔吉语里声调与载调单位的联结在此情况下是可以预测的。马尔吉语里的动词词干有四种可能的底层声调表达式：

（17） a. 无调： 单音节： [fa] → fà 拿走（很多）

　　　　　　　双音节： [təra] → tèrà 走开

　　　b. L调： 单音节： $\begin{bmatrix} gha \\ \\ L \end{bmatrix}$ → ghà 到达

　　　　　　　双音节： $\begin{bmatrix} dza'u \\ \\ L \end{bmatrix}$ → dzà'ù 重击

　　　c. H调： 单音节： $\begin{bmatrix} ta \\ \\ H \end{bmatrix}$ → tá 烹饪

　　　　　　　双音节： $\begin{bmatrix} ŋguli \\ \\ H \end{bmatrix}$ → ŋgúlí 咆哮

　　　d. LH调： 单音节： $\begin{bmatrix} fi \\ \\ L\,H \end{bmatrix}$ → fǐ 膨胀

　　　　　　　双音节： $\begin{bmatrix} zədu̞ \\ \\ L\,H \end{bmatrix}$ → zədú 起飞

关键一点是，马尔吉语里的声调调式不依赖于动词词干的音段构成。[8] 例如，双音节动词词干比单音节动词词干有更多的声调可能性——这并不是事实。如（16）那样允许预先联结声调，就会错误地预测低升调序列可能

出现在带 LH 声调调式的双音节词干上。既然马尔吉语里的预先联结无法得到概括，并且做出的预测还是错误的，因此，很明显不是我们所期望的，除非它作为例外编码的一种可能的机制。

我的结论是：支配语法评价的一般原则（简单性标准，获得概括等所需要的）将决定规约实施的预先联结或联结在任何一种已知语言里是否妥当。在预先联结范围之外，普遍联结规约将应用于任何一个表现为自由声调和自由载调单位的构式。

3. 声调外现象：马尔吉语的例证

本节将对一类例外行为进行讨论，它与那种无法用预先联结手段进行解释的例子截然不同。在某些场合，形态或音系单位表现得好像它们并不存在似的，规则和规约对它们简直就是视而不见。例如，在汤加语里，我们曾看到，联结规约竟然对词干第一个与远依存肯定句后缀 H 相联结的元音不予理睬。[9] 本节将探讨马尔吉语里的类似现象。

近来有关重音系统的研究（如 Hayes 1980, 1982, Harris 1983）已表明：在应用重音规则时应将重音范域边缘的某些结构成分排除在考虑之外。这些结构成分被标示为"节律外的"，哈里斯曾提出它们受制于如下条件：

(18) 外围条件：　　X　　　　　　／＿＿＿＿$Y]_{D'}$
　　　　　　　　　[+ex]　→　　[−ex]

这里，$Y \neq \emptyset$，D 是重音规则的应用域。

本节将对马尔吉语里表明同样观点适用于声调系统的证据进行论证。也就是说，声调应用域边界上的结构成分可能是声调规则"看不见的"。我把这些结构成分称作"声调外的"，它们受制于外围条件的广义版本。因此，节律外现象和声调外现象都是更普遍的"外围"概念的下属情况。

下文将展示声调外在分析某些声调极性（tonal polarity）情况（即某

个特定的音节或语素是毗邻 L 调的 H 调和毗邻 H 调的 L 调情况）时所起的重要作用。在这里所讨论的极性例子中，声调外这一概念可以让我们在不受任何语素条件制约的极化或同化规则时做分析。

在研讨声调外的证据之前，我将简要回顾一下马尔吉语的一些事实。如上面（17）所示，马尔吉语里的动词词干可以是无调的，也可以带 L、H 或 LH 声调调式；词缀也可以是无调的，也可以带声调 H 或 L。有两条规则对下面的讨论至关重要。首先，如果在应用联结规约之后仍有未与声调联结的载调单位，那么就会有一条规则将与联结的声调延展到右边的无调元音上：⑩

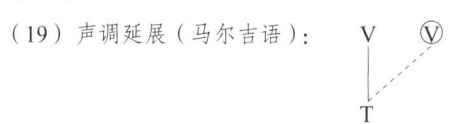

（19）声调延展（马尔吉语）：　V　Ⓥ
　　　　　　　　　　　　　　　|　/
　　　　　　　　　　　　　　　T

其次，在应用声调延展（19）之后若仍还有无调元音，那么就要由一条缺省规则来指派 L 调：

（20）缺省 L 插入：　Ⓥ　→　V
　　　　　　　　　　　　　　|
　　　　　　　　　　　　　　L

3.1 后缀宾格代词

我们现在可以讨论声调外问题了。请看下面的后缀宾格代词词形变化表（Hoffmann 1963: 75）：

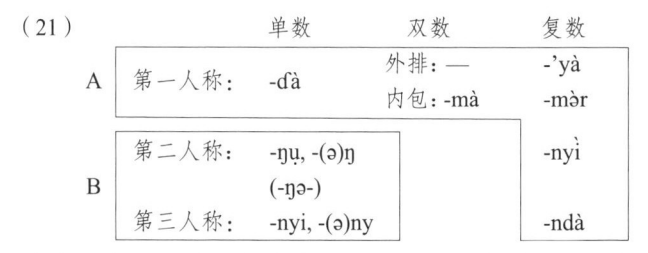

（21）

		单数	双数	复数
A	第一人称：	-ɗà	外排：—	-'yà
			内包：-mà	-mə̀r
B	第二人称：	-ŋu, -(ə)ŋ (-ŋə-)		-nyì
	第三人称：	-nyi, -(ə)ny		-ndà

第二人称和第三人称单数中所观察到的音段变异形式，在这里将不做讨论。但有意思的是宾格代词的声调表现。那些在方格 A 中出现的动词都

总带个 L，它们在词库表征时可以带个 L 调，如（22）所示。

（22）$\begin{bmatrix} \begin{bmatrix} na \\ | \\ H \end{bmatrix} \begin{bmatrix} ɗa \\ | \\ L \end{bmatrix} \end{bmatrix}$　　　nádà　　　给我

方格 B 中的代词表现因适宜的声调随语境发生变异而更有意思。引用霍夫曼（Hoffmann 1963: 75）的说法，在这种情况下，"如果宾格代词是在词群的结尾，而且其后再无其他东西"，那么声调是"低调；但如果其后有东西，那么宾格代词的声调与其前面音节的声调是相同的"。例如，在下面（23a）中，代词 -nyi 不在短语末尾；但在（23b）中，-nyi 是在短语末尾，因而是 L。

（23） a.　á　　＋　ləbá　＋　nyi　＋　r　　ndà　　→　álə́bányír ndà
　　　　　过去时　　引导　　他　　过去时　他们　　　　他们护送他
　　　b.　ləbá　＋　nyi　　→　ləbányì
　　　　　引导　　他　　　　引导他！

首先来看一下 -nyi 在短语非末尾位置上的表现。要从左边的音节获取声调赋值，其意在应用声调延展（19）。由于声调延展仅应用于未联结声调的元音，这就意味着方格 B 中的宾格代词原本一定是无调的。但如果这些宾格代词原本是无调的，那么在短语末尾位置上已证实存在的 L 调一定是缺省指派的。问题因而如下：声调延展应用于短语非末尾位置，那么为什么不应用于短语末尾位置？

这个问题的答案是：假定第二个和第三个人称单数宾格代词不仅是底层无调的，而且还是声调外的成分：

（24） a.　第二人称单数宾格：　$\begin{bmatrix} \text{-ŋu} \\ \text{[+ex]} \end{bmatrix}$

　　　b.　第三人称单数宾格：　$\begin{bmatrix} \text{-nyi} \\ \text{[+ex]} \end{bmatrix}$

在（23b）中，声调延展（19）是不能应用的，因为 -nyi 是声调外成分——即 -nyi 是声调规则看不见的。因此，（23b）中的 -nyi 最后获得一个缺省指派的 L 调。但另一方面，在（23a）中，-nyi 后紧接另外一个后缀。因此，采用外围条件（18）将 -nyi 的标记 [+ex] 变成 [–ex]。这一变化的结果是：-nyi 变成声调规则无法看到的东西，声调延展（19）随之应用，将 ləbá 的 H 联结到 -nyi 上。注意：这个例子表明外围条件必须在声调延展（19）应用之前应用。

现已证明：在已用于激发外围条件的重音例子中，该条件是循环应用的——即只要语素导致节律外结构成分成为非外围性的，该结构成分就不再是节律外成分。就马尔吉语而言，第三章已表明联结规约和声调延展（19）都必须循环应用。因此，如果声调外是以一种类似于节律外的方式操作的，那么外围条件在声调推导中将是以循环方式操作的——正如它在重音系统中操作的那样。áləbányír（23a）的推导过程故此如下所示。联结规约在词干循环中应用。

（25）a. $\begin{bmatrix} ləba \\ | \ | \\ L\ H \end{bmatrix}$

添加宾格后缀时，因为后缀是声调外的，所以没发生任何事情。

b. $\begin{bmatrix} \begin{bmatrix} ləba \\ | \ | \\ L\ H \end{bmatrix} & \begin{matrix} nyi \\ [+ex] \end{matrix} \end{bmatrix}$

第三次循环时，添加了过去时后缀：[11]

c. $\begin{bmatrix} \begin{bmatrix} \begin{bmatrix} ləba \\ | \ | \\ L\ H \end{bmatrix} & \begin{matrix} nyi \\ [+ex] \end{matrix} \end{bmatrix} & r \end{bmatrix}$

由于 -nyi 不在其范围的外围，外围条件（18）应用，将 -nyi 的声调外标记拭除：

d. $\begin{bmatrix} \begin{bmatrix} \begin{bmatrix} ləba \\ | \ | \\ L\ H \end{bmatrix} & \begin{matrix} nyi \\ [-ex] \end{matrix} \end{bmatrix} & r \end{bmatrix}$

现在 -nyi 是"可见的"了，因此声调延展（19）应用，将 ləba 的 H 向右延展。

e. [[[ləba] nyi] r]
         L H

加前缀后，上述推导出正确的形式 áləbányír。

知道了这一点，现在来看一看（26）中的例子。

（26）　　[_v ná + nyi][_NP súlài][_PP ànə̀ Màlá]
　　　　　　给　　他　　先令　　向　马拉

（26）的输出项是 nányí súlài ànə̀ Màlá"给马拉 1 先令"。这个案例有趣之处在于 -nyi 是 H，这表明声调延展将 ná 的 H 延展到了 -nyi 上，而 -nyi 是在词尾。这意味着声调延展在 nányí 的推导过程中是不能循环应用的，因为 -nyi 是在其词库范域的外围。这些例子表明：在词的推导过程中，声调延展和外围条件不仅在词库层面词的推导过程中应用，而且还在后词库的短语层面中应用。在（18）的外围条件中，范域 D 是短语。-nyi 在 ləbányì（23b）这类例子中保持它的声调外性质，而在 nányí súlài ànə̀ Màlá 这类例子中却失去了它的声调外性质。声调外属性阻断了 ləbányì 中的声调延展；而在 nányí súlài ànə̀ Màlá 中，声调外性质的丢失却为声调延展提供了方便。

3.2 属格结构

更多声调外方面的证据源自对马尔吉语里某些属格形式的探索。属格结构基本属于 [_NP N + X NP] 形式，其中 N = 中心名词，$X = \emptyset$ 或属格标记语，NP = 符合资格的 NP。属格标记语（位置 X）的选择，决定了不可分割的占有、一般占有等之间的差别。

目前讨论的有趣之处是一种"短 r 所有格"的结构形式，其中单数宾格代词作为后缀直接加到中心 NP 之后，如（27）所示。

（27） mwál　　　　　朋友　　　　sə̀lkù　　　　岳父
　　　 mwáldã̀　　　 我的朋友　　sə̀lkùdã̀　　 我的岳父
　　　 mwálnyì　　　他的朋友　　sə̀lkùnyì　　 他的岳父

该单数代词在这个结构中的声调表现是与第二人称和第三人称单数宾格代词作为后缀加到动词之后所观察到的情况一模一样。正如在上面（27）中那样，它们在短语末尾位置时带一个 L 调；但在短语非末尾位置时，代词将承载其前面音节的声调——这个事实可以通过把所涉及的后缀标记为声调外成分加以解释。请看下面推导的样例：

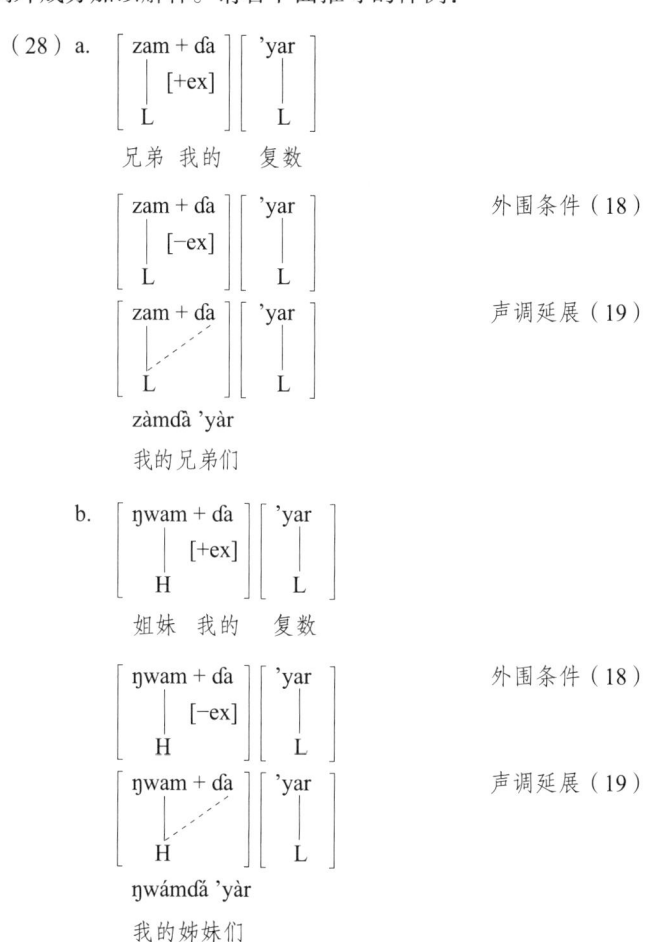

（28）a.　$\begin{bmatrix} zam + ɗa \\ | \\ [+ex] \\ L \end{bmatrix}$ $\begin{bmatrix} \text{'yar} \\ | \\ L \end{bmatrix}$
　　　　　兄弟　我的　　复数

　　　　$\begin{bmatrix} zam + ɗa \\ | \\ [-ex] \\ L \end{bmatrix}$ $\begin{bmatrix} \text{'yar} \\ | \\ L \end{bmatrix}$ 　　　外围条件（18）

　　　　$\begin{bmatrix} zam + ɗa \\ | \\ L \end{bmatrix}$ $\begin{bmatrix} \text{'yar} \\ | \\ L \end{bmatrix}$ 　　　声调延展（19）

　　　　zàmɗã̀ 'yàr
　　　　我的兄弟们

　　 b.　$\begin{bmatrix} ŋwam + ɗa \\ | \\ [+ex] \\ H \end{bmatrix}$ $\begin{bmatrix} \text{'yar} \\ | \\ L \end{bmatrix}$
　　　　　姐妹　我的　　复数

　　　　$\begin{bmatrix} ŋwam + ɗa \\ | \\ [-ex] \\ H \end{bmatrix}$ $\begin{bmatrix} \text{'yar} \\ | \\ L \end{bmatrix}$ 　　外围条件（18）

　　　　$\begin{bmatrix} ŋwam + ɗa \\ | \\ H \end{bmatrix}$ $\begin{bmatrix} \text{'yar} \\ | \\ L \end{bmatrix}$ 　　声调延展（19）

　　　　ŋwámɗã̃ 'yàr
　　　　我的姊妹们

在短语层面，-ɗa 因不是在其短语范域的边界而失去了声调外性质。结果是：声调延展应用，推导出（28a）和（28b）中的正确形式。

概而言之，我们看到了马尔吉语里的两种结构。在马尔吉语里，声调外这一概念直接解释了许多声调交替现象。如果音节在短语层面之前一直保持声调外性质，那么它将由缺省规则指派一个 L 调。但如果因是非外围性的而失去其声调外性质，那么声调延展规则就会应用，将左边音节的声调指派给它。

一种可能的可供选择的声调外研究方法是：为这些案例假定一条短语末尾的下降或取消联结规则。例如，人们可以假定声调延展应用于 mwál + ɗa "我的朋友"（27）中的代词性后缀，推导出一种中间形式 mwáldǎ。在短语末尾位置上，联结 -ɗa 上的声调将被取消联结，而后被指派一个缺省 L 调。然而，要让这一分析运行，有必要允许短语层面规则受到词的内部形态结构的影响，因为只能允许某些语素触发规则。这意味着二者必居其一：（1）让后词库规则参照形态属性，将会违反括号拭除原则；或者（2）让后词库规则参照在所涉及的语言的句法中不起任何作用的"句法"信息——在马尔吉语（一种没有句法一致性的语言）里，这意味着在短语层面参照"第一人称单数"这类特征，尽管没有这样做的句法方面的证据。

4. 极化现象

声调系统中没有一种语素因毗邻 L 调而以 H 出现、因毗邻 H 调而以 L 出现的常见现象。例如，在马尔吉语里，"你"的主语附着语素在以 L 调结尾（如在（29a）中）的谓语之后是 H，在以 H 调结尾（如在（29b）中）的谓语之后是 L：

（29） a.　Hə̀gyì gú　　　你是希吉
　　　 b.　Màrgyí gù　　　你是马尔吉

这些声调极化的情况可以采用如下一条规则加以解释：

（30）极化： Ⓥ → V / [___ V]
　　　　　　　　　｜　　　｜
　　　　　　　　 –αH　　αH
　　　　　　　　　｜
　　　　　　　　　Q

有了这条极化规则，人们就不会被迫把这个或那个声调值任意选作基础值，人们可以直接假定极化语素底层是无调的，其表层声调是规则指派的。但有了第四章所讨论的不充分赋值理论，就不可能有极化规则。我们曾在那里（第 6 节）提出：" 一条规则在缺省规则指派 [αF] 之前不可以在结构描写中参照 [αF]"。这一制约条件在避免用偶值特征系统推导出三值对立上是必不可少的。有了这条制约条件，缺省规则就必须先于（30）中的极化规则应用，因为那条规则的结构描写包含了缺省值中的一个变项值。但如果缺省规则先于极化规则应用，那么极化规则本身就再也不能应用，因为它需要一个应用的自由 V 槽位。这样，因理论内部原因，（30）这样的规则被淘汰。本质上说，这不是一个坏的结果——即如果理论提供一种可供选择的、非任意性的、解释这类 " 极化 " 案例的方式。然而，乍一看，摈弃极化规则似乎迫使我们正好任意选择那类所要避免选择的（30）这类规则。比如，请看用异化规则取代极化规则的结果。我们可以假定极化语素底层是 L，应用下列异化规则：

（31）异化 A： L → H / L] ___ ϱ]

作为一种选择，人们还可以假定极化语素底层是 H，应用如下规则：

（32）异化 B： H → L / H] ___ ϱ]

两条规则都是在改变特征，并在全部赋值的表达式上操作。

该异化研究方法提出了一个有关不确定性的紧迫问题。在许多涉及极化的案例（如（29）中马尔吉语的例子）中，显然不存在选择（31）、不选择（32）这类规则（或反之亦然）的理由。确实，这是设立（30）所给出的那类 α 规则的理由之一。有人可能反对不充分赋值提出了另一种不受不确定性问题批评的分析方法。让我们来假定极化源自一条删除规则，而非源自一条（31）或（32）这类改变特征的规则。如果把极化语素分析为底层是 H，那么极化将由（33）这类规则与缺省指派 L 一起交互作用所产生。

（33）删除 A：　　H　→　∅ / H] _____ ϱ]

另一方面，如果将极化语素分析为底层是 L，那么，除（如（34）中的）删除规则外，语法还将需要一条临时性的 H 插入规则。

（34）删除 B：　　L　→　∅ / L] _____ ϱ]

于是，有人可能就会争辩说：不充分赋值理论所固有的不对称性是通过假设极化语素底层是 H 使一种单规则分析方法成为可能来解决不确定性问题的，而如果假定极化语素底层是 L 的话，那么就需要一种双规则的分析方法。

当然，这类论证是完全没有任何价值的，除非存在一种倾向选择（33）这类删除规则、不选择（31）和（32）那类特征改变规则的原则性理由。在没有倾向选择删除规则的原则性理由情况下，不充分赋值仅仅是在原有的基础上给不确定性问题**增加**了一种额外的可能性而已。如果没有不充分赋值的话，那么由于可以设立 α 极化规则，所以也就没有了不确定性；如果有不充分赋值的话，人们就一定要在两条可能的异化规则与一条可能的删除规则之间做出选择。然而，下文将说明：实际上可以用不充分赋值理论构建一种比上面所讨论的任何一种可能方法都更简单、都更能得到采用的分析极化案例方式。这一分析方式的存在，就意味着不充分赋值**在没有**将不确定性引入到极化现象分析的**情况下**就禁用了一组 α 规则。

4.1 声调外现象：再探马尔吉语

上文提到的针对不充分赋值理论的不确定性问题，可以通过采用如下方式解释极化语素来解决。我们将假定确定极化语素的词库特性是声调外的。并将说明声调外特性连同声调缺省规则一起在不需要任何形态条件制约的删除或异化规则的情况下可以解释极化现象。数据引自马尔吉语。

4.1.1 现在时

我要考察的第一个马尔吉语里的极化案例是现在时。霍夫曼（Hoffmann 1963）对这一时态观察如下：

> 现在时是以作为前缀加到动词词干上的 a-……为标志的。前缀 a- 有对立声调，也就是，如果动词的第一个音节是低调或升调，那么它就是高调；但如果动词的第一个音节是高调，那么它就是低调。

下面（35）给出了 L 和 H 动词的例子：

（35）a. wì 跑   áwì yú   我跑
    b. sá 犯错误   àsá yú   我犯错误

如果我们假定现在时前缀具有如下底层表达式，那么它的表现就可以直接得到解释：

（36） $\begin{bmatrix} a \\ [+ex] \\ H \end{bmatrix}$

也就是说，该语素含有一个 H 调，但词库标记为声调外成分。因此，（35）中的动词在加前缀 [a- 之后以如下形式出现：

（37）a. $\begin{bmatrix} a \\ [+ex] \\ H \end{bmatrix} \begin{bmatrix} wi \\ | \\ L \end{bmatrix}$ b. $\begin{bmatrix} a \\ [+ex] \\ H \end{bmatrix} \begin{bmatrix} sa \\ | \\ H \end{bmatrix}$

正确的表层形式是从如下的这些底层表达式推导而来的：首先，规则将毗邻另一个 H 调的浮游 H 调删除。

（38）浮游 H 删除： Ⓗ → ∅ / H

浮游 H 删除不影响（37a）中的例子，但删除（37b）中前缀的 H 调。

（39） $\begin{bmatrix} a \\ [+ex] \\ \emptyset \end{bmatrix} \begin{bmatrix} sa \\ | \\ H \end{bmatrix}$

我认为：依照普遍规约，声调外特性将在语音层面消失。在语音层面，**所有载调单位都必须被赋予一个声调值**——语音层面上的声调外特性将阻止这种情况的发生。由于失去了声调外特性，（37a）和（39）因而将以如下形式出现：

（40）a. $\begin{bmatrix} a & wi \\ | & | \\ H & L \end{bmatrix}$ b. $\begin{bmatrix} a & sa \\ & | \\ & H \end{bmatrix}$

在（40a）中，联结规约将应用，将自由 H 调与自由元音 [a] 相联结。在（40b）中，联结规约因失去前缀的 H 而不能应用，结果自由元音被缺省指派了一个 L 调。所以，最后获得了两个正确的形式 áwì 和 àsá。

对无调词干现在时前缀的研究明确证实了上述研究方法。请看下面（41）。

（41）$\begin{bmatrix} a \\ [+ex] \\ H \end{bmatrix} \begin{bmatrix} C & V \ldots \end{bmatrix}$

由于前缀的 H 不能联结到前缀 a- 上，因此它应按照常规的从左到右联结规约自动联结到动词词干上。由于前缀元音没有已联结的声调，因而应当给它缺省指派一个 L，从而产生所预测的 LH 表层模式。这正是最后产生的马尔吉语所需要的结果：

（42）a. $\begin{bmatrix} a \\ [+ex] \\ H \end{bmatrix} \begin{bmatrix} sa \end{bmatrix}$ → àsá 喝（现在式）

b. $\begin{bmatrix} a \\ [+ex] \\ H \end{bmatrix} \begin{bmatrix} hər \end{bmatrix}$ → àhə́r 拿（现在式）

总之，声调外的词库指派与浮游 H 删除规则组合，可以解释极化现在时前缀的声调形式。尤为重要的是：事实上，不需要使用受形态条件制约的规则来解释声调极化现象。浮游 H 删除不只是一条纯音系规则，而且还是一条在与极化无关的场合并不罕见的规则。[12]

4.1.2 过去时与修改后的外围条件

现在时中所观察到的极化现象也被证实存在于过去时中。跟现在时一样，过去时是以前缀 [a- 为标志的，但除此之外，过去时还有一个后缀 -(ə)ri]（它的短语非末尾形式是 -(ə)r]）。（35）中动词词干所体现的过去时形式如下：

（43） a. áwìr yú　　　我跑了
　　　 b. àsár yú　　　我犯过错误

对过去时极化的分析跟现在时一模一样。也就是说，假定把过去时前缀表征为如（36）所示，并假定声调推导类似于上面现在时中所看到的那样。两个时态之间的唯一区别，实际上是过去时中有一个后缀。有人可能开始想知道极化是否是马尔吉语前缀的一种一般属性。但这不是事实。例如，要构成叙事时态，就要把前缀 [ga- 附加到动词上，而这个前缀总是带个 L 调。[13]

（44） a. nì gà wì　　　我跑了
　　　 b. nì gà sá　　　我犯过错误

两个时态都有一个前缀 [a-，它们中所发生的极化现象只可以通过给语素 [a- 指派极化属性来加以解释。换言之，马尔吉语里的极化似乎是由某种时态在形态上而非句法上触发的。

所给出的对现在时和过去时的极化分析表明声调外成分可以出现在其范域的左手边界。但是，正如（18）中所表述的那样，外围条件让这个变得不可能。因此，我提出重新对外围条件做如下表述——目的在于允许声调外或节律外成分出现在范域的左或右边界。

（45）外围条件（修改后的）：

$$X \qquad\qquad /\ [_D Y \underline{\qquad} Z]$$
$$[+\text{ex}] \rightarrow [-\text{ex}]$$

这里，$Y \neq \emptyset$，$Z \neq \emptyset$，D 是重音/声调规则的范域。

4.1.3 主格附着语素与括号拭除

极化的第三个例子来自霍夫曼所称的"加后缀的主格代词"。（46）中给出了相关形式。

（46）　　　　　　　　单数　　　　双数　　　　　复数

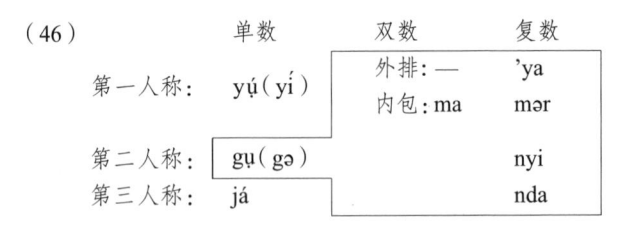

第一人称： yú (yí)　　外排：—　　　'ya
　　　　　　　　　　　　内包：ma　　　mər

第二人称： gu (gə)　　　　　　　　　nyi

第三人称： já　　　　　　　　　　　　nda

（46）中括号内的形式是那些出现在非末尾位置上的形式，这些形式不同于出现在末尾位置上的形式。对于主格附着语素来说，第一人称和第三人称单数的声调总是 H；但对于其他所有人称，附着语素的声调是与其前面音节形成相反的两极。因此，如果前面音节是 H，那么附着语素便是 L；如果前面音节是 L，那么附着语素便是 H。下面给出一些涉及主格附着语素极化的例子：

（47）a.　áwì ndá　　　他们跑
　　　　　Hògyì gú　　　你是希吉
　　　 b.　àsá ndà　　　他们犯错误
　　　　　Màrgyí gù　　你是马尔吉

有关非极化第一人称单数附着语素的例子，见前面的（35）。

关于主格附着语素，有许多有意思之处。第一也是主要的一点是，为过去时和现在时提出的分析也可以用于解释主格附着语素的极化现象。也就是说，极化附着语素（（46）中方格内的那些形式）的底层形式包含 H 调，尽管附着语素本身被标记为声调外成分。因此，当将这些附着语素添加到谓词上时，就会推导出如下的构式：

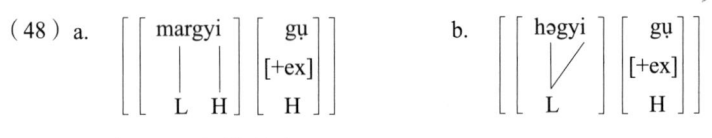

（48）a.　[[margyi] [gu]]　　　b.　[[həgyi] [gu]]
　　　　 [|] [+ex]   [\/   ] [+ex]
　　　　 [L H   ] [H]   [L   ] [H]

应用浮游 H 删除（38）推导出：

　　　a.　[[margyi] [gu]]　　　b.　[[həgyi] [gu]]
　　　　 [|] [+ex]   [\/   ] [+ex]
　　　　 [L H   ] [∅]   [L   ] [H]

最后，声调外特性在语音层面消失。

a. [[margyi] [gu]]
      L H

b. [[həgyi] [gu]]
      L L   H

在（48b）中，应用联结规约，将自由 H 调联结到 -gu 的元音上，从而推导出正确的形式 hə̀gyi gú。但在（48a）中，作为浮游 H 删除的结果，-gu 失去了 H。-gu 的无调元音获得了由缺省指派的 L 调，从而产生了 màrgyí gù 这个形式。

应当注意的是：音段上与主格附着语素相同的形式是以某些属格结构的"主语"出现的。例如，主格附着语素 -gu 出现在 kə́rágù "你的头"这类短语中。由于这类属格结构的标记是带 H 调的 -a，-gu 的表层 L 调可以通过假定与（48）中的附着语素具有相同的底层形式推导而得：

（49）a. [[[kər] [a]] [gu]]
             H   H [+ex]
                       H

浮游 H 调将被浮游 H 删除（38）所删除，在语音层面失去声调外特性之后将被指派一个缺省 L 调。将主格附着语素用作属格"主语"与用作句子主语之间的唯一主要差别在于第一与第三人称单数附着语素。我稍后将回到这个问题上来。

读者可能已经注意到，主格附着语素尚未作为简单后缀被括号括起来。其原因是：声调延展从来不会将谓词的声调延展到主格附着语素上，即使这个附着语素失去了它的声调外特性。请看下面的例子：

（50）a. 短语末尾： [[màrgyí][ndà]]
              他们是马尔吉人
     b. 短语非末尾： [[úmwár][ndà]][rá]
              他们在哪？

在上面两个例子中，浮游 H 删除在词库中应用，删除了主格附着语素的 H 调。在短语末尾位置（50a），附着语素是外围性的，因而在后词库中仍保持其声调外性质；最终由缺省方式获得一个 L 调。但在短语非末尾位置，由于 -nda 不在后词库范域的外围上，因而在后词库中失去了声调外性质。不过，úmwár 的 H 调没有延展到无调的 -nda 上，-nda 表层带了一个缺省 L 调。为解释这一现象，我假定主格附着语素是括号拭除的例外，声调延展（19）在后词库层面并没有跨边界。[14] 也就是说，附着语素在某种程度上具有词的地位，尽管它们在词库层面附加到词基上。[15] 总的来说，声调延展不是跨词应用的。例如，虽然 -nda 在（50b）中失去了声调外性质，但是声调延展仍不适用。

（50）这类例子还提出了另一个有关浮游 H 删除（38）应用范围的问题。只要附着语素出现在外围上，浮游 H 删除就可以在词库或后词库层面应用，推导出正确的结果。例如，在（50a）中，是在词的层面还是在短语层面删除了 -nda 的 H，都不会产生什么差别：

（51） $\begin{bmatrix} \begin{bmatrix} \text{margyi} \\ | \\ \text{L} \quad \text{H} \end{bmatrix} \begin{bmatrix} \text{nda} \\ [+\text{ex}] \\ | \\ \text{H} \end{bmatrix} \end{bmatrix}$

附着语素 -nda 在词和短语层面都是声调外的；因此，它的 H 调在任何一个阶段都有可能被删除。

然而，（50b）这类短语却不是事实。如果浮游 H 删除不是在词库层面应用的，那么下列表达式将是在短语层面推导而得的：

（52）a. $\begin{bmatrix} \begin{bmatrix} \text{umwar} \\ |/ \\ \text{H} \end{bmatrix} \begin{bmatrix} \text{nda} \\ [+\text{ex}] \\ | \\ \text{H} \end{bmatrix} \begin{bmatrix} \text{ra} \\ | \\ \text{H} \end{bmatrix} \end{bmatrix}$

-nda 因不在其范围的外围上而应失去声调外性质，自由 H 调应由规约联结起来：

b. $\begin{bmatrix} \begin{bmatrix} \text{umwar} \\ |/ \\ \text{H} \end{bmatrix} \begin{bmatrix} \text{nda} \\ \vdots \\ \text{H} \end{bmatrix} \begin{bmatrix} \text{ra} \\ | \\ \text{H} \end{bmatrix} \end{bmatrix}$

但这个推导将预测出错误的结果 *úmwár ndá rá。所以，重要的是：附着语素应在词库中出现，而且浮游 H 删除应在词库层面应用。

我将以第一人称和第三人称单数附着语素的简要分析来结束对主格附

着语素的讨论。无论是作为句子的主语，还是作为属格短语的主语，这些特定附着语素具有与其余成分完全不同的表现。作为句子的主语，它们总是出现在 H 调上；这一点可以通过假定该附着语素底层因**没有**标记为声调外成分而不同于其他语素来加以解释。结果是，它们的词库 H 被常规联结规约联结到附着语素的元音上，因此绝不会受制于浮游 H 删除。上面已看到过该附着语素在主语位置上的例子，如（35）中的例子。

然而，当这些附着语素出现在属格结构中时，它们的表现有所不同。在这个结构中，它们呈现了声调外的表现。它们在短语末尾位置上是 L 调，短语中间位置上是 H 调。

（53）a. kárájà　　　他的头
　　　b. kárájá kù　　这个他的头

这一表现可以通过假定属格结构中的第一人称和第三人称单数附着语素具有与所有其他附着语素一样的底层表达式（即它们都带一个 H 调，但被标记为声调外成分）来加以解释。但它们不同于其他附着语素，因为它们的括号在词基＋附着语素复杂形式离开词库后是**不能**保留的——即通常要为这两个附着语素进行括号拭除。因此，（53）中的例子推导过程如下。首先，在词库中添加附着语素：

（54）a. $\left[\left[\begin{array}{cc} \text{kər} & \text{a} \\ | & | \\ \text{H} & \text{H} \end{array}\right]\left[\begin{array}{c} \text{ja} \\ \text{[+ex]} \\ | \\ \text{H} \end{array}\right]\right]$

附着语素的 H 调不能联结，因此被浮游 H 删除（38）的词库应用删除：

　　　b. $\left[\left[\begin{array}{cc} \text{kər} & \text{a} \\ | & | \\ \text{H} & \text{H} \end{array}\right]\left[\begin{array}{c} \text{ja} \\ \text{[+ex]} \\ | \\ \text{Ø} \end{array}\right]\right]$

在后词库层面，括号拭除后获得如下表达式：

　　　c. $\left[\begin{array}{ccc} \text{kər} & \text{a} & \text{ja} \\ & & \text{[+ex]} \\ | & | & \\ \text{H} & \text{H} & \end{array}\right]\left[\begin{array}{c} \text{kù} \\ | \\ \text{L} \end{array}\right]$

由于 -ja 已不在其范域的外围上，外围条件（45）将其声调外性质移除；因此，声调延展（19）便可以应用：

$$\text{d.} \begin{bmatrix} \text{kə r a ja} \\ \mid \mid \diagup \\ \text{H H} \end{bmatrix} \begin{bmatrix} \text{kụ} \\ \mid \\ \text{L} \end{bmatrix}$$

声调延展的结果便是正确的表层形式 kɔ́rájá kù。

在对主格附着语素的这一讨论中，我论证了主格附着语素的极化事实与马尔吉语里所有其他的极化事实基本上都是以同样的方式得到解释的——即将极化附着语素分析为承载一个 H 调，但词库标记却是 [+ 声调外的]。然而，主格附着语素有所不同，因为阻断应用括号拭除也是必不可少的。因此，两种特性说明主格附着语素的极化过程：(1) 声调外性质，(2) 括号拭除失效。两种主格附着语素（即第一人称和第三人称单数）偏离通常类型，由此观察到有趣的支持这一分析的证据。当这两种附着语素作为句子的主语出现时，它们不是声调外的，所以是例外；当它们以属格结构的主语出现时，它们是例外，因为括号拭除正常应用。换言之，用于说明通常类型的两种特性，也恰恰可用于说明第一人称和第三人称单数的这种特殊类型。

4.2 不确定性问题

上文在讨论极化之初就曾指出，涉及 α 标示符号的极化规则与本书所讨论的不充分赋值理论互不相容。现在看来这是一个好的结果，因为该理论在不诉诸专门的极化规则的情况下对极化事实做出一种直接且非任意性的说明。也就是说，在不强制在等同的可选规则之间做出任意选择的情况下，允许规则插入一个特征的两个值的有效手段遭到禁用。

另一种涉及 α 标示符号极化规则的研究方法主要是：(1) 作用于某种 L+L 序列的异化规则，(2) 作用于某种 H+H 序列的异化规则，(3) 与缺省插入 L 组合的作用于某一 H+H 序列的删除规则。所有这些可能性均已在第 4 节开头部分做过阐释；由于某一主要原因，所有这些可能性均不如涉及声调外的阐述。异化和删除规则不能无条件地应用，正如不是所有满足异化和删除音系条件的语素事实上都能接受这条规则的应用。也就是说，不是所有的 H+H 或 L+L 序列都呈现出极化性质。因此，异化和删除规则将必须包含将应用仅限定在某一 Q 组案例的条件。这种方法最为重要的是要做出对 Q 组的特征描述。尤其要注意：马尔吉这类语言里的极化规则因仅限于某些短语语境而只能在后词库层面应用。所以，有人可能想用某些句法属性来界定 Q 组。但令人质疑的是，诸如主格附着语素以及过去时和现在时的语素都是仅由一种共有的句法特征来界定的。因此，异化或删除研究方法将不得不给后词库应用的规则增加一条形态条件——被词库音系学所排除的一类条件。所以，异化和删除两种研究方法都需要：(a) 带形态条件的规则，(b) 对词库音系学理论的弱化。另一方面，在极化的声调外研究方法中，对 Q 组进行界定不会产生任何问题。Q 组包含了那些词库指派音系特征 [+ 声调外的] 的语素。

此外，声调外研究极化的方法所需要的唯一规则是浮游 H 删除。这条规则在形式上与强制性曲折原则（Leben 1973）很相似，这表明最好把它看作是一条一般规约而非一条特定语言所具有的规则。我在这里将不对这种可能性进行探讨，倘若要证明这是事实的话，那么这里所讨论的那类极化情况就根本不需要任何规则了。

除了删除和异化解释极化时的一般问题外，在马尔吉这类语言里，这些方法也还有些实证问题。它们将需要采用一条临时性的规则，以便给无调动词词干的现在时和过去时形式推导出其声调形式。一种相关形式是 àhə́r "拿（现在时）"。正如 4.1.1 节中所阐释的，声调外方法自动对这一情况做出了解释。但要推导出已证实存在的 LH 模式，异化或删除方法将不得不沿如下路径做些事情。人们根据极化前缀底层是否被看作是 L 还是 H 将提出如下表达式：

（55）a. $\begin{bmatrix} a & h\ni r \\ | & \\ L & \end{bmatrix}$ b. $\begin{bmatrix} a & h\ni r \\ & | \\ & H \end{bmatrix}$

在上述两种形式中，任何一种表达式都不能自动产生 àhór。所以，人们不得不设定一条像 H 指派规则那样的规则，以便在声调延展和异化/删除规则之前将 H 指派给这个时点里的自由元音。

最后，声调外极化研究方法做出了极化作用于范域边界的有趣预测，而异化或删除研究方法却不能提出这样的说法，因为外围异化规则形式上不如非外围规则的价值高。请比较如下两条规则：

（56）a.　H　→　L / H] ＿＿＿]
　　　b.　H　→　L / ＿＿＿] H]

规则（56a）将给出极化在范域边界的作用，而如规则（56b）这种同等价值的规则却要从范域边界往里一个声调给出极化作用。此刻我对此问题不做进一步的探索，而我所意识到的极化案例确实是外围性的。

总之，通过将涉及 α 标示符号的特征插入规则排除在外，不充分赋值理论没有将不确定性引入到极化规则的分析之中。正相反，还有可能获得一种没有对音系规则施加形态规定的分析方法。这种分析方法为支持将声调外理念延伸到声调现象的描写之中提供了强有力的证据。

5. 指派规则的组件

本章至此已提出了将声调纳入词库音系学理论之中所产生的某些结果，它们乍看起来可能不合时宜，但仔细研究，其结果则正好相反。这一节将论证某些应当令人满意的结果事实上就是如此而已。词库音系学的一个主要主张是在不同组件中应用的规则系统上呈现不同的属性。规则在不同应用方式类型上的差异已在第一章中做过概述，某些差异在本书不同之处都做过讨论。为便于此次讨论，我将把第一章 1.8 节中所给出的区别词库与后词库规则应用的属性概览复述如下：

(57)　词库规则　　　　　　　　　　后词库规则
　　　a. 可参照词内结构　　　　　a. 不可以参照词内结构
　　　b. 不能跨词界应用　　　　　b. 可以跨词界应用
　　　c. 可以是循环性的　　　　　c. 不可以是循环性的
　　　d. 若是循环性的，则受制于严　d. 如果是非循环性的，则全面应用
　　　　格循环条件
　　　e. 结构保持　　　　　　　　e. 不必结构保持
　　　f. 可以有词库例外　　　　　f. 不可以有词库例外
　　　g. 必须是在所有后词库规则应　g. 必须是在所有词库规则应用之后
　　　　用之前应用　　　　　　　　　应用

这一节将对（57）中所列出的某些属性进行考察，特别要说明的是规则往往展现出不止一个在特定组件中应用所期待的属性——即规则确确实实展现出如理论所预测的成群的（词库或后词库）属性。

5.1 词库制约条件

本节将阐明：词库应用的规则可能受制于不适用于后词库层面应用的规则的制约条件。讨论将集中在蒂弗语上，尽管会对其他某些语言的例子做些简要考察。我将首先对制约条件进行讨论，进而提出它们可否由"结构保持"原则推导而得。

5.1.1 蒂弗语里的曲折调与音节结构

要激发蒂弗语里的两条词库制约条件，就需要看一看某些涉及曲折调和表层闭音节分布的事实。请看如下对蒂弗语里降调和升调的概述。

(58) a.　曲折调只出现在词的末尾位置。
　　　b.　降调在形式为（C)V 和（C)VC 的表层音节上是可能的。
　　　c.　升调只在形式为（C)VC 的表层音节上是可能的。

我们在本书的前面曾看到许多 CV 音节上降调的例子，如下例所示：

(59) a.　ùnyìnyà mbâ　　　有马
　　　b.　kásév̂ mbâ　　　　有妇女
　　　c.　íwá ngî　　　　　有狗

可以在如下单词上看到降调出现在 CVC 音节上的例子：

（60） a. ngòhôr　　　　　（近来）接受
　　　 b. swâm　　　　　　野猪
　　　 c. kêr　　　　　　　寻找！

最后，（61）给出了一些升调的例子。

（61） a. běr　　　　　　　池塘
　　　 b. ànyàm̀ ngǔn　　　这个豹
　　　 c. ìnyǒn　　　　　　鸟

在曲折调音节方面，有两个基本议题需要牢记。第一，我们必须解释为什么升调从不出现在（C）V 音节上。第二，我们必须解释为什么出于时态指派的目标而把（C）VC 音节看成是**两个载调单位**。例如，ngòhôr（60a）获得了一个三音节近过去时形式所具有的 LHL 调型，而不是我们所期待的双音节形式所具有的 LH 调型（见第三章 3.2.1.1 节）。

一种容易想到的研究后一个问题的方法是，将蒂弗语里的载调单位界定为音节韵母中的一个音段。因此，升调是通过将一个声调与韵核相联结、一个声调与韵尾相联结获得的。遗憾的是，这种解决方法产生了许多需要解决的问题。我们在（59）中看到，降调在 CV 音节上是可能的。换言之，HL 可以映射到单独一个载调单位上。结果是：如果 CVC 音节含有两个载调单位，那么我们就应当能够获得（62）中所呈现的那类声调类型。

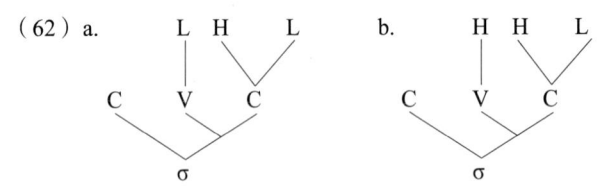

（62） a.　　L　H　L　　　　b.　　H　H　L
　　　　　　 C　V　C　　　　　　　 C　V　C
　　　　　　　　σ　　　　　　　　　　σ

该研究方法就为什么把 CVC 音节看作是两个载调单位这个问题给出了解释，但它这样做是以**增加**可能的但未被证实的表层曲折调的数量为代价的。

沿如下路径就有可能形成另一种解决这个问题的方案：

（63）a. 词库中不存在（C）VC 音节；
　　　b. 表层（C）VC 音节是从词库的（C）VCV 序列推导出来的；
　　　c. 所有的曲折调都是由 T 附加规则推导出来的；
　　　d. T 附加排在一条删除适宜的……V_1CV_2] 序列中 V_2 的规则之后。

T 附加规则是通过将末尾浮游调联结到非停顿位置上的词的最后元音上生成曲折调的。

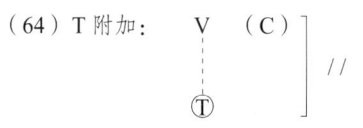

（64）T 附加：
$$\begin{bmatrix} V & (C) \\ \vdots & \\ T & \end{bmatrix} //$$

注意：短语条件在 T 附加的结构描写中是至关重要的，因为该规则在 [mbá][vân] "他们正过来" 这类例子中是不应用的。T 附加在 ùnyìnyà mbâ（59a）这类例子中按如下方式应用：

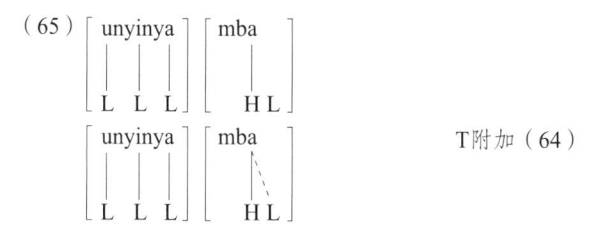

（65）
$$\begin{bmatrix} unyinya \\ |\ |\ | \\ L\ L\ L \end{bmatrix} \begin{bmatrix} mba \\ |\ | \\ H\ L \end{bmatrix}$$

$$\begin{bmatrix} unyinya \\ |\ |\ | \\ L\ L\ L \end{bmatrix} \begin{bmatrix} mba \\ |\ \diagdown \\ H\ L \end{bmatrix} \qquad T 附加（64）$$

现在请看下面的例子，这些例子阐释了某些蒂弗语里近过去时之类时态中出现的音段性元音交替（Ablaut）规则（Arnott 1964: 24）：

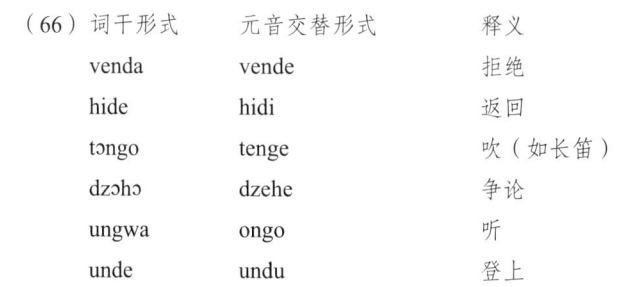

（66）词干形式　　元音交替形式　　释义
　　　venda　　　vende　　　　　拒绝
　　　hide　　　 hidi　　　　　　返回
　　　tɔngo　　　tenge　　　　　吹（如长笛）
　　　dzɔhɔ　　　dzehe　　　　　争论
　　　ungwa　　　ongo　　　　　 听
　　　unde　　　 undu　　　　　 登上

元音交替形式是可以从词干形式中预测到的，但反之则不然。元音交替规则只是其对如下这类词干产生的作用与本研究有关，因此在这里对这条规则将不做讨论或阐释。[16]

249

（67）词干形式	元音交替形式	释义
gema	gem	变化
yira	yer	召唤
pine	pin	询问
hura	hor	除草
tsume	tsum	犯错误

我们注意到（67）中所给出的元音交替形式中的第二个元音丢失了。（67）中的元音交替触发元音删除规则的应用，而（66）中的元音交替却**没有**触发元音删除。（66）与（67）之间存在这种差异之处的理由是在末尾相关辅音的性质上。只有在 VCV 序列的 C 是如下其中一个辅音（即 [m]、[n]、[l]、[r]、[v]、[gh]）时，才可能发生元音删除。

但这是元音删除的必要条件，不是充分条件，因为我们在**词干形式**（67）中就没有看到元音删除现象。我们就必须给元音删除增加第二个条件：V_1CV_2 序列中的 V_1 与 V_2 在紧音性（tenseness）上可能有所不同，但在其他所有决定元音音质的特征上必须是一致的。这个对元音序列的制约条件在（66）的所有元音交替形式中得到了满足，但由于中间音节不是 [+响音性] 的，因此元音删除不会发生。[17] 另一方面，元音交替馈给（67）中的元音删除，因为它产生了 V_i C V_i 序列。

[+响音性]

我将元音删除规则形式化如下：

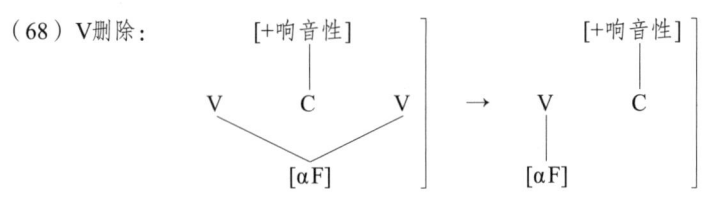

（68）V删除：

$$V \quad \underset{[\alpha F]}{C} \quad V \overset{[+响音性]}{} \rightarrow V \quad \underset{[\alpha F]}{C} \overset{[+响音性]}{}$$

V 删除规则在 pin "询问"的推导过程中得到了诠释。在合适的时态中，词干 pine 发生了元音交替（为便于说明，已略去了声调）和 V 删除：

（69） [pine]
　　　　 [pini]　　　　元音交替（比较 hide～hidi"返回"）
　　　　 [pin]　　　　 V 删除（68）

有鉴于此，请总体上看一看 CVC 音节的下列特点：

（70）a.　（C）VC 音节出现在词尾；
　　　b.　韵尾的 C 总是 [+响音性] 的；
　　　c.　当末尾音节是（C）VC 时，一个有 *n* 个音节的词在声调上表现得像是一个有 *n*+1 个音节的词。

如果我们假定在词库中没有（C）VC 音节，那么所有这些观察结果都很容易得到解释。也就是说，音节的词库总藏中仅有 V 和 CV。因此，以闭音节结尾的词一定是通过设立一个被 V 删除（68）删除掉的底层末尾元音推导出来的。

因此，我假定动词具有如（71）纵列 A 中的底层形式，即使当它们如纵列 B 中的那样出现在非元音交替的时态（如一般过去时）中时。注意：尽管 V 删除已将纵列 B 中的末尾词干元音删掉了，但这一元音的形式却可以从已加后缀的纵列 C 这类形式中恢复过来。

（71）　A　　　　　B　　　　　　C

　　　yeme　　　yem　　　　　yemen　　　接受
　　　ɔro　　　　ɔr　　　　　　ɔron　　　　说
　　　kere　　　ker　　　　　　keren　　　寻找
　　　ngohoro　 ngohor　　　　ngohoron　 接受

现在可以对（58）中的概括进行解释了：第一，曲折调只出现在词尾位置，因为产生它们的语言特有的规则（T 附加）仅限于词尾位置的应用。第二，因为 V 删除（68）馈给 T 附加（64），所以降调和升调在 CVC 音节上都是可能的。请看 kêr"寻找！"和 běr"池塘"的推导过程：

（72）a.　$\begin{bmatrix} \text{kere} \\ | \quad | \quad | \\ \text{H} \quad \text{L} \end{bmatrix}$　　　b.　$\begin{bmatrix} \text{bere} \\ | \quad | \quad | \\ \text{L} \quad \text{H} \end{bmatrix}$

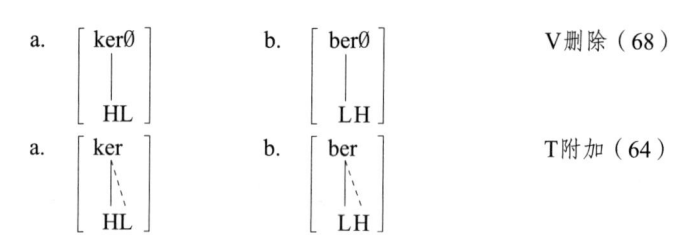

a. $\begin{bmatrix} \text{kerØ} \\ | \\ \text{HL} \end{bmatrix}$ b. $\begin{bmatrix} \text{berØ} \\ | \\ \text{LH} \end{bmatrix}$ V删除（68）

a. $\begin{bmatrix} \text{ker} \\ | \\ \text{HL} \end{bmatrix}$ b. $\begin{bmatrix} \text{ber} \\ | \\ \text{LH} \end{bmatrix}$ T附加（64）

我们现在仅剩下允许降调但阻止升调出现在 CV 音节上的问题了。当想到第三章 2.1 节中所见到的那条提升规则时，就可以对这个问题做出简单解释。现将那条提升规则复制如下：

（73）提升：　L　→　H /＿＿＿ Ⓗ

我们在第三章对近过去时的讨论中看到：（74a）中的这类构式将被提升规则变成（74b）。

（74） a. $\begin{bmatrix} \begin{bmatrix} \text{CV} \\ | \\ \text{L} \end{bmatrix} \text{H} \end{bmatrix}$ b. $\begin{bmatrix} \begin{bmatrix} \text{CV} \\ | \\ \text{H} \end{bmatrix} \text{H} \end{bmatrix}$

如果提升规则排在 T 附件之前，那么我们就可以正确地预测升调在 CV 音节上是可能的。这是因为将 T 附加应用于（74b）这种构式（提升的输出项）将产生一个高平调。注意：不存在与提升相类似的影响 HⓁ 序列的规则。这一点正确地预测：在这种情况下，T 附加将推导出 CV 音节上的降调。

最后一点：提升必须排在 V 删除之前，以使之不将 CVC 音节上的潜在声调删除。例如，请看近过去时形式 kŭm "咆哮（近来）"的推导过程。在词干循环时，联结规约应用：

（75）a. $\begin{bmatrix} \text{kume} \\ | \\ \text{L} \end{bmatrix}$ 循环1：联结规约

添加近过去时后缀后，联结规约和元音交替应用：

b. $\begin{bmatrix} \text{kume} \\ | \quad | \\ \text{L} \quad \text{H} \end{bmatrix}$ 循环2：联结规约

c. $\begin{bmatrix} \text{kumu} \\ \text{L} \quad \text{H} \end{bmatrix}$ 元音交替

至关重要的是，如果提升的排序目的在于在推导的这一时刻应用，那么它就不能应用于（75）这样的场合。其后，V 删除和 T 附件应用于我们后来将要看到的后词库推导的部分过程：

d. $\begin{bmatrix} \text{kum}\emptyset \\ \text{L} \quad \text{H} \end{bmatrix}$ V 删除（68）

e. $\begin{bmatrix} \text{kum} \\ \text{L} \quad \text{H} \end{bmatrix}$ T 附加（64）

如果提升（73）排在 V 删除之后，那么就会得出错误的形式 *kúm。

总之，我提出了蒂弗语里曲折调是 T 附加规则最后应用的结果。把 T 附加排在 V 删除之后，把 V 删除排在提升之后，我们就可以正确地解释 CVC 音节而非 CV 音节上出现的升调。降调在 CV 和 CVC 音节上都是可能的，因为不存在与提升相类似的规则影响浮游 L 调前的 H 调。上述分析意味着蒂弗语里的载调单位只是那种 V 槽位，或者相当于音节核的骨架槽位。

5.1.2 规则应用的制约条件

既然有了前一节的分析，对蒂弗语里底层词项全面进行音节化时所需要的唯一的那类音节就是 V 和 CV。也就是说，一个韵音统制一个单独的骨架单位；一个首音（如果有的话）统制一个单独的骨架单位。[18]结构更为复杂的音节只是作为音系规则应用的结果——具体地说作为 V 删除的结果出现的。

声调方面，音系规则应用之前出现的唯一的那类联结是一对一的联结。也就是说，联结规约和预先联结只出现在一个声调指派给单独一个载调单位的例子中。请回想一下：蒂弗语里的曲折调在两类例子中出现：

（1）作为短语层面联结词尾位置上自由声调的规则产出的结果，（2）作为 V 删除（触发同样的短语层面联结规则）产生的结果。

明白了这些观察结果，请想一想如下这条提议的含义：

（76）因为分支韵音和曲折调不属于音节总藏和底层表达式所需要的自主音段联结，所以没有任何词库规则能产生这样的表达式。

实际上，这个制约条件在词库中将任何在某些形态和音系非派生环境中未被证实存在的音节类型或联结类型排除出去。因此，（76）对蒂弗语的词库推导过程将施加如下的制约：

（77）蒂弗语的音节： 1. 韵音不可以分支。
2. 首音不可以分支。

（78）蒂弗语的声调：

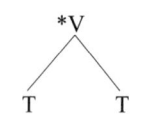

*V
／＼
T   T

222 这些制约条件具有两个作用：第一，任何违反它们的规则都必须是后词库的。例如，V 删除（68）因产生带分支韵母的音节而必须是在后词库中应用。T 附加（64）也必须是后词库的，因为它产生了违反一对一联结的词库制约条件的曲折调。

第二个作用是有关词库规则应用的。依照戈德史密斯（Goldsmith 1976）的观点，我假定这些制约条件并不阻止规则的应用，即使这些规则的输出项不是合乎语法的；不如说，以产生合乎语法表达式的最简方式增加或删除联结线。例如 H 延展规则（见第二章 4.2 节），这条规则将 H 调延展到后面已联结的 L 调上，因而触发了取消与 L 调的联结。如果规则是在词库中应用的，那么随后将自动出现取消这种先前联结的声调（H 延展例子中的 L 调）的联结，因为多重联结将违反一对一的制约条件。这方面值得注意的是：有两种自主音段规则实施的基本操作：插入一个自主音段、删除一个自主音段、插入一条联结线和删除一条联结线。如果我们假定自主音段规则的成本随着它必须规定的操作数量的增加而增加，那么我们就会振振有词地为一条必须既插入又删除（而非只插入或只删除）联结线的规则付出更高的成本。因此，如果（76）这样一条原则被激发，那么就会降低蒂弗语语法中 H 延展这样一条规则的成本，因为在规则公式化中唯有一种操作需要做规定，即插入联结线；删除联结 L 调的联结线是遵从了（78）中的制约条件。还需要注意的是：假若 H 延展是在后词库中应用的——而且仍是取消 L 调的联结，那么它在蒂弗语语法上投入的成本就会增加，因为联结与取消联结都必须在规则的结构描写上做出规定。

然而，（76）中提出的原则地位引发了许多重大问题。例如，它是否反映了结构保持的一般原则（Kiparsky 1982a）——即要求在词库中应用的规则仅限于使用有限定的一组音段类型、音节类型等？我并不打算对结构保持这个议题进行详细分析，但值得注意的是，在蒂弗语这样的语言里，坚守或不坚守（77）和（78）中的制约条件与其他给规则赋予词库或后词库层面的标准是相对应的。这一点将在下文予以展示。此外，将不止一个声调与单独一个载调单位相联结，对这种联结加以类似的制约，这似乎在德尚语、马尔吉语和约鲁巴语里是存在的。但由于这些语言缺少词库声调规则，所以其证据要弱很多。想一想马尔吉语和约鲁巴的情况，两种语言都有产生曲折调的规则。在马尔吉语里，词末浮游调是联结的；在约鲁巴语里，H 调联结到了紧随其后的 L 调，因而产生了一个降调，而 L 调联结到了紧随其后的 H 调，因而产生了一个升调。如果这些语言都有类似蒂弗语的那种词库联结制约条件，那么这些规则就一定是后词库的。事实也确实如此。

例如，第三章第 3 节阐明马尔吉语的这条规则是非循环应用的；循环应用会产生错误的结果。但同一章的 2.2 节却说明声调延展这类词库声调规则**确确实实是**循环应用的。结论一定是：词末联结规则是在后词库中应用的，正如（78）这类制约条件所要求的那样。

至于约鲁巴语的例子，产生降调的规则一般是跨词界应用的。例如，ó dùn"它是甜的"作为规则操作产生的结果，它变成了 ó dûn。至于产生升调的规则，它出现在明显的非派生语境中；考虑到别处条件，这表示该规则的应用一定是后词库的。因此，尽管我没有证据证明：在马尔吉语和约鲁巴语里，一对一声调制约条件迫使词库规则取消与声调的联结，否则将会产生多重联结，但却有产生曲折调的规则在后词库中应用的证据。

  总之，就这里所考察的语言而言，由于曲折调未被证实存在于底层表达式中，它们不能由词库应用的规则推导出来。后词库规则操作可以产生曲折调，尽管不需要它们这样做。如果某条后词库规则一定要对联结和取消联结（如在德尚语里）施加规定，[19]那么这条规则的成本就会比只对联结做出规定的类似规则要高很多。最后一点应当注意的是，结构保持原则不是没有问题。例如，莫汉南与莫汉南（Mohanan and Mohanan 1984）指出：在马拉雅拉姆语（Malayalam）里，词库输出项中的音段总藏包含了某些未在非派生词项中出现的音段。我在这里将不对该类例子所产生的问题进行讨论或做出回答。

5.2 规则排序

  确立词库和后词库层面所产生的一项重要结果是：可以大幅度地削弱外在化排序在语言语法中的作用。一旦把规则应用的范围确定在某个或某一组具体的层级，那么这个范围将对相关规则加以部分排序。例如，如果给规则 p 指派层级 n，给规则 q 指派层级 $n+1$，这表明规则 p 的应用一定先于规则 q 的应用。注意：该案例中的排序不涉及列表中规则的外在化排序。刚才所描述的在这一简单案例中的作用是：p 与 q 的外在化排序是否与（79a）或（79b）相同：

(79) a.   ⋮   b.   ⋮
   p：应用域 n q：应用域 $n+1$
     ⋮   ⋮
   q：应用域 $n+1$ p：应用域 n
     ⋮   ⋮

结果是，有两种排序音系规则应用的方式：(1) 外在化排序，(2) 层级组的配置。

本节将说明，就蒂弗语而言，给词库或后词库层级的指派，足以决定本书在不同地方所讨论过的四条规则的相对排序。首先，将说明（57）所总结的词库音系学原则要求应将四条规则指派到具体的层级；然后，还将说明由层级的这种指派所决定的排序关系对于这些规则而言是正确的。

我将讨论的规则如下：

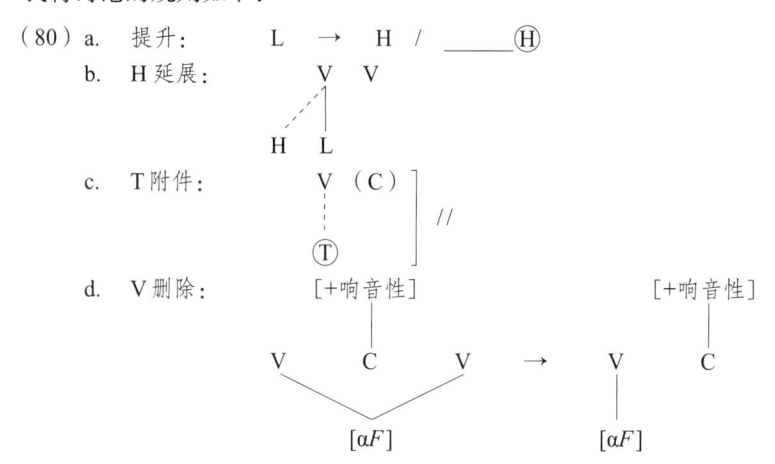

（80）a. 提升： L → H / _____ Ⓗ
　　　b. H 延展：
$$\begin{matrix} V & V \\ | & \diagup \\ H & L \end{matrix}$$

　　　c. T 附件：
$$\begin{matrix} V & (C) \\ \vdots & \\ Ⓣ & \end{matrix} \Bigg] //$$

　　　d. V 删除：
$$\begin{matrix} [+响音性] & & & [+响音性] \\ | & & & | \\ V \ \ C \ \ V & \rightarrow & V & C \\ \diagdown \diagup & & | & \\ [\alpha F] & & [\alpha F] & \end{matrix}$$

首先来看提升规则。第三章 2.1 节已阐明这条规则必须是循环（因而在词库中）应用的。我没有听说过有要求提升在后词库中也应用的例子；而且，如果提升的应用域既有词库层级也有后词库层级，那么就必须启用外在化排序以**阻止**提升的应用。例如，要阻止提升应用于上述（72b）这类推导过程中，就必须将提升排在 V 删除之前。由于没有后词库应用的证据，而且允许后词库应用会带来很多麻烦，所以，我认为提升只在词库层级应用。

就 H 延展而言，上文 5.1.2 节已提出该规则是在词库中应用的，因为它遵守（78）对声调联结的一对一制约条件。这一观点得到了 H 延展不在后词库中应用的证据的支持。第四章第 7 节提出，缺省规则在组件中的应用应越早越好。在这一讨论中还说明蒂弗语里的缺省 L 插入必须在后词库中应用。因此，缺省 L 插入在后词库中必须尽早应用。想一想上述说法并结合第三章 3.2.1.2 节中所做的论证，指出 H 延展必须在缺省 L 插入之前应用，以此阻止它在 ˈyévèsè "逃走"这样一种一般过去时形式中的应用。由于不允许对缺省规则与语言特有的规则进行外在化排序（第四章 7.1 节），而且 H 延展与缺省 L 插入不受制于由别处条件实施的析取排序，这个结果就只能通过将 H 延展限定在词库中应用来获得。

另一方面，对 T 附加所做的考察表明：该规则必须在后词库中应用，因为它产生曲折调——这违反了词库的一对一声调制约条件（78）。正如我们在研究 béghâ "狮子"这类名词时所能看到的那样，T 附加不可以在词库中应用。在这个案例中，联结规约应用，产生（81a）中这样的结构形式。

（81）a. $\begin{bmatrix} \text{begha} \\ | \quad | \\ \text{H} \quad \text{H} \quad \text{L} \end{bmatrix}$

如果 T 附加在词库中应用，那么一对一制约条件（78）将自动取消与 H 调的联结，从而产生：

b. *$\begin{bmatrix} \text{begha} \\ | \quad | \\ \text{H} \quad \text{H} \quad \text{L} \end{bmatrix}$

词库应用 T 附加，将推导出错误的形式 *béghà。但如果 T 附加仅在后词库层面应用，那么这种情况下就可以推导出正确的结果，因为一对一制约条件在后词库层面是不起作用的：

c. $\begin{bmatrix} \text{begha} \\ | \quad | \\ \text{H} \quad \text{H} \quad \text{L} \end{bmatrix}$

最后，V 删除一定是后词库应用的，因为它生成了一个违反了禁用分支韵母（77）词库制约条件的音节。[20] 但需要注意的是：并没有将 V 删除应用域限定在后词库层级的具体原因，因为在不考虑应用域标明规格的情况下，分支韵音制约条件将阻止 V 删除在词库中的应用。

简而言之，词库音系学原则要求将本节所谈的四条规则做如下的层级指派：

(82)　　　　　　词库　　　后词库
　　　提升　　　　是　　　　否
　　　H 延展　　　是　　　　否
　　　T 附加　　　否　　　　是
　　　V 删除　　　否　　　　是

(82)中给出了规则的应用域指派情况，它可以做出许多的预测。在某个词的推导过程中，如果有两条规则应用，其中一条被词库音系学原则确定在词库中应用，而另一条被确定在后词库中应用，那么在词库中应用的规则一定是首先应用。

例如，H 延展与 V 删除在 vé k⁀a᷄ʹv "他们已经明白"这类动词推导过程中的交互作用。这个形式是由第三人称复数主语前缀、动词词干和近过去时后缀组成的：

(83) [ve [[kave]]]
　　　 | | |
　　　 H   L   H

(84)阐释了以两种排序应用 H 延展和 V 删除所产生的结果：

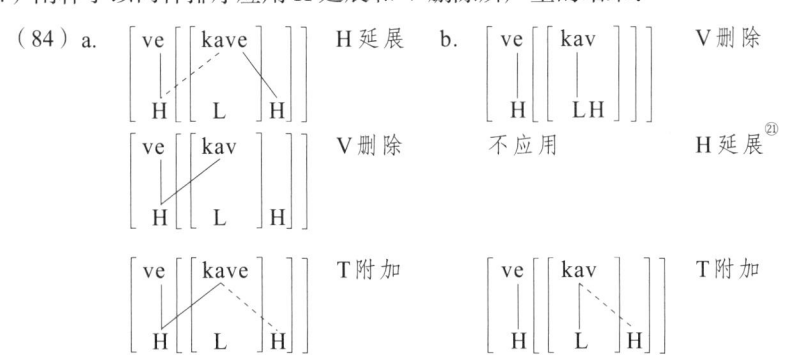

(84) a. [ve [[kave]]]　H 延展　　b. [ve [[kav]]]　V 删除
　　　　 | | | | | |
　　　　 H   L   H   H   LH

　　　 [ve [kav]]　V 删除　　　　不应用　　　　H 延展[21]
　　　　 | | |
　　　　 H   L   H

　　　 [ve [kave]]　T 附加　　　[ve [kav]]　T 附加
　　　　 | | | | | |
　　　　 H   L   H   H   L H

很清楚，如(82)所预测的那样，正确的结果是通过将 H 延展排在 V 删除之前获得的。这一排序的音系推导，可以为 kav 推导出正确的 H 到降阶 H 的曲折调形式。另一方面，如果 V 删除先于 H 延展（如84b），那么我们将根据提升是否应用，推导出 *vé káv 或 *vé kǎv。

227　由于 H 到 ¹H 这一复杂曲调是在无特殊规则或规定的情况下推导出来的，因此 vé ka͡ʹv 这一案例为这里所采纳的研究方法提供了强有力的论据。

至于第二个案例，让我们来看一看提升与 T 附加之间的关系。在（85）这个已联结 L 的浮游 H 序列中，就提升和 T 附加两条规则的结构描写而言，它们都能应用。

（85）$\begin{bmatrix} \begin{bmatrix} \text{dze} \\ | \\ \text{L} \end{bmatrix} \text{H} \end{bmatrix}$

如果提升在 T 附加之前应用——即以把（82）中所给出的应用域指派强加给我们的排序应用，那么我们就可以推导出正确的结果，即 dzé。另一方面，如果 T 附加首先应用，那么它的应用将阻断提升的应用，最后我们得到的是错误的 *dzě。

本节说明了蒂弗语声调语法所需的许多规则排序是从它们的层级指派中自动生成的。外在化的规则排序并没有被词库音系学理论所删除，但外在化排序应起的作用却明显减弱。这一结果对语法的可学性具有明显的启示作用。通过确定指派给某个已知层级的规则的某些属性，学习者就已确定就指派其他层级的规则而言它的相对排序。

5.3 严格循环

这一节将说明，要说明某些声调真相，就需要由凯巴斯基（Kiparsky 1982a）的别处条件推导而来的严格循环（strict cycle）。还将说明，词库应用的声调规则必须遵守严格循环；后词库应用的声调规则不受制于严格循环。并将阐明，坚守还是不坚守严格循环，与区分词库与后词库规则应用的其他属性休戚相关。

首先，我将凯巴斯基（Kiparsky 1982a）所给出的别处条件公式复制如下：

（86）同一组件中的规则 A 和 B 析取应用于形式 Φ，当且仅当
（ⅰ）A（特定规则）的结构描写严格包含 B（一般规则）的结构描写。
（ⅱ）A 应用于 Φ 所产生的结果不同于 B 应用于 Φ 所产生的结果。
如果那样，A 首先应用，且若产生效果，那么就不再应用 B。

严格循环是个条件，如果规则语境是由（a）语素列或（b）应用音系规则推导而来的，那么它将允许规则应用。这个条件是凯巴斯基通过提出如下假定从别处条件（86）推导出来的：一定要把一个词项本身看作是一条"规则"，它可以与该语言里正常的音系规则一起构成析取关系。由于词项的"身份规则"比非身份型的音系规则更具体，因此所谈到的这条音系规则的应用将遭到阻断。所以，规则只在没有"身份规则"的情形下（即在由形态或音系音变过程操作所获得的新的语境中）才能应用。

凯巴斯基曾指出，由（86）推导出的严格循环性版本与马斯卡罗（Mascaró 1976）早先的那类版本在某一重要方面存在差别。这种差别在于（86）中所提出的要求上，即要求析取应用的规则必须产生**不同**的输出项。如果将某条规则 A 应用于已知的某个语符列，将产生一种与在同一语符列上应用另一条规则 B 所产生的无区别的结果，那么两条规则 A 和 B 不是析取应用。我们将要阐释的是，区别性的这一作用对本书所讨论的一些声调问题是至关重要的。

在如下的分析中，我将讨论（约鲁巴语和马尔吉语里的）两条词库规则和（汤加语和蒂弗语里的）两条后词库规则，还将阐释严格循环在决定规则指派给某一具体组件中的作用，并将证实区别性在正确构建严格循环中的作用。

5.3.1 联结声调的词库延展

本节将说明，约鲁巴语要想严格限制延展 L 调的规则应用，就需要严格循环。请看如下叠音例子：[22]

（87）a.　àgbà　　　àgbààgbà　　　长者／每位长者
　　　b.　òrū　　　òròòrū　　　　每个（深）夜晚

c. ẹgbẹ̀   ẹgbẹ̀ẹ̀gbẹ̀   边道
d. ōṣù   ōṣōōṣù   每个月
e. ọ̄gbā   ọ̄gbọ̄ọ̄gbā   平等地
f. ọ̄dún   ọ̄dọ̄ọ̄dún   每年

上述叠音音变涉及给 VCV 音序加前缀问题。叠音音段方面问题与本讨论无关。[23] 至于声调，前缀是未赋值的。因此，如果没有声调规则应用，M 调将缺省指派给前缀。[24] 请看下面的例子，它们展示了元音同化后的阶段情况：

（88）oṣo + oṣu   →   oṣo + oṣu
         | | | | |
         L   MM M L

在约鲁巴语里，M 调在底层是未赋值的，因此叠音后的表达式将如（88）中的第一个形式所示；然后，缺省 M 插入应用后推导出第二个形式。

但在（87）的前三个例子中，前缀的表层体现形式不带 M 调，而是带 L 调。艾金拉比（Akinlabi 即出）提出，这是因将 L 调延展到左边的规则所致。[25]

（89）L 延展（约鲁巴语）： Ⓥ   V
                              ╲ |
                               ╲ |
                                  L

在 òròòrū（87b）这个例子中，这条规则将按如下应用。叠音和元音同化后获得如下形式：

（90）a.   oro + oru
                  |
                  L

L 延展应用：

     b.   oro + oru
             ╲╲ |
               ╲ |
                 L

缺省 M 插入应用：

c. oro + oru
   | \ |
     LM

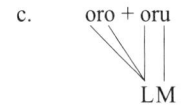

这样就得到了正确的表层形式：òròòrū。

严格循环在上述例子中的作用简单明确。在 òròòrū（90）这个例子中，L 延展的语境显然是从形态上获得的；但是什么阻止 L 延展应用于 ōṣōōṣù（88）这类叠音形式或 ōṣù "月"这类非叠音形式？在这些例子中，((91) 中给出的) ōṣù 的身份规则与 L 延展形成析取关系，因而阻断了它的应用。

（91） oṣu
       |
       L

也就是说，L 延展的语境不是推导而来的，因此该规则不能应用。

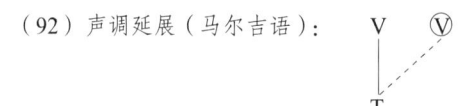

5.3.2 区别性

回想一下第 2 节对约鲁巴语的讨论：有理由在那种语言里预先联结声调。再回想一下：马尔吉语里的情形有所不同——即重要的是声调**没有**预先联结（也是在上文第 2 节中）。明白了这一点，那么请看马尔吉语里声调延展规则的结构描写：

（92）声调延展（马尔吉语）： V Ⓥ
                              |⁄
                              T

第三章 2.2 节曾论证这条规则是循环应用的。这里，将相关类型的推导过程复制如下。第一循环时，应用联结规约和声调延展：

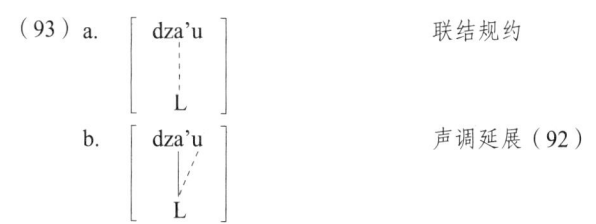

（93） a. ⎡ dza'u ⎤   联结规约
          ⎢ | ⎥
          ⎣   L   ⎦

      b. ⎡ dza'u ⎤   声调延展（92）
          ⎢ |⁄   ⎥
          ⎣ L   ⎦

第二次循环时，添加后缀 -ba，并应用联结规约：

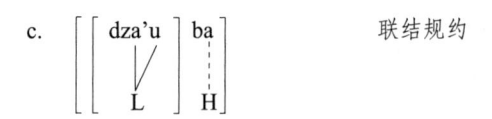

c.
$$\begin{bmatrix} \begin{matrix} dza'u & ba \\ | \diagdown & | \\ L & H \end{matrix} \end{bmatrix}$$
联结规约

上述推导过程可以推导出正确的形式 dzà'ùbá "重击"。

上述这个例子产生了如下这个问题：严格循环为什么允许声调延展在第一次循环时应用？事实上，还有人可能会问：严格循环为什么允许联结规约在这一次循环中应用？问题的答案取决于区别性在别处条件（86）构建中的作用。

请看与（95）形成对比的（94）中的表达式。

（94）$X_1 X_2 X_3$

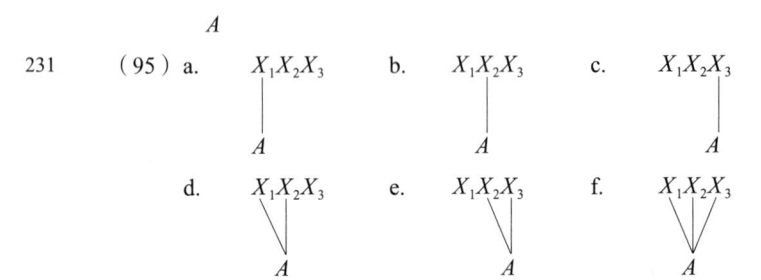

（95）a. $X_1 X_2 X_3$ 上标 A b. $X_1 X_2 X_3$ 下连 A c. $X_1 X_2 X_3$ 下连 A

d. $X_1 X_2 X_3$ 下连 A e. $X_1 X_2 X_3$ 下连 A f. $X_1 X_2 X_3$ 下连 A

在**界定区别性时**，凯巴斯基（Kiparsky 1982a）提出：如果输出项没有"相矛盾的特征赋值或相矛盾的节律结构"，那么它们就不是区别性的。我的主张是：应扩展这个定义，将相矛盾的自主音段联结也包括进来。有了这一扩展，就可以把（94）中的表达式界定为与（95）中的所有表达式不存在区别；把（95）中的所有表达式界定为彼此之间存在区别。也就是说，自主音段表达式包含三类信息：(1) 给由骨架组成的槽位排序集合赋值，(2) 给构成自主音段音层的音位排序集合赋值，(3) 给成对的由联结线联结的骨架槽位与音位赋值。例如，可以把（95a）和（95d）表征如下：

（96）(1) 骨架槽位：　　　　[X_1, X_2, X_3]　　（95a）；[X_1, X_2, X_3]　　（95d）

　　　(2) 音位：　　　　　　[A]　　　　　　　（95a）；[A]　　　　　　　（95d）

　　　(3)（槽位，音位）：　[(X_1, A)]　　　（95a）；[(X_1, A), (X_2, A)]　（95d）

语素因具有不同数量的骨架槽位而不同（例如，ma 与 ma:），语素因具有不同数量的音位而不同（例如，má 与 mâ）。所以，也必须把具有不同自主音段联结的语素看作是有区别的（如（96）中的那样）。另一方面，（96）中一个只缺少一种或更多信息类型赋值的表达式与一个提供这些信息的表达式并无不同。因此，如（97）中的（94）这一表达式与（96）所给出的（95a）和（95d）这种表达式并无不同。

（97）（1）骨架槽位： $[X_1, X_2, X_3]$ （94）

（2）音位： $[A]$ （94）

确立了这一点之后，我们就可以返回到（93）中的推导过程上来。联结规约（93a）的输出项和声调延展（93b）的输出项与该动词词干底层表达式都没有什么不同：

（98） $\begin{bmatrix} \text{dza'u} \\ \text{L} \end{bmatrix}$

因此，dza'u 的身份规则输出项与联结规约和声调延展的输出项并无不同。[232] 所以，这些规则不是析取应用的，严格循环允许（93）中的这种推导。

然而，如果我们再来看一看前面一节中约鲁巴语的例子，就会明白严格循环在适当的例子中是可应用的。例如，oṣù 的身份规则（见（99））不同于（（100）中所给出的）应用 L 延展所产生的结果。

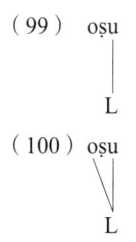

（99） oṣu
　　　　|
　　　　L

（100） oṣu
　　　　／|
　　　　　L

输出项是有区别的，因此别处条件应用，从而阻断了 L 延展的应用。

概言之，现已证明别处条件（86）的区别性条款在确认严格循环应用于适当的例子中起着关键性作用。像约鲁巴语里的那条延展规则，不会在非派生环境中应用。如果语境是由形态或者应用音系规约或条件推导而来的，那么它就应用。最后，别处条件允许联结规约应用，这是因为它们的输出项与输入项在形式上是无区别性的——也就是说，应用联结规约之前与其之后的自主联结并不矛盾。

5.3.3 全面应用

词库规则受制于严格循环，因此任何一条违反严格循环的规则都必须在后词库中应用。就本研究所考察的这些规则而言，违反严格循环的特点确确实实与后词库应用规则的其他标志信息息息相关。

例如，蒂弗语的 V 删除规则。如前所示，这条规则将 tóló 这一词干拿过来，删除了其末尾元音：

（101）ká' tól　　　　它是个研杵。

不需要应用音系规则来触发 V 删除，也没必要添加任何词缀。事实上，添加后缀也不可能让规则应用：

（102）ká' tólóò　　它是个研杵吗？　　　（tóló + ò）

针对这些例子，可以提出如下几点意见：首先，V 删除规则很明显因公然应用于非派生语境而违反了严格循环。所以，它必须在后词库中应用，另外也不可以循环应用，因为循环应用将会在给（102）这个例子添加后缀之前错误地删除其末尾元音。非循环应用为后词库应用提供了更多证据。5.1 节曾说明 V 删除不是结构保持——这又是一个后词库应用方面的证据。另外，5.2 节中还看到，V 删除是排在 H 延展这类词库规则之后；第四章第 7 节曾说道：在蒂弗语里，缺省声调是在后词库中插入的，V 删除一定是在缺省声调插入之后应用的。换言之，各种类型的证据都支持根据后词库应用 V 删除这一严格循环的实际表现所得出的结论。

最后一个例子，请看汤加语里的 H 延展规则。在 mángòyè "猫" 这类名词中，H 延展是第一条应用的规则：

（103）a.　mangoye
　　　　　　　|
　　　　　　　H

b. mangoye　　　　　　　　H 延展
　　　｜
　　　H

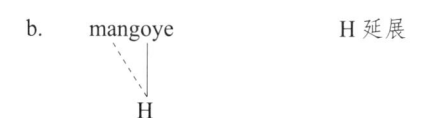

然后，取消联结和缺省 L 插入推导出 HLL 这一正确的表层形式：㉖

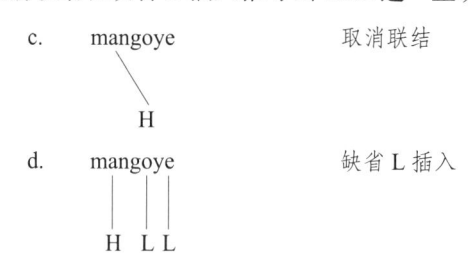

c. mangoye　　　　　　　　取消联结
　　　｜
　　　H

d. mangoye　　　　　　　　缺省 L 插入
　　｜ ｜ ｜
　　H L L

上述推导过程的重点在于，H 延展在 mángòyè 之类例子中的应用是一种对严格循环的违反。这就是说，H 延展必须在后词库中应用。后词库应用被 H 延展跨词界应用这一事实所确认。请看如下的句子：

（104）a.　[_v ndàkátòlà][_N nyàmà]　　　我取走肉。（强）
　　　 b.　[_v ndàkáˈtólá][_N nyàmà]　　　我取走肉。（弱）

第一个句子是第五章 4.7 节中讨论过的近过去（强）时态的例子。第二个句子诠释了一种弱时态形式——一种将 H 调指派给宾语第一个元音的时态形式。㉗在后词库应用规则之前，（104b）将有如下表达式：㉘

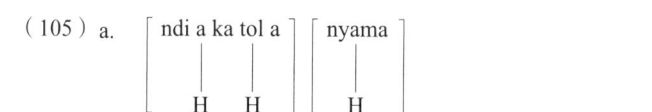

（105）a.　[ndi a ka tol a]　[nyama]
　　　　　　　｜　｜　｜　　　　｜
　　　　　　　H　H　H　　　　H

H 延展在应用时，将 nyama 的 H 调延展到前面动词的末尾元音上：

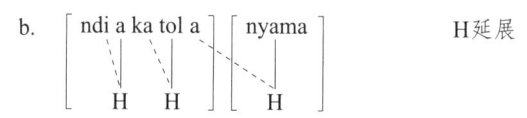

b.　[ndi a ka tol a]　[nyama]　　H 延展
　　　　｜　｜　｜　　　　｜
　　　　H　H　H　　　　H

然后，正常应用第五章所讨论的汤加语里的规则，就可以推导出正确的表层形式：ndàkáˈtólá。

ndàkáˈtólá 推导过程的关键之处在于，H 延展必须是跨越词界应用的。这只有当 H 延展在后词库中应用时才有可能。因此，来自严格循环的证据与这条额外的将 H 延展指派给后词库应用域的证据息息相关。

最后，这里所考察的声调现象为如下说法提供了支持，即词库和后词库应用的音系规则在系统上表现出不同的属性集合。具体地说，这里所讨论的声调规则呈现出包括结构保持、规则排序和严格循环在内的属性群组。

注释

① 这里"调式"只是指包含现在例子中声调音层在内的音系音段。我并不是说调式是由音系规则指派的单位，第五章曾讨论（并据理反对）过这些调式单位。在分析第三章所给出的蒂弗语名词时，尼克·克莱门茨已注意到了这类潜在的问题。由于本研究关注 H 延展规则，只讨论蒂弗语名词的声调属性问题，我此刻将不会讨论不充分赋值所导致的问题（和/或解决方案）。

② 我提出的不是声调在约鲁巴语里该不该是自主音段性的问题。约鲁巴语声调的自主音段性质方面的证据，见艾金拉比（Akinlabi 1982，即出）以及本书第四章。我要提出的问题只是：在底层中，**声调**音层上的音段构成与**其他**音层上的音段构成（包括骨架音层上的槽位构成）是否是互不依赖，彼此独立的？也就是说，我们可否在不参考 X 音系属性的情况下为已知词干 X 选择一个隶属某个声调调式集合 Z（这里，Z = [H、L、HL、LH……]）中的声调调式 Y？

③ 带不止一个声调的单音节词干已证实存在于有限的某些场合。例如，指示词 yí "这个"是单音节，它在像 ājá yí "这个狗"这样的例子中拥有一个 LH 模式。但这一情况可以从单独的双音节指示词 èyí "这一个"推导而来。

④ 就像单音节词干那样，这类说法存有一定数量的例外，如：jókò "坐下"（HLH）、láꞌtí "从"（HLM）、jáꞌdē "出来"（HLM）。这些例子历史上都是多语素的（比如：ní àti → láꞌtí；já òdē → jáꞌdē），而且共时也可能是多语素的（在此情况下，它们没有出现任何问题）。但如果不能证明共时可以把它们分析为多语素性的，那么就可以把它们作为一般模式的纯例外现象来处理。

⑤ 这个例子实际上带四个载调单位，因此更为正确的是把它描述为 HHLM 模式。

⑥ 具体细节，见第四章第 4 节。

⑦ 我们不能假定部分预先联结的表达式。如果 L 预先联结到第一个元音上，

```
    dzaʼu
      │
      L
```

那么，仍可以为 dzàʼùbá 预测到 LHH 模式。预先联结将一事无成。后缀 bá 本身因与无调词干的表现不能预先联结。见第三章 2.2 节。如果 L 预先联结到第二个元音上，

```
    dzaʼu
        │
        L
```

那么，就必须有一条从右到左延展 L 的规则，但这个规则所得出的结果是错误的。见下文 4.1 节。

⑧ 有关不受约束的声调调式的例子，见莱本（Leben 1973）和戈德史密斯（Goldsmith 1976）。

⑨ 见第五章 4.6 节。

⑩ 详情请见第三章 2.2 节。

⑪ 过去时后缀在以 V 结尾的词基后实际形式是 -ri，在以 C 结尾的词基后实际形式是 -əri。[i] 在短语非末尾位置被删除。见霍夫曼（Hoffmann 1963）。

⑫ 请看如第二章 5.2.5.3 节中有关德尚语的讨论。事实上，如果把这条规则解释为某种简化联结 H 的浮游 H 序列的规约，那么在本研究所考察的语言中将无法推导出正确的结果。这条规则明显与莱本（Leben 1973）的强制性曲折原则息息相关，尽管它适用的案例更为有限。例如，联结 L 的浮游 L 序列在德尚语里不是自动简化的（第二章 5.2.5.2 节），虽然它们所用的是强制性曲折原则的强版本。

⑬ 霍夫曼将 gà- 及其他类似前缀描述为产生动词复杂形式（gà + 动词等）的"小品词"。他是否有理由对前缀与小品词做出区分，尚不清楚。

⑭ 没有括号拭除，很可能是由词基 + 附着语素结构成成分范畴标示的性质所造成的。例如，如果节点不是非终端短语范畴（如 $\bar{X}$），那么它的内部括号将不会被删除（Simpson 1983）。见蒲立本（Pulleyblank 1983b）。

⑮ 在词库中附加附着语素的另一种方法是：在句法中生成它们，然后让（有限的）递归返回到词库之中。有关这一思路的主张，见蒲立本（Pulleyblank 1983b）。

⑯ 见阿钱格里和蒲利本（Archangeli and Pulleyblank 即出）。

⑰ 我认为 [m, n, l, r, v, gh] 都是 [+ 响音性] 的；但不管什么样的特征赋值，这一点都是一样的。

⑱ 标记为 [...NC...] 的音段是前鼻化的音段；而标记为 [...Cy...] 和 [...Cw...] 的音段则分

⑲ 见第二章 5.2.2 节。

⑳ 有意思的是：对违反音节结构和违反声调联结各有不同的应对方式。按照麦卡锡（McCarthy 1979），人们普遍认为：规则若违反音节结构制约条件，就会被阻断应用。另一方面，按照戈德史密斯（Goldsmith 1976），人们普遍认为：在声调研究中，规则即使产生禁用的声调联结，也不会阻断规则的应用——输出项已得到解决。规约上的不同似乎概念上是不合需要的。有人可能会提出：比如，规则若违反声调制约条件或音节结构制约条件，那么它的应用就会遭到阻断。声调方面，这将意味着一对一的制约条件将变成一条对**规则**的制约条件。例如，为蒂弗语构建的 H 延展（80b）因产生曲折调而无法成为一条词库规则。要让 H 延展成为一条允准的词库规则，就一定要在结构变化中指明取消联结。整个这项议题将留待进一步的研究。

㉑ H 延展因没有把 H 延展到与词的末尾载调单位相联结的 L 上而不能应用于此类例子。例如，ungwa "听见" 的过去惯常体形式：

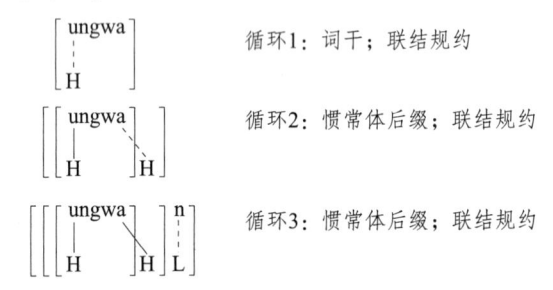

$$\begin{bmatrix} ungwa \\ | \\ H \end{bmatrix}$$ 循环1：词干；联结规约

$$\begin{bmatrix} \begin{bmatrix} ungwa \\ | \\ H \end{bmatrix} \\ | \\ H \end{bmatrix}$$ 循环2：惯常体后缀；联结规约

$$\begin{bmatrix} \begin{bmatrix} ungwa \\ | \\ H \end{bmatrix} \begin{matrix} n \\ | \\ L \end{matrix} \end{bmatrix}$$ 循环3：惯常体后缀；联结规约

给一般过去时前缀和主格前缀加前缀后，我们获得了形式 vé ʹúngwáṅ "他们过去常听见"。上述推导最为重要之处是：H 延展**没有**在第三次循环时应用，并取代惯常体后缀的 L。如果应用了，就会错误地预测停顿前 -n] 上是降调模式，非停顿前是 H' 模式。正是因为这个原因，一定要把 H 延展的应用限定在与非末尾元音相联结的 L 上。

㉒ 这些例子引自艾金拉比（Akinlabi 即出）。

㉓ 见蒲立本（Pulleyblank 即出）。

㉔ 见第四章第 4 节。

㉕ （89）中的规则构建形式不同于艾金拉比的规则构建形式，他给规则的结构描写施加了条件，而我是从严格循环推导而来的。

㉖ 见第五章第 4 节。

㉗ 见戈德史密斯（Goldsmith 1981）。

㉘ 回想一下 H 插入规则（近过去时）在 [a] 上插入 H 调的情形。见第五章 4.7 节。

参考文献

Abraham, R. C.: 1940a, *A Dictionary of the Tiv Language,* Gregg International Publishers Ltd., Farnborough, Hants.

Abraham, R. C.: 1940b, *The Principles of Tiv*, Gregg International Publishers Ltd., Farnborough, Hants.

Abraham, R. C.: 1940c, *A Tiv Reader for European Students*, Gregg International Publishers Ltd., Farnborough, Hants.

Abraham, R. C.: 1958, *Dictionary of Modern Yoruba*, Hodder and Stoughton, London.

Akinlabi, A.: 1982, 'The Phonological Nature of Yoruba Tone', paper presented at the Third Annual Conference of the Linguistic Association of Nigeria.

Akinlabi, A.: in preparation, *Tonal Underspecification and Yoruba Tone*, Unpublished Ph. D. dissertation, University of Ibadan.

Allen, M.: 1978, *Morphological Investigations*, unpublished Ph. D. dissertation, University of Connecticut.

Anderson, S. C.: 1980, 'An Autosegmental Account of Bamileke-Dschang Tonology', *Journal of Linguistic Research* 1, 74—94.

Anderson, S. R.: 1974, *The Organization of Phonology*, Academic Press.

Anderson, S. R: 1978, 'Tone Features', in V. Fromkin (ed.), *Tone: A Linguistic Survey*, Academic Press.

Archangeli, D.: 1984, *Underspecification in Yawelmani Phonology and Morphology*, Ph. D. dissertation, MIT.

Archangeli, D. and D. Pulleyblank: 1984, 'Extratonality and Japanese Accent', MIT and McGill ms.

Archangeli, D. and D. Pulleyblank: in preparation, 'Underspecification'.

Armstrong, L. F.: 1940, *The Phonetic and Tonal Structure of Kikuyu*, Oxford University Press, London.

Armstrong, R. G.: 1968, 'Yala (Ikom): A Terraced-level Language with Three Tones', *The Journal of West African Languages* 5, 49—58.

Arnott, D. W.: 1964, 'Downstep in the Tiv Verbal System', *African Language Studies* 5, 34—51, BSOAS.

Arnott, D. W.: 1968, 'Introduction' to Abraham, R. C. (1940b) *The Principles of Tiv*, Gregg International Publishers Ltd., Farnborough, Hants.

Aronoff, M.: 1976, *Word Formation in Generative Grammar*, MIT Press, Cambridge, Mass.

Awobuluyi, O.: 1975, 'On "the Subject Concord Prefix" in Yoruba', *Studies in African Linguistics* 6. 3, 215—238.

Awobuluyi, O.: 1977, *Essentials of Yoruba Grammar*, Oxford University Press Nigeria, Ibadan.

Awobuluyi, O.: 1982, 'Vowel Assimilation in Yoruba', paper presented at the Fifteenth African Language Conference, Port Harcourt.

Badejo, B. R.: 1979, *L'Elision des Voyelles Orales du Yoruba*, unpublished Master's thesis, University of Montreal.

Bamgboṣe, A.: 1965, 'Assimilation and Contraction in Yoruba', *Journal of West African Languages* 1, 21—27.

Bamgboṣe, A.: 1966a, *A Grammar of Yoruba*, Cambridge University Press, Cambridge.

Bamgboṣe, A.: 1966b, 'The Assimilated Low Tone in Yoruba', *Lingua* 16, 1—13.

Bamgboṣe, A.: 1980, 'Pronouns, Concord and Pronominalization', *Afrika und Ubersee*, Band LXIII, 189—198.

Barlow, A. R.: 1951, *Studies in Kikuyu Grammar and Idiom*, William Blackwood & Sons, Ltd., Edinburgh.

Bloomfield, L.: 1933, *Language*, George Allen & Unwin, London.

Borer, H.: 1981, *Parametric Variation in Clitic Constructions*, unpublished Ph. D. dissertation, MIT.

Carter, H.: 1971, 'Morphotonology of Zambian Tonga: Some Developments of Meeussen's System – I', *African Language Studies* XII, 1—30.

Carter, H.: 1972, 'Morphotonology of Zambian Tonga: Some Developments of Meeussen's System – II', *African Language Studies* XIII, 52—87.

Chomsky, N.: 1957, *Syntactic Structures*, Mouton, The Hague.

Chomsky, N.: 1970, 'Remarks on Nominalization', in R. A. Jacobs and P. S. Rosenbaum (eds.), *Readings in English Transformational Grammar*, Ginn & Co., Waltham, Mass.

Chomsky, N.: 1982, *Lectures on Government and Binding: The Pisa Lectures*, Foris, Dordrecht.

参考文献

Chomsky, N. and M. Halle: 1968, *The Sound Pattern of English*, Harper and Row, New York.

Clark, M.: 1982, 'An Accentual Analysis of the Igbo Verb', paper presented at the Thirteenth Annual Conference on African Linguistics, Montreal.

Clements, G. N.: 1981a, 'The Hierarchical Representation of Tone', in G. N. Clements (ed.) *Harvard Studies in Phonology*, Volume 2, 50—108.

Clements, G. N.: 1981b, 'Akan Vowel Harmony: A Nonlinear Analysis', in G. N. Clements (ed.) *Harvard Studies in Phonology* 2, 108—177.

Clements, G. N. and K. Ford: 1979, 'Kikuyu Tone Shift and its Synchronic Consequences', *Linguistic Inquiry* 10, 179—210.

Clements, G. N. and K. Ford: 1981, 'On the Phonological Status of Downstep in Kikuyu', in D. Goyvaerts (ed.), *Phonology in the 1980's*, Stonia Scientia, Gent.

Clements, G. N. and J. Goldsmith: 1983, 'Introduction' to G. N. Clements and J. Goldsmith (eds.), *Autosegmental Studies in Bantu Tone*, Foris, Dordrecht.

Courtenay, K.: 1969, *A Generative Phonology of Yoruba*, unpublished Ph. D. dissertation, UCLA.

Courtenay, K.: 1971, 'Yoruba: a "Terraced-level" Language with Three Tonemes', *Studies in African Linguistics* 2, 239—256.

Davy, J. I. M. and D. Nurse: 1982, 'Synchronic Versions of Dahl's Law: The Multiple Applications of a Phonological Dissimilation Rule', *Journal of African Languages and Linguistics* 4, 157—195.

Dresher, B. E.: 1983, 'Postlexical Phonology in Tiberian Hebrew' *Proceedings of the West Coast Conference on Formal Linguistics*, Vol. 2, Stanford Linguistics Association, Stanford.

Dwyer, D.: 1978, 'What Sort of Tone Language Is Mende?' *Studies in African Linguistics* 9, 167—208.

Fresco, E. M.: 1970, 'Topics in Yoruba Dialect Phonology', *Studies in African Linguistics*, supplement to Volume 1.

Fromkin, V. (ed.): 1978, *Tone: A Linguistic Survey*, Academic Press.

Goldsmith, J.: 1976, *Autosegmental Phonology*, Indiana University Linguistics Club. [Published by Garland Press, 1979.]

Goldsmith, J.: 1981, 'Towards an Autosegmental Theory of Accent: The Case of Tonga', Indiana University Linguistics Club.

Goldsmith, J.: 1982, 'Accent Systems', ms., Indiana University.

Halle, M.: 1973, 'Prolegomena to a Theory of Word Formation', *Linguistic Inquiry* 4,

3—16.

Halle, M.: 1978, 'Formal vs. Functional Considerations in Phonology', Indiana University Linguistics Club.

Halle, M. and P. Kiparsky: 1982, 'Tone Languages and Pitch Accent Languages, paper presented at IRCAM.

Halle, M. and K. P. Mohanan: 1985, 'Segmental Phonology of Modem English', *Linguistic Inquiry* 16, 57—116.

Halle, M. and J. R. Vergnaud: 1982, 'On the Framework of Autosegmental Phonology', in H. van der Hulst and N. Smith (eds.), *The Structure of Phonological Representations* (Part I), Foris, Dordrecht.

Harris, J.: 1983, *Syllable Structure and Stress in Spanish: A Nonlinear Analysis*, MIT Press, Cambridge, Mass.

Hayes, B.: 1980, *A Metrical Theory of Stress Rules*, unpublished Ph. D. dissertation, MIT [Revised version distributed by Indiana University Linguistics Club, 1981].

Hayes, B.: 1982, 'Extrametricality and English Stress', *Linguistic Inquiry* 13, 227—276.

Hoffmann, C.: 1963, *A Grammar of the Margi Language*, Oxford University Press, London.

Hoffmann, C.: 1973, 'The Vowel System of the Okpe Monosyllabic Verb', *Research Notes* 6, 79—112. Department of Linguistics, University of Ibadan.

Hoffmann, C.: 1976, lecture notes, University of Ibadan.

Hombert, J. M.: 1974, 'Universals of Downdrift: Their Phonetic Basis and Significance for a Theory of Tone', *Studies in African Linguistics*, Supplement 5, 169—183.

Huang, C. T. J.: 1980, 'The Metrical Structure of Terraced-level Tones', in the proceedings of NELS 10, 257—270.

Hyman, L. (ed.): 1976, *Studies in Bantu Tonology*, Southern California Occasional Papers in Linguistics, No. 3.

Hyman, L.: 1978, 'Tone and/or Accent', in D. J. Napoli (ed.), *Elements of Tone, Stress and Intonation*, Georgetown University Press, Washington.

Hyman, L.: 1982, 'Dschang Tonology', paper presented at the University of Texas.

Hyman, L.: 1983, 'Globality and the Accentual Analysis of Luganda Tone', *Journal of Linguistic Research* 2, 1—40.

Hyman, L. and E. R. Byarushengo: 1983, 'A Model of Haya Tonology', in G. N. Clements and J. Goldsmith (eds.), *Autosegmental Studies in Bantu Tone*, Foris, Dordrecht.

Hyman, L. and R. Schuh: 1974, 'Universals of Tone Rules: Evidence from West Africa', *Linguistic Inquiry* **5**, 81—115.

Hyman, L. and M. Tadadjeu: 1976, 'Floating Tones in Mbam-Nkam', in L. Hyman (ed.), *Studies in Bantu Tonology*, Southern California Occasional Papers in Linguistics, No. 3.

Hyman, L. and N. Valinande: to appear, 'Globality in the Kinande Tone System', in D. Goyvaerts (ed.), *Studies in African Linguistics*.

Jackendoff, R.: 1977, $\bar{X}$ *Syntax: A Study of Phrase Structure*, MIT Press, Cambridge, Mass.

Jaeggli, O.: 1980, *On Some Phonologically-Null Elements in Syntax*, unpublished Ph. D. dissertation, MIT.

Kaye, J. and H. Koopman: 1982, 'Les tons du système verbal en bété (gbadi)', paper presented at the Thirteenth Annual Conference on African Linguistics, Montreal.

Kaye, J. and J. Lowenstamm: 1981, 'De la syllabicité', ms., UQAM.

Keyser, S. J. and P. Kiparsky: 1982, 'Finnish Syllable Structure', ms., MIT.

Kiparsky, P.: 1973, 'Elsewhere in Phonology', in S. R. Anderson and P. Kiparsky (eds.), *A Festschrift for Morris Halle*, Holt, Rinehart and Winston, New York.

Kiparsky, P.: 1974, 'Phonological Representations', in O. Fujimura (ed.), *Three Dimensions of Linguistic Theory*, Paishukan, Tokyo.

Kiparsky, P.: 1982a, 'Lexical Morphology and Phonology', in The Linguistic Society of Korea (ed.), *Linguistics in the Morning Calm*, Hanshin, Seoul.

Kiparsky, P.: 1982b, 'The Vedic and Pāṇinian Accent Systems', in P. Kiparsky, *Some Theoretical Problems in Pāṇini's Grammar*, Bhandarkar Oriental Research Institute, Poona.

Kiparsky, P.: 1983a, 'Word-level Rules in Icelandic', paper presented at Stanford Workshop on Lexical Phonology and Morphology.

Kiparsky, P.: 1983b, 'Some Consequences of Lexical Phonology', ms., MIT.

Kiparsky, P.: in preparation, 'The Lexical Phonology of Vedic Accent', ms., MIT.

Kisseberth, C. W.: 1982, 'Digo Tonology', in G. N. Clements and J. Goldsmith (eds.), *Autosegmental Studies in Bantu Tone*, Foris, Dordrecht.

Koopman, H. and D. Sportiche: 1982, 'Le ton abstrait du Kagwe', in J. Kaye, H. Koopman and D. Sportiche (eds.), *Projet sur les Langues Kru*, UQAM.

Ladefoged, P.: 1964, *A Phonetic Study of West African Languages*, (West African Language Monographs, Vol. 1) Cambridge University Press, Cambridge.

Laughren, M.: 1983, 'Tone in Zulu Nouns', in G. N. Clements and J. Goldsmith (eds.), *Autosegmental Studies in Bantu Tone*, Foris, Dordrecht.

La Velle, C. R.: 1974, 'An Experimental Study of Yoruba Tone', *Studies in African Linguistics*, Supplement 5, 185—194.

Leben, W.: 1973, *Suprasegmental Phonology*, Indiana University Linguistics Club.

Lees, R. B.: 1960, *The Grammar of English Nominalizations*, Mouton, The Hague.

Levin, J.: 1983, 'Reduplication and Prosodic Structure', paper presented at GLOW.

Liberman, M.: 1983, 'Phonetic Representations', paper presented at Stanford Workshop on Lexical Phonology and Morphology.

Liberman, M. and J. Pierrehumbert: 1982, 'Intonational Invariance under Changes in Pitch Range and Length', ms., Bell Labs.

Liberman, M. and A. Prince: 1977, 'On Stress and Linguistic Rhythm', *Linguistic Inquiry* 8, 249—336.

Lightner, T. M.: 1963, 'A Note on the Formulation of Phonological Rules', *Quarterly Progress Report of the Research Laboratory of Electronics, MIT* 68, 187—189.

Marantz, A.: 1982, 'Re Reduplication', *Linguistic Inquiry* 13, 435—482.

Martinet, A.: 1965, 'De la morphonologie', *La Linguistique* 1, 16—31

Mascaro, J.: 1~76, *Catalan Phonology and the Phonological Cycle*, Indiana University Linguistics Club.

May, J. and E. Loeweke: 1964, 'The Phonological Hierarchy in Fasu', *Anthropological Linguistics* 7, 89—97.

McCarthy, J.: 1979, *Formal Problems in Semitic Phonology and Morphology*, unpublished Ph. D. dissertation, MIT.

McCarthy, J.: 1981, 'A Prosodic Theory of Nonconcatenative Morphology', *Linguistic Inquiry* 12, 373—418.

McCawley, J.: 1970, 'A Note on Tiv Conjugation', *Studies in African Linguistics* 1, 123—129.

Meeussen, A. E.: 1963, 'Morphotonology of the Tonga Verb', *Journal of African Linguistics* 2, Part I, 72—92.

Mohanan, K. P.: 1982, *Lexical Phonology*, Indiana University Linguistics Club.

Mohanan, K. P. and T. Mohanan: 1984, 'Lexical Phonology of the Consonant System in Malayalam', *Linguistic Inquiry* 15, 575—602.

Myers, A.: 1974, 'Phonology of Kikuyu', ms., MIT.

Nicole, J.: 1980, 'Downstepped Low Tone in Nawdm', *Journal of African Languages and Linguistics* 2, 133—139.

Odden, D.: 1982, 'An Accentual Approach to Tone in Kimatuumbi', paper presented at the Thirteenth Annual Conference on African Linguistics, Montreal.

Odden, D.: 1983, 'A Metrical Theory of Tone Register', paper given at Harvard University.

Oyelaran, O.: 1971, *Yoruba Phonology*, unpublished Ph. D. dissertation, Stanford University.

Pesetsky, D.: 1979, 'Russian Morphology and Lexical Theory', ms., MIT.

Pierrehumbert, J.: 1980, *The Phonology and Phonetics of English Intonation*, Ph. D. dissertation, MIT. [Forthcoming from MIT Press.]

Poser, W.: 1980, 'On Some Topics in Non-linear Phonology', ms., MIT.

Pulleyblank, D.: 1983a, 'Accent in Kimatuumbi', in J. Kaye, H. Koopman, D. Sportiche and A Dugas (eds.), *Current Approaches to African Linguistics*, Volume 2, Foris, Dordrecht.

Pulleyblank, D.: 1983b, 'Extratonality and Polarity', *Proceedings of the West Coast Conference on Formal Linguistics* 2, Stanford Linguistics Association, Stanford.

Pulleyblank, D.: in preparation, 'Underspecification in Yoruba Vowels'.

Rivas, A.: 1977, *A Theory of Clitics*, unpublished Ph. D. dissertation, MIT.

Rotenberg, J.: 1978, *The Syntax of Phonology*, unpublished Ph. D. dissertation, MIT.

Rubach, J.: 1981, *Cyclic Phonology and Palatalization in Polish and English*, Wydawnictwa Uniwersytetu Warszawskiego, Warsaw.

Sapir, E.: 1921, *Language*, Harcourt, Brace & World, Inc, New York.

Schachter, P.: 1969, 'Natural Assimilation Rules in Akan', *International Journal of American Linguistics* 35, 342—355.

Selkirk, E.: 1980, 'Prosodic Domains in Phonology: Sanskrit Revisited', in M. Aronoff and M. L. Kean (eds.), *Juncture*, Anma Libri, Sarasota, California.

Selkirk, E.: 1982, *The Syntax of Words*, MIT Press, Cambridge, Mass.

Siegel, D.: 1974, *Topics in English Morphology*, unpublished Ph. D. dissertation, MIT.

Siegel, D.: 1977, 'The Adjacency Condition and the Theory of Morphology', in *Proceedings of the Eighth Annual Meeting of the North East Linguistic Society*, Amherst, Mass.

Simpson, J.: 1983, 'Discontinuous Verbs and the Interaction of Morphology and Syntax', *Proceedings of the West Coast Conference on Formal Linguistics*, Vol. 2. Stanford Linguistics Association, Stanford.

Stahlke, H.: 1974, 'The Development of the Three-Way Tonal Contrast in Yoruba', in E. Voeltz (ed.), *Third Annual Conference on African Linguistics*, Indiana University, Bloomington.

Stanley, R.: 1967, 'Redundancy Rules in Phonology', *Language* 43, 393—436.

Steriade, D.: 1982, *Greek Prosodies and the Nature of Syllabification*, unpublished Ph. D. dissertation, MIT.

Stevick, E. W.: 1969, 'Tone in Bantu', *International Journal of American Linguistics* **35**, 330—341.

Stewart, J. M.: 1965, The Typology of the Twi Tone System', *Bulletin of the Institute of African Studies* **1**, 1—27. University of Ghana, Legon.

Stewart, J. M.: 1981, 'Key Lowering (Downstep/Downglide) in Dschang', *Journal of African Languages and Linguistics* **3**, 113—138.

Tadadjeu, M.: 1974, 'Floating Tones, Shifting Rules, and Downstep in Dschang-Bamileke', *Studies in African Linguistics*, Supplement **5**, 283—290.

Tadadjeu, M.: 1980, 'Le Dschang', in L. Hyman and J. Voorhoeve (eds.) *Noun Classes in Grassfields Bantu*, Vol. I of Actes du Colloque "Expansion Bantoue", SELAF, Paris.

Trubetzkoy, N. S.: 1929, 'Sur la "morphonologie"', *Travaux du Cercle Linguistique de Prague* **1**, 85—88. [Reproduced in J. Vachek (ed.), 1964, *A Prague School Reader in Linguistics*, Indiana University Press.]

Ward, I. C.: 1952, *An Introduction to the Yoruba Language*, W. Heffer & Sons Ltd., Cambridge.

Welmers, W. E.: 1959, 'Tonemics, Morphotonemics, and Tonal Morphemes', *General Linguistics* **4**, 1—9.

Welmers, W. E.: 1973, *African Language Structures*, University of California Press, Berkeley & Los Angeles.

Whitney, W. D.: 1879, *A Sanskrit Grammar*, Breitkopf and Hartel, Leipzig.

Williams, E. S.: 1971, 'Underlying Tone in Margi and Igbo', published 1976: *Linguistic Inquiry* **7**, 463—484.

Winston, F. D. D.: 1960, 'The "mid tone" in Efik', *African Language Studies* **1**, 185—192.

Wright, M. S.: 1983, *A Metrical Approach to Tone Sandhi in Chinese Dialects*, unpublished Ph.D. dissertation, University of Massachusetts, Amherst.

Yip, M.: 1980, *The Tonal Phonology of Chinese*, unpublished Ph.D. dissertation, MIT.

语言索引*

*所有索引所标页码为英文版页码，即本汉译版的边码。

A

African languages 非洲语言，124；另见 Arabic; Bete; Dschang-Bamileke; Hausa; Igbo; Kikuyu; Kimatuumbi; Luganda; Margi; Tiv; Tonga; Yala Ikom; Yoruba; Zulu

Aklan 阿克兰语，156

Amoy 厦门话，124

Arabic 阿拉伯语，18

B

Bamileke 巴尼莱克语，64⑨；另见 Dschang-Bamileke

Bamileke-Dschang 巴尼莱克-德尚语，见 Dschang-Bamileke

Bantu 班图语，75，154，163；另见 Dschang-Bamileke; Kimatuumbi; Luganda; Proto-Bantu; Tonga; Zulu

Bete 贝特语，124

C

Chadic 乍得语，71；另见 Hausa; Margi

Chaozhou 潮州话，124

Chinesc languages 汉语，124

D

Dschang-Bamileke 德尚-巴尼莱克语，24，25⑨，29，33，38—64，64⑨，79，142，222—223，235⑫
    associative construction 联结构字，42—61

    Associative V-deletion 删除联结性的 V，45，48，51，58，61，64—65⑭

    downglide 下倾，39—40，62

    H-deletion H 删除，52，57—58

    H-spread H 延展，45—46，49，52，57—60，66㉔

    imperatives 祈使/命令型的，40

    L-deletion L 删除，51，57—58，65㉑

    Lowering 下降，47—49，54—55，57—58，60，65㉑

    Metathesis 换位音变，41—42，45—46，49—50，52，54—55，57—58，60，64⑬，66㉔

E

English 英语，3—4，20，25②，64⑩，81，105—106，130—131，133，151

F

Fasu 费苏语，159

H

Hausa 豪萨语，151⑤

I

Igbo 伊博语，30—32，64④，159

J

Japanese 日语，160

279

K

Kikuyu 基库尤语, 10, 21—23, 26⑯, 26⑰, 30, 94

Kimatuumbi 基马图姆比语, 20

Kru 克鲁语, 124

Kwa 克瓦语, 106, 108；另见 Yala Ikom; Yoruba

L

Luganda 卢干达语, 155, 160—161

M

Malayalam 马拉雅拉姆语, 223

Margi 马尔吉语, 3, 21, 71—74, 76—77, 79—82, 89—91, 101⑨, 101⑩, 102㉖, 102㉘, 104—105, 124—127, 130—134, 141—142, 160, 195—214, 222—223, 228, 230, 235⑦, 235⑪, 235⑬

  Floating H-deletion 浮游 H 删除, 206—207, 209—213

  genitive constructions 属格结构, 201—203, 209, 211

  Narrative tense 叙事性时态, 207—208

  Past tense 过去时, 207, 209, 213, 235⑪

  plural imperative 复数祈使句, 89—90

  Present tense 现在时, 205—207, 209, 213

  Progressive 进行体, 91

  subject clitics 主格附着语素, 203, 208—213

  Suffixed object pronouns 后缀宾格代词, 199—201

  Tone-spreading 声调延展, 71, 73—74, 80, 90—91, 101⑪, 150①, 196, 198—203, 210, 212, 230—232

Mbam-Nkam 姆巴姆-恩卡姆语, 64⑨；另见 Dschang-Bamileke

P

Proto-Bantu 原始班图语, 186

R

Russian 俄语, 152㉕

S

Sanskrit 梵语, 24①

T

Tiv 蒂弗语, 20—21, 23, 27—30, 33—38, 40, 53, 62, 64⑦, 68—71, 74, 76—79, 81—89, 95, 97—100, 101⑮, 124—127, 130—133, 138—142, 144—149, 152㉛, 152㉝, 153㉞, 153㉟, 158—160, 189—190, 215—228, 232—233, 234①, 235⑰, 235⑱, 236⑳, 236㉑

  Ablaut 元音交替, 69, 83, 217—220

  Continuous 持续性的, 97

  downstep deletion ('-deletion) 降阶删除, 144—148, 153㉞, 153㉟

  Future 将来时, 97, 144—145, 189—190

  General Past 一般过去时, 37, 63, 68—69, 71, 78, 82—87, 97—99, 145, 153㉟, 219, 225, 236㉑

  Habitual 惯常体, 70

  Habitual 1 惯常体 1, 87, 100, 147—148

  Habitual 3 惯常体 3, 86—88, 98

  Habitual 4 惯常体 4, 98, 100, 102㉟

  H-spread H 延展, 34—38, 86, 88—89, 102㉒, 102㉟, 145—146, 152㉝, 153㉞, 222, 224—226, 233, 234①, 236⑳, 236㉑

Imperative 祈使句，70
Past Habitual 过去惯常体，70，87—88，98，148，152㉝，236㉑
Present 现在时，98，100，102㉟
Present Continuous 现在持续体，36，100，102㉟
Raising 提升，70—71，78，88，101⑥，219—221，224，226—227
Recent Past 近过去时，36，69，78，83—85，87，95，97，101⑰，138—140，145—146，149，216—221，226—227
Subjunctive 虚拟语气，70
T-attachment T 附加，84，101⑥，217，219—222，224—227
Tone Simplification 声调简化，84—85
V-deletion V 删除，84，100②，101⑥，102㉔，138—140，146，149，152㉛，218—222，224—226，232—233
Tonga 汤加语，3，15—16，21，74—77，92，116，131，134，137—144，149，154，156，160—186，187④，187⑤，187⑧，198，228，233—234，236㉘
　Delinking 取消联结，139—140，166—167，169—170，173—177，179—182，184—185，187⑨，233
　Double-Accent Flop 双重调落下，183—185，188⑰
　Downstep Creation 降阶产生，137—138，141，143，149，179—181，183
　Final Vowel H-insertion 末尾元音 H 插入，182—183
　glide formation 滑音形成，174，176
　H-insertion H 插入，175—178，187—188⑬，236㉘
　Hortative Affirmative 激励肯定句，178—185
　H-spread H 延展，137，139—141，144，166，169—170，174—176，179—182，184—185，233—234
　Imperative 祈使句，184—185
　Indicative Present Affirmative（Strong）（强）陈述式现在肯定句，169—170
　Initial H-deletion 起首 H 删除，168，170，174—176，179—182，184—185，188⑮，188⑱
　Meeussen's Rule 梅森规则，168—171，174—183，185，187⑤
　Present Indicative 现在陈述式，76
　Recent Past（Strong）（强）近过去时，173—178，185，187—188⑬，233（另见 Tonga, H-insertion）
　Recent Past（Weak）（弱）近过去时，233—234
　Remote Dependent Affirmative 远依存肯定句，171—173，198
　Stable final vowel accent 稳定的末尾元音重调，178—184

Y

Yala Ikom 雅拉·伊科姆语，106—108，123，125，127，151④
Yoruba 约鲁巴语，20，24，25⑨，25⑫，92，96，108—123，125，127，131，140—143，149—150，151⑤，151⑧，151⑨，151⑩，151⑪，151⑭，151⑱，151⑲，151⑳，157—160，191—195，222—223，228—230，232，234②，234③，234—235④
　Contour Simplification 曲拱简化，121—122
　Delinking（Standard Yoruba）取消联结

（标准约鲁巴语），113—115

High Tone Concord 高调一致性，118—120，151⑰，151⑱

H-spread H 延展，110—111

H-tone Linking H 调的联结，119—120

L-deletion L 删除，117—118

L-spread L 延展，112，151⑭，229，232，236㉕

Pronoun Contraction 代词缩写式，140—141，152㉘

V-deletion V 删除，96，108—118，140—141，151⑭

Z

Zulu 祖鲁语，32

人名索引

A

Abraham, R. C. 亚伯拉罕，112，引证，64⑦
Akinlabi, A. 艾金拉比，151⑩，151⑰，151⑱，229，236㉕，引证，25⑨，116，151⑦，151⑫，234②，236㉒
Allen, M. 艾伦，2
Anderson, S. C. 安德森，59，引证，44，58
Anderson, S. R. 安德森，63
Archangeli, D. 阿钱格里，135—137，引证，152㉕，235⑯
Armstrong, L. F. 阿姆斯特朗，21
Armstrong, R. G. 阿姆斯特朗，106—107
Arnott, D. W. 阿诺特，30，34，99—100，101⑰，217
Awobuluyi, O. 艾沃布鲁伊，引证，118，151⑮

B

Badejo, B. R. 巴德霍，引证，151⑥
Bamgboṣe, A. 巴格博斯，112—114，140—141，151⑩，引证，111，116，118，151⑥，151⑦，152㉘
Barlow, A. R. 巴罗，引证，22
Bloomfield, L. 布龙菲尔德，引证，2，24①
Byarushengo, E. 拜厄拉申戈，引证，154，186

C

Carter, H. 卡特，179，引证，75
Chomsky, N. 乔姆斯基，1，102㉜，161，引证，130，151㉒，152㉕，154，186
Clark, M. 克拉克，引证，159，163，187
Clements, G. N. 克莱门茨，10，21，23，64②，79，121，125—126，152㉔，187⑦，234①，引证，4，11，27，30，63，94，101⑥，102㉙，102㉚，102㉛，104—105，132，189
Courtenay, K. 库尔特内，引证，112，116，118

D

Davy, J. I. M. 戴维，引证，26⑯
Dresher, B. E. 德雷舍，引证，25⑥

F

Ford, K. 福特，10，21，23，64②，79，引证，4，11，30，94，104—105
Fresco, E. M. 弗雷斯科，引证，118

G

Goldsmith, J. 戈德史密斯，10，11，79，81，84—85，97—100，154—155，161，164，166—171，177—178，183，188⑰，222，235—236⑳，引证，4，9，20，67，75，102㉙，102㉚，102㉛，104—105，163，173，187④，188⑭，235⑧，236㉗

H

Halle, M. 哈勒，1，3—4，10—11，15，18，79，95，102㉜，125，148，161，165—166，177，引证，19，23，25⑧，25⑨，65⑲，65⑳，130，151⑫，151㉒，152㉕，154，163—164，173，186，187③

Harris, J. 哈里斯，19，198

Hayes, B. 海耶斯，19，156，198

Hoffmann, C. 霍夫曼，64⑦，101⑰，199，205，235⑬，引证，71，208，235⑪

Hombert, J. M. 杭伯特，引证，151⑪

Huang, C. T. J. 黄正德，引证，27，63

Hyman, L. 海曼，39—40，44，59—61，64⑬，65⑰，65㉔，159—160，187⑤，引证，58，64⑨，64—65⑭，65⑯，154—155，158，186

K

Kaye, J. 凯耶，124，引证，19

Kiparsky. P. 凯巴斯基，1—3，5，7，15，17，25②，93，128—129，133，142，144，152㉕，167，227—228，231，引证，9，24①，25⑦，25⑩，25⑮，31，97，151③，151⑬，151㉒，151㉓，152㉙，152㉗，222

Kisseberth, C. W. 基斯伯斯，引证，154，186

Koopman. H. 库普曼，124

L

Ladefoged, P. 拉迪福吉德，引证，32

Laughren, M. 洛伦，32

La Velie, C. R. 拉·维利，引证，151⑪

Leben, W. 莱本，84—85，引证，191，213，235⑧，235⑫

Lees, R. B. 利斯，引证，1

Levin, J. 莱文，引证，19

Liberman, M. 利伯曼，7—8，29，31，63，64⑩，引证，158

Lightner, T. M. 莱特纳，128—130

Loeweke, E. 洛韦克，引证，159

Lowenstamm, J. 罗万斯丹姆，引证，19

M

Marantz, A. 马兰兹，25⑫

Martinet, A. 马丁内，引证，2

Mascaro, J. 马斯卡罗，引证，3，228

May, J. 梅，引证，159

Meeussen, A. E. 梅森，163，引证，75

McCarthy, J. 麦卡锡，18—19，235—236⑳

Mohanan, K. P. 莫汉南，1—7，25④，25⑭，102㉜，223，引证，9，24①，32，67，97，101⑬，161，187⑥

Mohanan, T. 莫汉南，3，25⑭，223

Myers, A. 迈尔斯，22，26⑯，引证，26⑰

N

Nurse, D. 娜斯，引证，26⑯

O

Odden, D. 奥登，引证，27，63，102㉙，102㉚，163

Oyelaran, O. 奥伊拉兰，141，引证，118，151⑥，152㉘

P

Pāṇini 帕尼尼，引证，24①

Pesetsky, D. 佩塞兹基，3，5，引证，97

Pierrehumbert, J. 皮埃安贝尔，7—8，63，64⑩，引证，25⑮，29，81

Prince, A. 普林斯，引证，158

Pulleyblank, D. 蒲立本，引证，25⑮，235⑭，235⑮，235⑯，236㉓

R

Rotenberg, J. 罗滕伯格，引证，97

Rubach, J. 鲁巴赫，引证，3

S

Sapir, E. 萨丕尔，引证，2
Schachter, P. 沙克特，引证，104
Selkirk, E. 塞尔扣克，引证，97
Siegel, D. 西格尔，2
Simpson, J. 辛普森，235⑭
Stahlke, H. 施塔尔克，引证，118
Stanley, R. 斯坦利，128—130
Steriade, D. 斯蒂里亚德，引证，15
Stevick, E. W. 斯蒂维克，186
Stewart, J. M. 斯图尔特，59，引证，58，64②

T

Tadadjeu, M. 塔达德，39—40，44，58—60，64⑨，64—65⑭，65⑯，65⑱，65㉔

Trubetzkoy, N. S. 特鲁别茨柯依，引证，2

V

Valinande, N. 瓦林南德，186
Vergnaud, J.-R. 维格诺德，10—11，15，18，79，95，148，161，165—166，177，引证，19，23，25⑧，163—164，173

W

Ward, I. C. 沃德，151⑨，引证，112，151
Whitney, W. D. 惠特曼，引证，24①
Williams, E. S. 威廉姆斯，9—11，71，79，89，102㉖
Williamson, K. 威廉姆森，引证，64④
Wright, M. 赖特，124

Y

Yip, M. 叶琳娜，30，125—126，152㉔，引证，132

主题索引

A

Accent 重调, 20, 75, 154—186, 187④; 另见 Diacritics, accentual; Pitch accent
　as tones 作为声调的, 76
　culminative function of 的主峰性功能, 158
　rules 规则, 167, 171, 177—178, 183—186
　subordination 附属性, 158—159, 187⑤
　vs. tone 对声调, 158—161
Air-stream mechanisms 气流机制, 32
Allophonic rules 音位变体规则, 8
Alpha notation α 符号标示, 见 Polarization rules
Aspiration 送气, 8
Assimilation 同化, 106, 154
Association Conventions 联结规约, 9—12, 20, 67—68, 71, 73—96, 105, 109—110, 115, 150, 151⑧, 151⑲, 156—157, 167—168, 170—173, 186, 187⑦, 189, 192—193, 195—198, 200, 206—207, 211, 220—221, 225, 230—232; 另见 Linking Convention; Prelinking; Relinking Condition
　formulation of 的构建, 78, 96
Asymmetries 不对称性, 205
　morphological 形态的, 76—77, 90
tonal 声调的, 91, 118, 141, 160—161
Automatic spreading 自动延展, 见 Spreading, automatic
Autosegmental phonology 自主音段音系学, 9, 24, 103, 222; 另见 Tiers; Association Conventions

B

Basic Tone Melody 基本声调调式, 161, 187⑦
Benin 贝宁, 108
Binarity 偶值性, 61
Boundary symbols 边界符号, 24, 25⑪, 97—99
Bracket erasure 括号拭除, 5—6, 25④, 208, 210—212, 235⑭

C

Cameroon 喀麦隆, 64⑨
Clitics 附着语素, 235⑭; 另见 Margi, subject clitics
Constraints 制约条件, 235—236⑳
　lexical 词库的, 143, 215—223（另见 Structure preservation）
　on linkings 对联结的, 23—24, 35, 222, 224—225
　on underspecification 对不充分赋值的, 133—136, 142, 186

Contour tones 曲折调，24，33—34，79—80，84—85，101⑮，104，113，215—223，225—227；另见 Constraints, on linkings; Falling tones; Rising tones; Yoruba, Contour Simplification

Conventions vs. rules 规约对规则，187⑦，213

Core 核，见 Phonemic core

Crossing Constraint 交叉限制，13，56，97；另见 Well-formedness Condition

CV-skeleton CV 骨架，见 Skeletal tier

Cycle 循环，3—5，20—21，67—77，172—173；另见 Rule application, cyclic; Strict cycle

D

Dahl's Law 达尔法则，21—23，26⑯

Default rules 缺省规则，15—17，68—69，81—84，86，90—92，103—106，122，127—128，130—134，150，155，160，174，176—177，179—181，183，194，198—200，203—207，209—210，225，228—229，233；另见 Constraints, on underspecification; Default values; Underspecification

    formulation of 的构建，126

    ordering of 的排序，93—95，101㉒，103，115，136—143，150

    skeleton-driven 骨架驱动的，16

Default values 缺省值，14—19，24，123—133，164—165，190

    autosegmental nature of 的自主音段性质，16，148—150

Delinking, automatic 自动取消联结，35

Diacritics 附加符号，156—160

    accentual 重调的，24，154—155，158—160，163—164，168，170，173，177，185，186

    metrical 节律的，156—157

Disjunctive ordering 析取排序，见 Rule ordering, disjunctive; Elsewhere Condition

Dissimilation 异化，198，204，213—214

Distinctive features 区别特征，见 Features

Distinctness 区别性，128，131，134，228，230—232

Downdrift 下漂，见 Downstep

Downglide 下倾，见 Dschang-Bamileke, downglide

Downstep 降阶，27—66，79，82，84，86—87，102㉞，145，149，226；另见 Tiv, downstep deletion ('-deletion); Tonga, Downstep Creation double，44，60—61

    of L-tones L 调的，47—49

    of M-tones M 调的，115—116

E

Elsewhere Condition 别处条件，93—95，137—140，143—144，151⑲，152㉗，177—178，223，225，227—228，230，232；另见 Distinctness

Epenthesis 插音，162—163

Exceptions 例外现象，7—8，22，29，190—191，197，215

Exponential decay 指数式衰减，63—64

Extrametricality 节律外现象，19，172，198，200，208，214；另见 Extratonality

Extratonality 声调外现象，19，172—173，187—188⑬，198—203，205—214；另见 Peripherality Condition

F

Falling tones 降调，106—107，110—111，113—114，139，149；另见 Contour tones; Tiv, T-attachment; Yoruba, H-spread

Feature matrices 特征矩阵, 16
Features 特征, 130—131, 133, 231
　　binary vs. ternary 偶值的对三值的, 125, 127—130, 133, 135—136, 141, 150, 204
　　hierarchical 分层的, 125, 132, 152㉔
　　segmental 音段的, 105—106
　　tonal 声调的, 24, 29—30, 59, 125—133, 152㉔（另见 [Raised] feature; [Upper(register)] feature）
Feet 音步, 见 Metrical theory; Tonal feet
Floating tones 浮游调, 10—11, 28—29, 33—61, 64②, 69, 106—107, 166—168, 170—173, 217; 另见 Tiv, downstep deletion('-deletion)
　　deletion of 的删除, 194（另见 Dschang-Bamileke, H-deletion, L-deletion）
　　problems with 的问题, 49—52

G

Gradient features 梯度特征, 8, 29—30, 32, 62, 141, 187⑤
Grammar, model of 语法模式, 5—6, 8, 19, 29, 31—33, 62
Grassfields Bantu 草原班图人, 39; 另见 Dschang-Bamileke

H

Harmony 和谐, 154, 189
　　vowel 元音, 12, 107
Hierarchical features 层级性特征, 见 Features, hierarchical
[High tone] feature [高调] 特征, 125; 另见 [Raised] feature

I

Identity rules 身份规则, 144, 228—229, 232

Initial Tone Association Rules 起始声调联结规则, 21, 94
Iterative rules 反复应用规则, 73, 116
Ivory Coast 象牙海岸, 124

L

Learnability 可学性, 227
Level-ordering 层面排序, 见 Strata
Lexical Entry rule 词项规则, 见 Identity rules
Lexical identity rules 词库的身份规则, 见 Identity rules
Lexical representation 词库表达式, 161
Lexical rules 词库规则, 见 Rule application, lexical
Lexicon 词库
　　structure of 的结构, 2, 6
Linking Convention 联结规约, 94

M

Markedness 标记性, 15—16, 103, 133, 135; 另见 Default rules; Default values; Underspecification
Melodies 调式, 161—163
　　derivation of 的推导/派生, 161—162, 166, 170, 177—178, 183
　　tonal 声调, 99, 154—155, 161—164, 185—186, 192, 194—195, 197—198, 234①（另见 Basic Tone Melody）
Metathesis rules 换位音变规则, 64⑪; 另见 Dschang-Bamileke, Metathesis
Metrical theory 节律理论, 20, 156—158, 186, 187②, 231; 另见 Tonal feet
Morpheme structure constraints 语素结构制约原则, 22, 24, 167—168
Morphology 形态学/构词学, 189; 另见 Rule application, morphological conditions on; Word-formation

non-concatenative 非串联排列的, 154
Multiple linking 多重联结, 79—81, 121—122

N

Nasality 鼻音性, 12
Neutralization 中和化, 见 Tonal neutralization
Nigeria 尼日利亚, 71, 106, 108
Non-cyclic stratum 非循环性层级, 见 Stratum, non-cyclic
Noun classes 名词类, 42, 44, 64⑦, 101⑰

O

Obligatory Contour Principle 强制性曲折原则, 191, 213, 235⑫
Opacity 不透明性, 见 Bracket erasure
Ordering 排序, 见 Rule ordering

P

Parameter 参数, 123
　cyclic/non-cyclic 循环性与非循环性, 3—5
　default rule 缺省规则, 24, 142
P-bearing units 载 P 单位, 105, 152㉕
Peripherality Condition 外围条件, 19, 172, 198, 200—201, 203, 207—208, 210—212; 另见 Extratonality
Phonemic core 音位核, 14—19, 148—150, 165
Phonetic rules 语音规则, 7—8, 24, 27—33, 49, 53, 57—59, 62—64, 81, 132, 140—144, 149—150, 151⑪, 189, 206, 209; 另见 Downstep; Dschang-Bamileke, downglide; Gradient features
Phrasal rules 短语规则, 见 Rule application, post-lexical
Pitch-accent 音高重调, 20—21, 25⑬
Polarity 极化, 52, 198, 203—214

Polarization rules 极化规则, 203—204, 212—214
Post-lexical rules 后词库规则, 见 Rule application, post-lexical
Prelinking 预先联结, 25⑫, 25⑬, 150, 157, 161, 163—165, 170, 189—197, 221, 230, 235⑦
Prespecification 预先赋值, 107
P-segments P 音段, 105

R

[Raised] feature [提升]特征, 125—128, 131—133, 150, 153㉞
Reduplication 叠音, 25⑫, 107—108, 151④, 228—229
Redundancy 羡余性, 103, 142, 164, 189, 191
Redundancy Rule Ordering Constraint 羡余性规则排序制约条件, 152㉕; 另见 Constraints, on underspecification
Relinking Condition 重新联结条件, 114—116
Rising tones 升调, 111—112, 120; 另见 Contour tones; Yoruba, L-spread
Rule application 规则应用, 另见 Iterative rules; Rule ordering
　across-the-board 全程, 4, 22, 215, 232—234
　cyclic 循环性的, 7, 20, 23—24, 41, 82, 84, 96, 101⑩, 138, 140—141, 170, 196, 200—201, 215, 224, 230, 233 (另见 Cycle; Parameter, cyclic/non-cyclic; Strict cycle)
　domain of 的应用域, 57—58, 214—215
　lexical 词库的, 1—2, 4—5, 7, 20, 24, 32, 57—58, 138, 140, 142, 152㉕, 168, 189, 201, 210—212, 215, 222—232

289

morphological conditions on 的形态制约条件, 207, 213

non-cyclic 非循环性的, 6, 21—23, 71, 74, 215, 223, 233（另见 Parameter, cyclic/non-cyclic; Stratum, non-cyclic）

post-lexical 后词库的, 1—2, 5, 7—8, 20, 24, 31—32, 39, 49, 57—58, 62—64, 71, 103, 109, 113, 137—144, 151⑧, 152㉕, 189, 201, 203, 210, 213, 215, 222—228, 232—234

structure-building 结构建构, 4

Rule ordering 规则排序, 25⑤, 46, 49, 62, 223—227, 234; 另见 Default rules, ordering of

  disjunctive 析取性的, 93, 225, 232（另见 Elsewhere Condition）

  extrinsic 外在化的, 24, 102㉒, 136—140, 186, 223—227

S

Simplicity criterion 简化标准, 195, 197

Skeletal tier 骨架音层, 14—19

referring to 参照, 143—148

Slip rule 口误规则, 见 Tonga, Downstep Creation

SPE《英语音系》, 1, 5, 15; 另见 Chomsky, N.; Halle, M.

Spreading 延展, 110, 122, 170, 228

  automatic 自动的, 10—12, 67, 78, 80—96, 104, 108, 155, 166, 190—191

  bidirectional 双向的, 89—91

  directionality of 的方向性, 89, 91

  ordering of 的排序, 94—95

  underspecification and 不充分赋值和, 91—92

Strata 层级, 2—4, 24①

  non-cyclic 非循环性的, 21

Stratum Domain Hypothesis 层级应用域假说, 6

Stress 重音, 19, 81, 156—159, 172, 198, 200, 208

Strict cycle 严格循环, 3, 215, 227—234, 236㉕

Structure-preservation 结构保持, 7, 20, 24, 25⑭, 215, 222—223, 233—234; 另见 Constraints, lexical; Constraints, on linkings

Syllables 音节, 4, 7, 19, 59, 108—109, 156, 215—222, 225, 235—236⑳

Syntax 句法, 1, 5—6, 19, 31—32, 118, 151⑯, 213, 235⑮

T

Ternary power 三值动力, 见 Features, binary vs. ternary

Tiers 音层, 9—19, 98, 129; 另见 Skeletal tier

Tonal features 声调特征, 见 Features, tonal

Tonal feet 声调音步, 27—29, 33, 37—40, 42, 53—56, 63

Tonal melodies 声调调式, 见 Melodies, tonal

Tonal neutralization 声调中和化, 99—100, 117, 168

Tonal polarity 声调极化, 见 Polarity

Tonal variables 声调变项, 24, 99—100, 102㉞

Tone 声调

  vs. accent 对重音（见 Accent, vs. tone）

  where assigned 何处指派, 20, 25⑬

Tone-bearing unit 载调单位, 19, 216, 221

U

Underlying forms 底层形式, 65⑮, 103—

105，116，151㉒，154，161，190，193—194，223

Underspecification 不充分赋值，15—17，24，103—150，151㉒，160—161，164，186，190，192，194—195，204—205，214，234①；另见 Constraints, on underspecification; Default rules; Default values; Spreading, underspecification and

Universal Grammar 共性语法/普遍语法，15，20，93，95，123，126，136，195

Universals 共性/普遍性，81—82，103，105，142，206；另见 Universal Grammar

[Upper (register)] feature [高（调域）]特征，125—133，137，150，153㉞，187⑧

Upstep 升阶，63；另见 Downstep

V

Variables 变项，见 Tonal variables

Vowel harmony 元音和谐，见 Harmony, vowel

W

Well-formedness Condition 合格条件，10—11，21，80—81（另见 Crossing Constraint）
formulation of 的构建，78，96

Word-formation 构词，1，21，169；另见 Noun classes

X

X-skeleton X-骨架，见 skeletal tier

Z

Zambia 赞比亚，75，163

图书在版编目(CIP)数据

词库音系学中的声调/(加)道格拉斯·蒲立本(Douglas Pulleyblank)著;马秋武,李继宏译.—北京:商务印书馆,2020
(语言学及应用语言学名著译丛)
ISBN 978-7-100-17969-0

Ⅰ.①词… Ⅱ.①道…②马…③李… Ⅲ.①声调—研究 Ⅳ.①H014

中国版本图书馆 CIP 数据核字(2019)第277485号

权利保留,侵权必究。

语言学及应用语言学名著译丛
词库音系学中的声调
〔加〕道格拉斯·蒲立本 著
马秋武 李继宏 译

商 务 印 书 馆 出 版
(北京王府井大街36号 邮政编码100710)
商 务 印 书 馆 发 行
北京中科印刷有限公司印刷
ISBN 978-7-100-17969-0

2020年2月第1版 开本 880×1230 1/32
2020年2月北京第1次印刷 印张 10⅛
定价:39.00元